Música Errante

Coleção Estudos
Dirigida por J. Guinsburg

Equipe de realização – Edição de Texto: Mariana Munhoz; Revisão: Marcio Honorio de Godoy; Sobrecapa: Sergio Kon; Produção: Ricardo W. Neves, Lia N. Marques, Sergio Kon, Elen Durando e Luiz Henrique Soares.

Rogério Costa

MÚSICA ERRANTE
O JOGO DA IMPROVISAÇÃO LIVRE

Copyright © Perspectiva 2016

Esta publicação contou com o apoio da Fapesp (processo n. 2015/08773-4), por meio do programa "Auxílio à Pesquisa – Publicações".

As opiniões, hipóteses e conclusões ou recomendações expressas neste material são de responsabilidade do autor e não necessariamente refletem a visão da Fapesp.

CIP-Brasil. Catalogação na Publicação
Sindicato Nacional dos Editores de Livros, RJ

C872m
    Costa, Rogério Luiz Moraes
    Música errante : o jogo da improvisação livre / Rogério Luiz Moraes Costa. – 1. ed. – São Paulo : Perspectiva : Fapesp, 2016.
    280 p. ; 23 cm   (Estudos ; 345)

    Inclui bibliografia
    ISBN 978-85-273-1073-4

    1. Música popular - Brasil. I. Fundação de Amparo à Pesquisa do Estado de São Paulo. II. Título. III. Série.

16-37137   CDD: 784.500981
                                         CDU: 78.067.26(81)

18/10/2016   19/10/2016

Direitos reservados à
EDITORA PERSPECTIVA S.A.

Av. Brigadeiro Luís Antônio, 3025
01401-000 São Paulo SP Brasil
Telefax: (011) 3885-8388
www.editoraperspectiva.com.br

Sumário

Agradecimentos..................................XIII
Prefácio – *Silvio Ferraz*..............................XV
Introdução..XIX

1. SOBRE A PREPARAÇÃO
   E AS CARACTERÍSTICAS DO AMBIENTE
   DA LIVRE IMPROVISAÇÃO.....................1
   O Que É a Livre Improvisação?, 1; Improvisação: Tempo em Estado Puro, 2; A Música Enquanto Pensamento Maquínico, 3; A Questão da Forma e a Consistência do Funcionamento, 6; Livre Improvisação Não É Free Jazz, 8; Definições e Conceitos Gerais, 11; Antecedentes Históricos e Referenciais Teóricos, 14; Sobre a Escuta: Considerações Preliminares, 20; Os Conceitos de Sonoridade e Musicalidade a Partir de Pierre Schaeffer, 25; Sobre o Ambiente Interativo e a Ideia de Processo: Jogo Com Regras, Jogo Sem Regras, Jogo Ideal, 27; No Hay Camino, el Camino se Hace al Caminar: A Ideia de Conversa, 29; As Ideias de Multiplicidade e Complexidade, 32; As Ideias de Autopoiese e Sistema Auto-Organizativo, 34; Introduzindo a Filosofia de Deleuze e Guattari: A Ideia de Plano de Consistência, 38

2. **PRESSUPOSTOS ESTÉTICOS E FILOSÓFICOS DA LIVRE IMPROVISAÇÃO: A IMPROVISAÇÃO LIVRE E A FILOSOFIA DE DELEUZE E GUATTARI** 45

Linhas de Força: O Músico e Sua Atuação Pensados Como um Meio, 45; O Ritmo da Improvisação: A Emergência de um Estilo/Território, 50; As Formas de Conexão: O Devir da Improvisação – Rizomas, 56; O Desejo Como Linha de Força: O Agenciamento do Desejo e o Plano de Consistência, 60; O Processo de Territorialização: As Sistematizações Inevitáveis, 64; Aprofundando os Conceitos, 67

3. **O AMBIENTE DA IMPROVISAÇÃO E O TEMPO** 73

O Passado e a Memória, 75; O Presente, 76; A Forma Vazia do Tempo, 77

4. **DIMENSÕES SOCIAIS, POLÍTICAS E EDUCACIONAIS DA IMPROVISAÇÃO** 81

A Improvisação Enquanto Ferramenta no Processo de Configuração do Pensamento Musical, 82; A Percepção no Contexto da Improvisação Livre: Estratégias de Escuta, 87; Na Improvisação Livre Não Se Deve Nada: Ensaio Para um "Manifesto Utópico Radical", 97

5. **EXPERIÊNCIAS PRÁTICAS: RELATOS E REFLEXÕES** 115

Introdução, 115; Akronon: Histórico, 117; Akronon: Análises de Performances, 120; Diários de Bordo: Relatórios Informais de Atividades do Grupo Akronon, 137; Akronon: Problemas e Soluções no Contexto da Performance, 141; Os Processos Criativos da Orquestra Errante, 144; O Grupo MusicaFicta e os Instrumentos Complexos, 150; O Duo Miller Puckette e Rogério Costa: A Máquina Sensível e o Computador Agente, 155; Duo Alexandre Porres e Rogério Costa: Um Projeto Colaborativo, 171; Miroir I – Ambientes Híbridos de Criação Coletiva: Composição, Improvisação e Eletrônica em Tempo Real, 175

6. A LIVRE IMPROVISAÇÃO, O CORPO, A FISICALIDADE E OS PROCESSOS MENTAIS.................................... 177

A Ideia de Corpo e a Configuração do Ambiente da Improvisação Musical, 177; O Poético se Imprime no Corpo, 178; O Corpo Presente no Ato da Performance, 179; O Corpo e o Prazer da Performance, 180; Por que É Tão Bom Tocar Bem um Instrumento Para Poder Improvisar?, 182; Por que Não É Tão Bom Tocar Bem um Instrumento Para Poder Improvisar?, 184; A Voz Que Sai do Corpo do Improvisador, 186; A Improvisação Solista: Um Percurso Singular, 187; Processos Mentais: A Abordagem das Ciências Cognitivas, 189; O Ambiente da Livre Improvisação, 192; Improvisação Livre e Referente (*Referent*), 193; Improvisação Livre e Base de Conhecimento (*Knowledge Base*), 195; A Contribuição de Pressing, 196;

7. A ESTÉTICA DA SONORIDADE E AS NOVAS TECNOLOGIAS: A IMPROVISAÇÃO EM NOVAS PERSPECTIVAS 199

Uma Música Baseada em Sons?, 199; Dimensão Prática, 201; A Improvisação Livre, a Construção do Som e a Utilização das Novas Tecnologias, 201; Livre Improvisação e Ecologia Sonora: Uma Aproximação a Partir da Estética da Sonoridade, 219

8. REVISÃO BIBLIOGRÁFICA E NOVAS PERSPECTIVAS..................... 229

Livros, 231; TCCs, Dissertações e Teses, 243; Sites e Revistas *On-Line*, 245

Referências Bibliográficas........................... 247

*À Valéria, meu amor
e ao meu querido neto, Aruê.*

Agradecimentos

Este livro não seria possível sem a ajuda direta e indireta de muita gente importante...

Tentarei me lembrar de todos mas, antecipadamente, peço desculpas por eventuais esquecimentos. Em primeiro lugar devo mencionar meus companheiros do grupo Aquilo del Nisso, André Magalhães, Emerson de Biaggi, Celso Marques, Marcelo Beba Zanettini, Paulo Padilha e Paulo Rubens Costa. Foram mais de 15 anos de convívio num projeto criativo instigante, prazeroso e cheio de improvisações. Já com meus quase irmãos Silvio Ferraz e Edson Ezequiel do grupo Akronon iniciei minhas aventuras nos ambientes vagos da improvisação livre. Meus amigos Fernando Iazzetta e Cesar Villavicencio foram parceiros muito importantes no grupo Musicaficta. Com eles dei continuidade a práticas de improvisação com instrumentos estendidos.

Durante os mais de 7 anos de existência da Orquestra Errante convivi com muitas alunas, alunos e colegas com os quais aprendi (e continuo aprendendo) muita coisa sobre a música, a improvisação, a educação e a vida. Lembro-me de todas e todos (sem ordem alfabética...): Migue Antar, Arthur Campos, Rodrigo Baez, Cesar Villavicencio, Fábio Sardo, Alexandre Zamith, Fábio Martinelli, Max Schenkman, Felipe

Fraga, Mariana Carvalho, Zé Leonidas, Romulo Alexis, Tayna Oliveira, Thiago Kondo Antonio Goulart, Mariana Marinelli, Fábio Manzione, Pedro Sollero, Inès Terra, Ariane Stolfi, Stênio Biazon, Denis Abranches, Natália Francischini, Hildeberto Chagas, Manu Falleiros, Jonathan Andrade, Renato Sampaio, Fábio Carrilho, Guilherme Pereira, Miguel Ruiz, André Ribeiro. Através dos duos com meus amigos Miller Puckette e Alexandre Porres tive um contato mais qualificado com os recursos tecnológicos, o que me abriu portas para um mundo novo, cheio de possibilidades. Não posso deixar de mencionar meus companheiros do grupo Entremeios, Alessandra Bochio, Alexandre Zamith e Felipe Merker e a poeta Annita Maluf com quem desenvolvi alguns trabalhos de improvisação e poesia. Com minha grande amiga, a bailarina e coreógrafa Helena Bastos, aprendi a criar ambientes em que a música e a dança dialogam de forma criativa. Juntos com o bailarino Raul Rachou fundamos os grupo Musicanoar. Ao Silvio Ferraz, além de participar comigo do grupo Akronon, devo também agradecer pela orientação durante o doutorado e por me apresentar à filosofia de Deleuze e Guattari. Ao professor Marco Antonio da Silva Ramos, meu orientador durante o mestrado, devo agradecer pela generosidade e pela acolhida ao meu projeto de pesquisa, pouco ortodoxo para a época. Ao Roberto Sion, meu professor de saxofone que me iniciou nos caminhos da improvisação, agradeço pela sensibilidade e pela dedicação. Agradeço também ao professor Makis Solomos, supervisor do meu projeto de pós-doc na Universidade Paris VIII e ao professor David Borgo que me recebeu durante meu estágio de estudos na UCSD. Agradeço à toda a minha família, especialmente a meus pais Elcio e Suze (in memoriam), à Graciete, à Nathália (mãe do meu neto, Aruê) a meus queridos filhos Tomás, Davi, à minha querida esposa Valéria e aos meus fiéis amigos caninos, Bob, Bolinha e Zeca (pela paciência...). Finalmente, agradeço o apoio e a colaboração de meus colegas do grupo de pesquisa em sonologia da USP, o NuSom e da Fapesp durante todos estes anos de pesquisa.

Prefácio

Fazer música como quem escreve uma carta, ou melhor como quem fala sozinho ou conversa com alguém. Fazer e registrar apenas os sons. Nenhuma partitura, nem antes nem depois. Nenhuma anotação. Fazer música no limite mesmo em que ela se desfaz. E fazer essa música como que deixando-se conectar a todo tempo com o inusitado, quase que descartando a cada passo as tradições de escuta, escrita e performance.

Uma máquina. O que seria uma máquina e o "pensamento maquínico"? O território. O que é um território, um "territorializar", um "desterritorializar"? A livre improvisação. O que seria o improvisar livre? O "jogo ideal", uma "orquestra errante", a "molecularização", o "percurso singular". São diversos os conceitos que Rogério Costa faz valer em seu trabalho. Uma rede imensa de alimentos, de noções que permitam pensar a música para além da tradição do concerto e para além da tradição do popular. Novos conceitos que permitam pensar e ouvir a música quase apenas pelo som e por tudo o que ele traz, mas de modo livre, sem hierarquia.

Em "Uma Conversa, o Que É, Para Que Serve", Gilles Deleuze e Claire Parnet dizem: "os conceitos são exatamente como sons, cores ou imagens, são intensidades que lhes convêm ou não, que passam ou não passam. [...] Não há nada a compreender, nada a interpretar"[1]. Se essa é uma dica de como ler o livro aqui proposto, outras passagens do pequeno capítulo escrito por Deleuze e Parnet nos deixam mais pistas de como ler *Música Errante*. Um pouco mais adiante, tropeço na passagem "É como na vida. [...] É o que faz apreender as pessoas como combinações e chances únicas que determinada combinação tenha sido feita. É um lance de dados necessariamente vencedor [...]"[2]. E tudo isso faz pensar na improvisação livre.

O ambiente da livre improvisação "é como a vida", nele os corpos sonoros se cruzam e não há função privilegiada. Ninguém é acompanhamento, ninguém é voz principal, ninguém é imprescindível e todos são imprescindíveis. Alguém parar de tocar, alguém tocar sem parar, são elementos que constituem o ambiente, como nos lembra Rogério Costa.

Geralmente se fala da improvisação como composição em tempo real, e fala-se da composição como improvisação em tempo diferido. Nem um, nem outro. A improvisação implica um ambiente, a composição outro. Os corpos que povoam uma e outra prática são distintos. Como em uma máquina livre, eles mudam de função a toda hora, são outros a toda hora. É aí que este livro pode nos mostrar que aprendizado o jogo ideal da improvisação livre pode implicar à composição escrita e ao improvisador da música idiomática (do chorinho, do jazz ou da cadência de concerto).

O livro de Rogério Costa vai da experiência prática e viva da música em situação de performance às mais complexas questões de aprendizado que a improvisação livre pode trazer ao apaixonado por música. Ao mesmo tempo, passa por um grande quadro de conceitos, aqui transformados, como lembra Deleuze, em "sons, cores, imagens". Forças que nos levam para fora da redoma da tradição ensinada, do modo cultivado de fazer música. Mas nada disso se dá sem treino, sem a prática diária do tocar e do ler, do escrever e do improvisar. Este livro traz ainda, como importante contribuição, uma apresentação dos principais itens bibliográficos para se pensar a

1 *Diálogos Com Clare Parnet*, p. 12.
2 Ibidem, p. 13.

improvisação livre na atualidade. A importância das diversas práticas de improvisação, os estudos etnomusicológicos e os diários de performance.

É interessante notar que a livre improvisação não vem do nada. Ela se constitui em um momento muito específico em que o pensamento de redes, em que as alteridades todas, passam a ser a ordem do dia. Em um momento, também, em que novas tecnologias permitem que com pouco treinamento se obtenha resultados de performance bastante convincentes e que permitem o sonho da granulação, da molecularização dos grandes discursos. E há muita técnica para a realização desse "livre", o livre improvisar não se faz do nada.

Foi necessário um novo paradigma para que a improvisação livre aparecesse como tal, como filiada ao pensamento sonológico, tendo a resultante sonora como guia principal. Foi necessário que muitos grandes compositores, lentamente, notassem os limites da notação musical, sobretudo da nota musical e suas categorias de harmonia-consonâncias-dissonâncias-coerências: Debussy, Messiaen, Varèse, Ligeti, Cage, Ferneyhough. Da música como som à música como fluxo de energia livre. Da figuração melódica, ao gesto sonoro, passando pela textura continua e mutante. Do que era fixo em uma partitura, e recordável apenas pelo canto, ao que só se refaz na prática, passando pelo que se refaz no registro fonográfico. É em tal domínio que a livre improvisação vai falar de consistência.

Consistência. Obter consistência. Não há discurso que substitua o amálgama de um fluxo sonoro. Não há escuta intelectual que substitua o prazer de notar os sons constituírem suas continuidades e seus cortes pelo jogo de ressonância e complementaridade acústica. Porém, como livrar-se da prática da unidade por coerência para adentrar um mundo solto em que os sons se conectam por si só, e onde nós, enquanto ouvintes-*performers*, nos bastemos apenas com o *frisson* de ora acompanhar, ora perder, uma linha, uma sonoridade, uma textura, uma granulação...

No mais, sem delongas, convidamos o leitor à adentrar à *Música Errante*. Foram horas de programação, horas trabalhando seu instrumento, horas preparando um ambiente, horas tocando e tocando novamente, e sempre em um estado novo, horas de treino para adentrar o que seria essa prática errante da música. Nada fácil, mas é o que acredito que Rogério conseguiu com toda a prática que este livro compila.

Silvio Ferraz
Compositor e professor livre docente do Departamento
de Música da Escola de Comunicações e Arte (ECA)
da Universidade de São Paulo.

Introdução

> *Um livro não tem sujeito nem objeto; é feito de matérias diferentemente formadas, de datas e velocidades muito diferentes. Desde que se atribui um livro a um sujeito, negligencia-se esse trabalho das matérias e a exterioridade de suas correlações. Fabrica-se um bom Deus para movimentos geológicos.*
>
> DELEUZE E GUATTARI, *Mil Platôs 1*

Durante mais de 25 anos tenho me dedicado a investigar a improvisação musical em suas múltiplas formas e em suas conexões e interfaces com outras áreas de estudo. Essas reflexões têm origem longínqua na minha vivência pessoal com as questões que envolvem o relacionamento entre a figura do intérprete e a do compositor; entre aquele que executa ou realiza e aquele que concebe o *texto* musical[1]. Sempre me intrigou essa cisão que me parecia violenta. Enquanto intérprete, sentia a necessidade de ser o formulador de meu próprio discurso e, enquanto compositor, queria ter a possibilidade de realizar aquilo que eu mesmo havia concebido. Para mim, essas questões pareciam ligadas ao sentido e à gênese do pensamento musical.

Parti então à procura de uma prática musical em que as duas atividades estivessem integradas. Encontrei na improvisação (inicialmente, em um contexto idiomático[2], no jazz e na

---

1 Vale mencionar que essa situação, que tem mudado de forma consistente em ambientes de música experimental, continua vigente na maior parte dos ambientes institucionais da música "erudita".

2 O termo "idioma", que utilizamos com frequência no presente trabalho, recebe desde já uma definição sucinta. Refere-se aos *territórios da prática musical* que se constituem, por um lado, de partes abstratas em que se encontra o que se repete, isto é, as gramáticas (regras de articulação das unidades significativas▶

música instrumental brasileira através do grupo Aquilo Del Nisso[3]) um espaço para experimentação que forneceu subsídios mais consistentes para as minhas investigações. Somaram-se então a esse quadro as minhas reflexões sobre os caminhos da música contemporânea no contexto em que eu pressentia a vocação experimental e a busca de uma prática vital, significativa e voltada ao momento presente. Os principais resultados teóricos dessas investigações podem ser conferidos em minha dissertação de mestrado, *Suíte Improviso*, em minha tese de doutorado, *O Músico Enquanto Meio e os Territórios da Livre Improvisação*, em vários artigos publicados sobre o assunto – em livros, revistas científicas e anais de congresso – e, recentemente, em minha tese de livre docência, *A Improvisação Musical e Suas Conexões*.

É importante ressaltar um aspecto que foi e é fundamental para a continuidade e o aprofundamento das minhas investigações: a manutenção de uma intensa e diversificada experiência prática e artística desenvolvida por mim individualmente ou junto a grupos de improvisação e de criação coletiva.

Esse livro se propõe a reunir, num só texto consistente e articulado, todo esse trabalho de pesquisa. Além disso, se propõe a incorporar novas análises e reflexões ou produzidas por mim ou escritas a partir da leitura e do estudo de publicações recentes de outros pesquisadores sobre o assunto[4]. Cabe ainda mencionar que a minha abordagem da livre improvisação se apoiará nas experiências práticas desenvolvidas durante esses últimos anos, com os seguintes parceiros: o grupo Akronon,

▷ etc.) e vocabulários (materiais); e, por outro lado, de partes concretas ligadas à prática, em que se insere a diferença. É, por exemplo, o idioma do período barroco que compreende formas de organização (gramáticas melódicas, harmônicas etc.), um repertório de materiais (acordes, timbres etc.) e os "jeitos" concretos de fazer musical que não podem ser captados numa partitura.

3   Grupo de "jazz brasileiro" que ajudei a fundar e integrei durante quize anos, de 1990 até 2005. Com o grupo, que se mantém em atividade até hoje, participei de inúmeras apresentações em teatros, casas de jazz e festivais e gravei cinco CDs. Há alguns registros (áudio e vídeo) do grupo disponíveis no meu *site*: www.rogeriocosta.mus.br.

4   Vale ressaltar a excepcional produção artística e teórica do grupo de pesquisa Mobile: Música em Processos Interativos (cf. <www.eca.usp.br/mobile>), posteriormente renomeado como NuSom: Núcleo de Pesquisas em Sonologia (cf. <www.eca.usp.br/nusom/>), sediado no Departamento de Música da ECA--USP do qual faço parte.

que durante dois anos (2001-2002) serviu como referência para o desenvolvimento de grande parte das reflexões contidas na minha tese de doutorado; os grupos Musicaficta e Orquestra Errante, ambos diretamente relacionados às minhas atividades atuais de pesquisa e ensino enquanto docente na USP e que até hoje se constituem como laboratórios de experiências práticas e teóricas; o duo Miller Puckette/Rogério Costa, com o qual desenvolvi trabalhos experimentais consistentes durante a realização de um estágio de pesquisa e estudo na University of California, San Diego (UCSD) em 2009; o pesquisador Alexandre Porres, com quem formei um duo e desenvolvi uma parceria relacionada à concepção, produção e experimentação de *patches*[5] em Pure Data (PD)[6], especialmente desenhados para a prática da improvisação livre com processamento eletrônico em tempo real; e o quarteto Entremeios, fundado em 2015 no contexto das atividades do Núcleo de Pesquisas em Sonologia (NuSom) da Universidade de São Paulo e integrado por Alessandra Bochio, artista multimídia, Alexandre Zamith, piano, Felipe Merker Castellani, *live eletronics*, e Rogério Costa, saxofones.

Esses relatos práticos dão conta de um aspecto fundamental deste estudo na medida em que, nele, a livre improvisação é pensada como resultado de uma ação criativa, coletiva e intencional de um grupo específico de músicos que se configuram assim, enquanto *performer*s criadores. Nesse sentido, desde já é preciso afirmar que a livre improvisação se coloca como uma proposta estética e de ação musical.

Vale ainda mencionar que, por conta das conexões com outras áreas do conhecimento, tenho me servido de várias abordagens e metodologias provenientes dos mais diversos

---

5   O termo *patch* (do inglês, remendo ou mancha) designa as unidades modulares reutilizáveis de código escrito em Pure Data (vide nota 6) ou em Max MSP, e que são usadas como programas autônomos, nos casos aqui descritos, para processamento eletrônico e interação em tempo real.

6   É um ambiente de programação gráfica para áudio e vídeo usado como ambiente de composição interativo e como estação de síntese e processamento de áudio em tempo real. Foi originalmente desenvolvido por Miller Puckette (Institut de Recherche et Coordination Acoustique/Musique – IRCAM) e, por se tratar de um projeto de código aberto, conta com uma grande base de desenvolvedores que trabalham em extensões para o programa. Para mais informações, consultar a Wikipédia <pt.wikipedia.org/wiki/Pure_Data>; cf. também <puredata.info>.

campos de investigação, tais como a análise musical, a sonologia, a filosofia, a história, a estética, as ciências cognitivas, a crítica genética, a psicologia, a tecnologia e a semiótica. Isso porque o tema tem se mostrado muito fecundo e multifacetado, e para cada aspecto abordado tem sido necessário adotar as ferramentas mais adequadas. Consequentemente, os desdobramentos têm sido muito diversificados. Por isso, organizei os capítulos por temas.

No capítulo 1, "Sobre a Preparação e as Características do Ambiente da Livre Improvisação", tomo por base o trabalho pioneiro de Derek Bailey, a filosofia de Gilles Deleuze e Felix Guattari e as reflexões provenientes da área de sonologia (Pierre Schaeffer, entre outros) para delinear os principais elementos e linhas de força que possibilitam e compõem o ambiente da livre improvisação. Menciono a dimensão predominantemente processual e interativa dessa prática e estabeleço os paralelos com as ideias de jogo e conversa. Trato também da livre improvisação no que diz respeito aos seus antecedentes e pré-requisitos históricos e sociais, e às suas relações com outras formas de pensamento musical (a improvisação idiomática, a música contemporânea instrumental, a música concreta e eletrônica, a música espectral, as técnicas estendidas etc.).

No capítulo 2, "Pressupostos Estéticos e Filosóficos da Livre Improvisação", retomo e aprofundo as reflexões sobre as relações entre a livre improvisação e a filosofia de Gilles Deleuze e Felix Guattari, de quem são emprestados conceitos fundamentais para a pesquisa, tais como território, estratificação, plano de consistência, linhas de forças, linhas de fuga, nomadismo, molaridade e molecularidade, ritmo e ritornelo.

No capítulo 3, "O Ambiente da Improvisação e o Tempo", abro espaço para uma breve discussão sobre a questão de como o tempo se delineia e se configura nas práticas de improvisação em geral e, mais especificamente, no ambiente da livre improvisação. Trato aqui, principalmente, das questões ligadas à memória (curta e longa) no fluxo temporal (liso, estriado ou múltiplo) de uma performance. Esse assunto, que diz respeito ao delineamento do plano de consistência, poderia figurar no capítulo 2, uma vez que o tempo é um dos elementos que constituem o plano, sob o ponto de vista da filosofia de Deleuze e

Guattari. No entanto, devido à importância fundamental dessa questão, optei por redigir para ela um capítulo específico.

No capítulo 4, "Dimensões Sociais, Políticas e Educacionais da Improvisação", abordo de forma complementar: 1. as diversas pedagogias da improvisação; e 2. a improvisação enquanto ferramenta para a educação musical. Discuto também os pressupostos e as consequências "políticas" dessas atitudes pedagógicas, relacionando-as à questão da socialização do fazer musical e artístico. Nesse contexto, relato algumas experiências práticas realizadas em aulas e cursos por mim ministrados.

No capítulo 5, "Experiências Práticas: Relatos e Reflexões", abordo – através de descrições, análises, relatos colhidos junto a músicos improvisadores – experiências práticas de livre improvisação. Destaco algumas das quais participo ou participei (o grupo Akronon, o grupo Musicaficta, o duo Miller Puckette e Rogério Costa e a Orquestra Errante já mencionados acima) e que forneceram e fornecem grande parte dos subsídios para as reflexões teóricas aqui desenvolvidas. Em um subitem desse capítulo, abordo, a partir das experiências relatadas e das reflexões produzidas no âmbito da sonologia, as relações entre a livre improvisação e as novas tecnologias.

No capítulo 6, "A Livre Improvisação, o Corpo, a Fisicalidade e os Processos Mentais", tomo por base, principalmente, as pesquisas desenvolvidas por Jeff Pressing no âmbito das ciências cognitivas para investigar em que medida os processos conscientes e inconscientes do funcionamento do cérebro atuam no ambiente de improvisação livre. Trabalho também a partir de outros autores como Francisco Maturana, Humberto Varela e Paul Zumthor, e trato de questões relacionadas aos conceitos de corporalidade e autopoiese.

No capítulo 7, "A Estética da Sonoridade e as Novas Tecnologias: a Improvisação em Novas Perspectivas", apresento o cenário atual e discuto as perspectivas futuras para o estudo e a pesquisa sobre a improvisação no Brasil e no mundo. Nesse capítulo aprofundo as reflexões anteriores sobre a utilização das novas tecnologias, abordo as relações intrínsecas entre a improvisação livre e a estética da sonoridade, e investigo as relações que a improvisação pode estabelecer com a proposta de ecologia sonora a partir das reflexões de Felix Guattari e Makis Solomos.

No capítulo 8, "Revisão Bibliográfica e Novas Perspectivas", traço um panorama dos principais trabalhos publicados recentemente sobre a improvisação e suas conexões (teses, artigos, livros etc.), e procuro delinear o que seria o atual estado da arte.

À guisa de ilustração e referência, esse livro remete ao meu *site* na internet, <www.rogeriocosta.mus.br>, que inclui registros de performances de grupos que se dedicam à livre improvisação – alguns deles citados aqui – e com os quais mantenho ou mantive algum tipo de relação enquanto integrante ou coordenador.

1. Sobre a Preparação e as Características do Ambiente da Livre Improvisação

> *É só quando a matéria é suficientemente desterritorializada que ela própria surge como molecular, e faz surgir puras forças que não podem ser atribuídas senão ao Cosmo. Isto já estava presente "desde sempre", mas em outras condições perceptivas.*
>
> DELEUZE E GUATTARI, *Mil Platôs 4*

O QUE É A LIVRE IMPROVISAÇÃO?

Em primeiro lugar: sob que ponto de vista a improvisação pode ser livre? Livre de quê, afinal? Como e quando é possível? É importante mencionar que um dos campos de investigação mais fecundos, e que tem gerado maiores desdobramentos para as pesquisas, é o que focaliza as relações entre a improvisação e a composição no contexto da produção musical contemporânea. Esse é um tema particularmente relevante na medida em que, do ponto de vista histórico, a ideia de uma prática de improvisação livre[1] surge como uma possibilidade que só se configura nos séculos XX e XXI a partir da conjunção de uma série de fatores, dentre os quais se pode destacar a crescente dissolução e permeabilidade das fronteiras entre os "idiomas" ou sistemas musicais, particularmente após o esgotamento e a superação do tonalismo – que passa a ser entendido como um entre vários

---

1 Apesar da imprecisão da expressão "improvisação livre", ela será utilizada neste livro por se tratar de uma expressão que se consolidou nos meios acadêmicos e artísticos. Outra expressão que vem se firmando ultimamente é "improvisação contemporânea". Esse e outros termos relacionados ao assunto serão explicados detalhadamente mais à frente.

sistemas possíveis de organização do material sonoro – no âmbito da música ocidental. Um acontecimento fundamental foi a invenção da música concreta, eletrônica e eletroacústica[2] e suas consequências nas formas de escuta e pensamento musical dos séculos XX e XXI. Por isso é tão importante a obra de Pierre Schaeffer. Seus conceitos de objeto sonoro e escuta reduzida, que o conduziram à criação da *musique concrète*, são fundamentais para as formulações deste livro. Assim, em algumas análises das experiências práticas que serão relatadas no decorrer do texto, será aplicada uma espécie de solfejo tomando por base a tipo-morfologia do objeto sonoro desenvolvida a partir das investigações de Pierre Schaeffer e seus seguidores.

Em busca de definições, pode-se dizer que a improvisação livre é o avesso de um sistema, uma espécie de anti-idioma; ou então se pode citar a definição que consta na obra *Improvisation, Its Nature and Practice in Music*, de Derek Bailey, para quem a improvisação livre é um tipo de prática musical empírica e de experimentação concreta[3].

IMPROVISAÇÃO: TEMPO EM ESTADO PURO

A livre improvisação também pode ser pensada enquanto uma pragmática musical aberta à variação infinita em que os sistemas e as linguagens deixam de impor suas gramáticas abstratas e se rendem a um fazer fecundo, a um *tempo em estado puro*, não causal, não hierarquizado, não linear. Através da livre improvisação seria possível alcançar "essa língua neutra, secreta, sem constantes, toda em discurso indireto, onde o sintetizador e o instrumento falam tanto quanto a voz, e a voz toca tanto quanto um instrumento"[4].

---

2   Esse aspecto particularmente importante está ligado à gradativa valorização da dimensão timbrística e à incorporação do ruído na música ocidental. Com isso se tem o consequente surgimento de novas formas de escuta e de pensamento musical – por exemplo, no âmbito da música espectral – que se apoiam na ideia de sonoridade (em oposição à ideia de nota). Esse assunto será trabalhado de forma detalhada mais à frente.

3   Mais à frente, serão apresentados de forma clara os conceitos de improvisação livre e idiomática a partir das formulações de Derek Bailey.

4   G. Deleuze; F. Guattari, *Mil Platôs 1*, p. 40.

Numa prática desse tipo, esses objetivos são perseguidos através da variação contínua e da permanente desterritorialização[5] das constantes que configuram os sistemas. E, mesmo que durante esse processo surjam novas distinções e sistemas, os músicos trabalham para dissolvê-las passo a passo na performance. Evidentemente, não é possível se esquecer da realidade dos idiomas, sistemas, gramáticas, línguas e linguagens que atravessam a todos de formas complexas. A proposta da livre improvisação parte da disposição de "gaguejar" ou ser um estrangeiro na sua própria língua. Conforme Deleuze, "ser gago da própria linguagem é uma outra coisa, que coloca em variação todos os elementos linguísticos, e mesmo os elementos não linguísticos, as variáveis de expressão e as variáveis de conteúdo"[6]. Por isso, a pragmática é fundamental.

É necessário, portanto, delinear o ambiente da improvisação que possibilita e prepara essa pragmática, que é o agenciamento coletivo de enunciação dos improvisadores. É no contexto dessa pragmática que se pode traçar um devir constante e fecundo. É nele, também, que se estabelecem os ritmos entre os meios e dele emergem os estilos. Trata-se, pois, de subtrair, restringir as constantes e colocá-las em variação, esvaziar a forma e sobrecarregar: substituir o par matéria-forma, pelo par material-energia. Ou como procede Edgard Varèse, que faz sua música crescer a partir da proliferação do próprio material: um material energético que engendra sua forma.

A MÚSICA ENQUANTO PENSAMENTO MAQUÍNICO

Quando se quer entender um mecanismo, é preciso se debruçar sobre o seu funcionamento e investigar a função de cada peça dentro dele. Nele, todas as peças se ajustam e trabalham juntas em função da estrutura. Se uma peça apresenta defeito, pode ser substituída por outra que desempenhe a mesma função.

---

5   O conceito de desterritorialização, além de muitos outros propostos por Deleuze e Guattari, será utilizado durante o trabalho e melhor explicado nos capítulos subsequentes.
6   G. Deleuze; F. Guattari, op. cit., p. 42.

Para Gilles Deleuze, tem-se aqui uma inteligência mecânica, voltada para uma operacionalidade, para uma utilidade.

Por outro lado, no pensamento maquínico – que seria o território da invenção, da arte e dos perceptos – as peças não têm função predeterminada. Na máquina, conforme conceituação delineada por Deleuze, as peças, as coisas, o conjunto de pontos simplesmente *funciona* e surge uma "engenhoca". As peças não podem ser substituídas. Os desejos e forças se acoplam e produzem um agenciamento, um funcionamento. Pode até surgir um mecanismo. Assim, para Deleuze, a máquina é maior do que o mecanismo. Ela engloba o mecanismo, que é uma das suas inúmeras possibilidades de configuração.

A música, enquanto potência de acontecimento, é uma máquina. Já os sistemas musicais, que se configuram histórica e geograficamente, são mecanismos[7], estruturas em que as peças adquirem funções específicas. Por exemplo: no sistema tonal, as notas têm função melódica e/ou harmônica claramente definida, e os estudos acadêmicos de contraponto e harmonia não têm outro propósito que o de fazer com que se entenda a estrutura e a função das peças dentro do mecanismo. Um fazer musical que pretenda estar em processo de constante invenção tem de se enfrentar como máquina, sempre aberta à constituição de novas "engenhocas" (que posteriormente podem até se constituir em novos mecanismos que poderão se formar como sistemas que serão adotados por certo tempo entre os músicos acadêmicos).

Estendendo e aplicando esses conceitos de máquina e mecanismo ao território da improvisação, pode-se dizer que esta pode se dar num ambiente, por assim dizer, mecânico – e aí ela é uma inteligência[8] – em que as performances se dão no âmbito

---

7 Isso não quer dizer que a música feita nesses períodos históricos é mera aplicação de fórmulas e padrões e que funcione como um mecanismo. Pelo contrário. Refiro-me aqui às várias iniciativas históricas de sistematização do repertório empreendidas pela teoria e pela pedagogia que, malgrado seus propósitos positivos de sistematização do conhecimento, muitas vezes acabam por gerar escolásticas rígidas que correm o risco de se tornar "sistemas de composição".

8 Sobre a noção de inteligência contraposta à noção de pensamento na filosofia de Deleuze, cito aqui a palestra A Estética de Deleuze, de Cláudio Ulpiano, na Oficina Três Rios: "A função da inteligência é exatamente essa, de dar conta das significações estabelecidas, organizar a utilidade, produzir instrumentos eficazes. A questão do pensamento é lidar com o caos [...] A arte só pode ser feita pelo pensamento porque o pensamento é que entra em contato com os conceitos, é o ▶

de um sistema claramente gramaticalizado, e todas as intervenções remetem a uma estrutura abstrata colocada como referência. É, por exemplo, o caso daqueles que vão estudar jazz em uma escola – como há muitas hoje em dia nos Estados Unidos e mesmo no Brasil – e lá aprendem todos os materiais e procedimentos que podem ser usados para que a performance se dê "corretamente". Em princípio, os limites estão claramente delineados e cada gesto do improvisador deve estar referenciado ao mecanismo complexo que é, por exemplo, o idioma[9] do Bebop. O que se aprende nesse caso é a parte abstrata de uma língua, suas constantes. O pensamento mecânico, portanto, pode tornar o aprendiz "competente" no manejo desse mecanismo, mas não o torna um artista[10]. Seria necessário, a partir daí, fazer "gaguejar a língua" para que surgissem as variáveis.

> ▷ pensamento que entra em contato com os objetos da ciência [...] A inteligência está prontamente atarefada em dar respostas para nós. O pensamento não. Ele só funciona se determinada força for lá e 'prender ele, puxar ele' [sic]."

9   Esses termos, "idioma" e "sistema", são usados aqui da seguinte maneira: sistema musical é alguma forma específica de estruturação abstrata da linguagem como, por exemplo, o sistema tonal que organiza as alturas. Não nos esqueçamos que "diferente do que ocorre num simples agregado, num sistema, os elementos componentes estão ligados e interagem entre si" (F. Iazzetta, *Música, Processo e Dinâmica*, p. 45). Os idiomas, por sua vez, são concretos e configuram – mesmo que provisoriamente – um território. Geralmente se apoiam sobre algum sistema musical específico (ou às vezes sobre mais de um, como é o caso de certos idiomas da música popular brasileira em que convivem o tonalismo e o modalismo) e incorporam, no seu fazer real – sua performance –, características e detalhes que lhe dão especificidade como, por exemplo, o uso de certos ritmos característicos, formações instrumentais típicas, procedimentos instrumentais, convenções de leitura, nuances interpretativas etc. É o caso, por exemplo, do Choro, um idioma que se apoia na estrutura abstrata do sistema tonal, mas que, em sua prática, incorpora outros elementos. As características dos idiomas estão além da abstração de um sistema e se apoiam em dados concretos de sonoridade e de fatura dos sons. É a forma específica pela qual tal ou qual sistema se concretiza em alguma situação. Na realidade, Deleuze mostra que há duas maneiras de tratar as linguagens: a partir de suas constantes e a partir de sua variação contínua. A parte abstrata, gramatical, homogênea da língua é o lugar das constantes, é o modo maior da língua. Já a parte concreta, real, variável, "musical" da língua é o lugar da variação, é o modo menor da língua, é o lugar da performance.

10 A esse respeito vale citar também o interessante texto produzido e lido por Mário de Andrade na aula inaugural do curso de Filosofia e História da Arte do Instituto de Artes da Universidade do Distrito Federal, em 1938, intitulado "O Artista e o Artesão", e publicado posteriormente no volume *O Baile das Quatro Artes*. Nesse texto, Mário estabelece o que seria, sob o seu ponto de vista, a diferença entre aquilo que pode ser ensinado (o artesanato e, no nosso caso, a inteligência, o mecanismo) e o que só pode ser criado (a arte, o pensamento, a máquina).

Algo semelhante parece ocorrer, por exemplo, com o músico hindu que quer participar da prática musical de seu território. Apesar de que, nesse território, a parte constante (abstrata) e a parte variável (concreta) da linguagem não se definem nem se diferenciam com a clareza relativa da música ocidental, na qual a sistematização e a gramaticalização empreendidas pela pedagogia e pela escola se consolidam através da escrita. Nesse tipo de território – o de algumas músicas de culturas tradicionais –, na maior parte das vezes o aprendizado se dá pelo contato concreto com a prática e pelos exercícios instrumentais a partir de uma relação mestre-aprendiz.

Já a livre improvisação enfrenta a música como uma máquina que se abre para novas e infinitas atualizações. É como afirma o professor Cláudio Ulpiano na já citada palestra ministrada na Oficina Três Rios em 1993, em que abordava a estética no pensamento de Gilles Deleuze: "a experiência do artista é [...] afundar no vazio ou no caos, e tirar desse vazio do tempo [...], arrancar desse caos os afetos com os quais o mundo é constituído. [...] Essa potência da arte não invade uma matéria pronta; ela invade o vazio". Assim também, na livre improvisação, o desejo é sempre se afastar dos idiomas, sem, no entanto, ignorar que é impossível partir do grau zero. No mínimo estarão lá presentes, como linhas de força, os idiomas, mecanismos e sistemas que atravessam a biografia musical de cada membro do grupo de improvisação.

A QUESTÃO DA FORMA E A CONSISTÊNCIA DO FUNCIONAMENTO

E como se articula a questão da forma na improvisação livre, tendo em vista essa ideia de pensamento maquínico? Aqui é importante afirmar que a consistência da improvisação não está relacionada à questão da forma musical no sentido tradicional do termo. Trata-se mais de uma "consistência de funcionamento", pois a improvisação é puro processo. É claro que é possível imaginar que, ao final de um processo de improvisação, se possa, retrospectivamente, observar o delineamento de uma forma. E aí seria possível traçar um paralelo com as concepções musicais de Edgard Varèse: a forma pensada como resultado de uma "cristalização".

Como em Varèse, pode-se então dizer que na livre improvisação não se elabora uma forma a partir de algum elemento unificador. Segundo Silvio Ferraz, Varèse faz uso de um processo denominado "ressonância": "cada momento ressoa no momento imediatamente posterior, numa cadeia contínua de transformações contínuas"[11]. Mais à frente Silvio Ferraz relaciona a ideia de forma com a questão da memória na obra de Varèse:

> Voltamos aqui à ideia de mônada. A ressonância se contrapõe à unidade, a transformação contínua à variação, construindo uma música na qual a divisibilidade – como no serialismo – e a redutibilidade – possível no minimalismo – são impossíveis: suas peças se constituem em *continuum* informais, indivisíveis em partes significativas [...] O esquecimento, que no serialismo faria com que se perdesse o fio da meada e no minimalismo era impossível – pois as reiterações nos lembram incessantemente da matriz original –, é o motor de suas músicas, em que subsiste uma memória curta e não se impõe um objeto que torne necessária a presença de memória longa.[12]

Assim, na improvisação também não se pode falar em redutibilidade ou divisibilidade. As partes, se existem, se configuram durante o processo como resultado das transformações contínuas, e só são observáveis *a posteriori* numa eventual gravação a partir de um processo analítico. O processo se dá claramente por transformações contínuas e não por variação de um princípio unificador qualquer (figural, temático, frásico etc.). E, principalmente, o processo se apoia na utilização de uma memória curta. Pode-se sintetizar a relação entre o processo da livre improvisação e a forma de uma maneira muito próxima àquela apontada por Silvio Ferraz ao analisar a forma na música de Xenakis:

> Como observamos anteriormente, assim como em Varèse, a forma musical em Xenakis é um desdobramento do som, e não mais aquele elemento que impunha restrições ao som, como na música serial. Esses desdobramentos do som são o que ele chama de "variações moleculares imperceptíveis", trabalhadas com base num sistema em que a forma resulta de

11 S. Ferraz, *Música e Repetição*, p. 77.
12 Ibidem.

um acaso controlado. A forma não é mais um dado que o compositor se preocupa em tornar claro, já que não é nada mais que uma resultante do material e do tratamento [...] Xenakis inverte os papéis de estruturante e estruturado, dando hegemonia ao processo e ao material modulado, o que abre espaço para a manifestação de qualquer aspecto textural.[13]

Na livre improvisação, também a forma não impõe restrições ao fluxo sonoro, uma vez que a própria forma só surge no final, como resultado do processo. Esse sistema, que é a base para "as variações moleculares imperceptíveis", no caso da improvisação se confunde com o próprio plano de consistência. Assim, o plano de consistência da improvisação livre é um plano de uma máquina de funcionamento e não o plano de uma forma. Nela o processo se desenrola num *continuum* (transformação contínua) informal.

LIVRE IMPROVISAÇÃO NÃO É FREE JAZZ

Vale enfatizar: a livre improvisação não é um desdobramento do free jazz. É claro que o jazz é uma das linhas de força que convergiram para o surgimento desse tipo de manifestação que só é possível na contemporaneidade por conta de uma série de fatores. No jazz, como de resto em outras formas de música não ocidental de tradição oral, encontramos a figura do *performer* criador (personagem central da livre improvisação) que desenvolve sua ação musical performática e criativa numa relação direta e imediata com o material sonoro, através de seu "acoplamento" maquínico corpo/instrumento. Por outro lado, não se pode esquecer que no jazz (e mesmo no chamado free jazz) a figura do *performer* criador se move dentro de fronteiras idiomáticas, mesmo que esse território esteja em constante expansão, desdobrando-se em estilos e formas sempre renovadas, como é o caso do free jazz, que abriu as portas para uma música não mais baseada na ideia de melodia, tema e harmonia.

Nesse caso, é importante enfatizar as outras linhas de força que concorrem para possibilitar o advento daquilo que hoje conhecemos como livre improvisação, dentre as quais podemos

[13] Ibidem, p. 80.

destacar os recentes avanços tecnológicos e a gradativa valorização do som que ocorreu na história da música "erudita" ocidental. Por isso, também é importante saber em que medida os livre-improvisadores se contaminam pelas ideias de música que emanam da composição contemporânea (e vice-versa).

Segundo o músico, guitarrista e improvisador Derek Bailey, o ímpeto para a *free improvisation* surge de uma tendência de radicalização dos princípios de renovação constante da prática musical por parte de grupos de performance de free jazz europeus. Essa radicalização teria desembocado num questionamento amplo, por vezes filosófico, educacional e, em última análise, político – como no caso do compositor e *performer* inglês Cornelius Cardew[14] – da linguagem musical. Esse questionamento incide, entre outras coisas, sobre as leis e regras idiomáticas, sobre a gramaticalidade e as constantes dos sistemas que se configuram historicamente.

E o que seriam, afinal, essas constantes? Trata-se justamente de partes das quais é possível falar. No caso específico do jazz, as constantes têm a ver com as diversas maneiras de organizar o material frequencial (mais precisamente as notas musicais): escalas, arpejos, acordes, melodias, encadeamentos harmônicos, temas. Além disso, abarcam os diversos procedimentos de desenvolvimento e variação temática que podem ser transcritos e estudados. Assim, trata-se também das *notas* (figuras) dos solos dos grandes improvisadores, que se transformam em clichês tão logo são *capturados* em métodos didáticos e exercitados pelos aprendizes. Por fim, seriam ainda a organização global temporal das performances em torno da hegemonia de um *beat* (pulso) constante que se faz onipresente através de suas proporcionalidades. Nesse fluxo, tudo é múltiplo ou divisor. Esse pensamento temporal hierarquizado atravessa todas as camadas que compõem o tecido da performance: o tema melódico e as várias linhas que o "acompanham".

Ao lado dessas partes constantes da língua, há a parte variável que se dá na realização concreta e que é o lugar do indizível, do imensurável, do não sistematizável. Esse é o lugar da performance propriamente dita. É aqui que se dá a renovação

---

14 A respeito da vida e da atuação desse polêmico compositor, vale a pena conferir o livro de J. Tilbury, *Cornelius Cardew (1936-1981)*.

das constantes e as desterritorializações. É o lugar dos "modos menores"[15]. Apesar dessa tendência de renovação constante, que sempre foi uma característica importante na história do jazz, num determinado momento alguns grupos sentiram a necessidade de romper com uma tradição que mantinha todas essas renovações dentro do território do jazz. É aqui que surge a concepção de improvisação não idiomática.

De qualquer maneira, o que permanece daquelas tendências de renovação constante é um desejo por um envolvimento direto com a música e uma tentativa de escapar da rigidez e do formalismo dos *backgrounds* musicais. É, ao mesmo tempo, um rompimento com os idiomas, seus clichês e gestos, rumo a uma liberdade individual e coletiva aparentemente absoluta, mas também uma busca por uma linguagem musical livre de constrangimentos regionais (territoriais) e, por isso, mais universal. Esse tipo de agenciamento seria propício, ao mesmo tempo, à uma prática musical universal, mais comunitária e coletiva, e à uma expressão individual mais legítima[16].

O primeiro passo para o agenciamento desse plano ambicioso seria a negação. Negação dos idiomas, dos seus gestos característicos ("ritornelos" impregnados nos músicos devido às suas formações diversas), negação da direcionalidade, determinismo e causalidade (tensão/relaxamento, tônica/dominante) do sistema tonal, negação do tempo pulsado, medido, estriado, simétrico dos idiomas e sistemas diversos. Citando o músico Jamie Muir no livro de Derek Bailey:

ao invés de transmutar o refugo/lixo (as dobras, ranhuras do som) em música com um alto grau de predeterminação qualitativa [...] deixe de lado as linhas e estruturas de seletividade, as "boas" intenções que você herdou, e se aproxime do refugo com total respeito à sua natureza de refugo – o não descoberto, não identificado, não reivindicado – transmutando aquela natureza numa dimensão de performance. A maneira de descobrir o desconhecido na performance é imediatamente rejeitar

---

15 Os conceitos de modo maior e menor em Deleuze e Guattari estão ligados à forças presentes nos territórios. O modo maior, ligado ao conceito de maioria hegemônica, pensado enquanto força de territorialização, e o modo menor, ligado ao conceito de minoria, linhas de fuga e forças de desterritorialização.

16 Veremos mais à frente o quanto esse "programa" é utópico, relativo e ilusório. A ideia de improvisação livre se insere como mais uma entre muitas tendências próprias de um determinado momento histórico.

todas as situações na medida em que você as identifica – o que dá à música um futuro[17].

Isso corresponderia à ideia de evitar sempre o "modo maior", a territorialização. Evitar, sempre que possível, a constituição de constantes, limites, partes duras e mortas ou gramaticalidade. É inevitável, porém, que, durante esse processo se produzam características particulares de um grupo devido ao seu intenso convívio e interação. Isso configura um estilo, e um estilo não deixa de conformar limites e constantes. Nesse contexto, o silêncio pode adquirir uma dimensão mais importante na performance: a partir dele se desenvolve a intensa concentração necessária, e todos os sons podem funcionar como linhas de fuga. Nada é supérfluo.

Outras linhas de força extramusicais importantes para o sucesso dessa proposta são as qualidades necessárias para o convívio – que requer uma dose de disciplina individual – entre os músicos: humildade, generosidade, curiosidade, sensibilidade e paciência. Trata-se de uma ética coletiva. Assim se constrói "não uma linguagem conscientemente articulada, mas, passo a passo – cada passo por uma pessoa diferente –, uma coisa simbiótica. O todo excede a soma das partes individuais"[18]. Um grupo com esse tipo de funcionamento desenvolve uma segurança na liberdade: todos estão prontos para dialogar com o imprevisto. O saxofonista Steve Lacy fala em "brotherhood of language" (irmandade de linguagem), que implica em que cada músico que se soma ao trabalho afeta a rede comum de linguagem. É a identidade ou estilo desse grupo.

DEFINIÇÕES E CONCEITOS GERAIS

Genericamente falando, a improvisação, em especial a coletiva, é um fazer musical com características específicas para o qual muitas linhas de força convergem. É possível pensá-la num contexto amplo – definido aqui como o seu ambiente, espaço de jogo ou campo de operações –, que engloba muitos fatores, não somente musicais, mas também sociais, culturais, pessoais

17 D. Bailey, *Improvisation, Its Nature and Practice in Music*, p. 96.
18 Ibidem, p. 92.

e específicos do grupo que se engaja numa prática desse tipo. Em primeiro lugar, é preciso enfatizar que uma performance de improvisação se insere necessariamente como um "fato musical" *time and space specific* (conforme Jean Molino[19]). Assim, ela é uma manifestação complexa que estabelece vínculos e é resultado de uma série de conexões em rede que acontecem nesse ambiente. Ao mesmo tempo que é manifestação do ambiente, ela é, enquanto um fato de cultura, um dos fatores que conferem a esse ambiente sua identidade.

É importante ressaltar que, para a prática da improvisação, é necessário, por parte dos músicos que dela participam, um estado de prontidão auditiva, visual, tátil e sensorial que é diferente daquele exigido para a interpretação ou a composição. Esse estado de prontidão exige uma espécie de engajamento corporal integral. A realização efetiva da improvisação depende, em certa medida, dessa preparação específica.

De acordo com Derek Bailey[20], há duas formas básicas de improvisação: de um lado a "idiomática", que se dá dentro do contexto de um idioma musical, social e culturalmente delimitado histórica e geograficamente como, por exemplo, a improvisação na música hindu; e, de outro lado, a "livre improvisação". Nessa última, supostamente, não há *um* sistema ou *uma* linguagem previamente estabelecida no contexto da qual se dará a prática musical.

A livre improvisação, a partir da definição acima, só é possível no mundo contemporâneo, cada vez mais integrado, em que as "membranas" – linguísticas, culturais, sociais – e as fronteiras, devido à intensa interação, eventualmente se dissolvem ou, ao menos, perdem sua rigidez. Nesse contexto, os territórios se interpenetram e os sistemas interagem cada vez mais, de maneira que os idiomas tornam-se mais permeáveis. Por outro

---

19 Molino define assim o fato musical: "Como tantos fatos sociais, a música parece carregar-se de elementos heterogêneos – e, aos nossos olhos, não musicais –, à medida que nos afastamos no espaço e no tempo [...] O próprio campo do fato musical, tal como é reconhecido e delimitado pela prática social, nunca recobre exatamente o que entendemos por música: de fato, a música está em toda a parte mas não ocupa nunca o mesmo lugar [...] o fato musical aparece sempre não apenas ligado mas estreitamente misturado com o conjunto de fatos humanos [...] Não há, pois, uma música, mas músicas. Não há a música, mas um fato musical." Cf. J. Molino et al., *Semiologia da Música*, p.112-114.

20 Op. cit., p. xi.

lado, a livre improvisação é possível num cenário em que os idiomas e os sistemas musicais se esgotaram enquanto possibilidades autossuficientes e expansíveis. O tonalismo, por exemplo, a partir de uma longa história de gestação, consolidação, afirmação e flexibilização das regras, se expandiu até "explodir" com o advento do atonalismo, serialismo e sucedâneos. A história do jazz, de maneira similar, descreve um percurso que conduz a um esgotamento gradativo de suas possibilidades idiomáticas.

Nesse contexto, o livre improvisador contemporâneo lida com vários sistemas simultaneamente ou, supostamente, com a ausência deles. Ele pode ser um músico proveniente do jazz que, em sua busca por novas formas de expressão e liberdade criativa, acaba se deparando com um esgotamento dos antigos sistemas de referência. Para esse músico, não há mais nada de novo a dizer através dos antigos idiomas. Cabe ressaltar que o jazz é uma música que se realiza essencialmente através da improvisação. E quando todas as soluções pessoais parecem já não surpreender, todos os gestos do instrumentista parecem "dicionarizados" e previsíveis, a prática da improvisação se torna burocrática e perde a vitalidade. Esse músico pode ser também um compositor ou um intérprete de música erudita ocidental que vivencia o esgotamento dos sistemas após o fim do tonalismo, e se volta para novas formas de expressão que podem incluir a música eletroacústica, as músicas étnicas, o jazz etc.

Atualmente, pelos estudos empreendidos no campo da musicologia e pelo advento das tecnologias de gravação e reprodução, os músicos têm acesso a uma enorme multiplicidade de práticas musicais, sistemas e idiomas. Além do acesso retrospectivo a toda produção musical no ocidente, é possível também conhecer as músicas de origem não europeia. Essa situação, somada a outros fatores que serão comentados oportunamente, cria condições para uma espécie de desenraizamento da música atual. Tal desenraizamento parece apontar positivamente para o advento de novos tempos em que as estruturas mais profundas da arte, da linguagem e do pensamento se desprendem de suas especificidades idiomáticas para expressar formas mais sutis da existência: o "molecular", o cósmico[21].

---

21 Esses termos redefinidos na filosofia de Deleuze e Guattari terão seus significados específicos configurados no decorrer do texto.

ANTECEDENTES HISTÓRICOS E REFERENCIAIS TEÓRICOS

A livre improvisação, que se dá numa espécie de negação de territórios ou a partir de uma sobreposição (colagem, raspagem e transbordamento) de idiomas, é, como já mencionado anteriormente, uma possibilidade histórica contemporânea. E tal possibilidade só se delineia a partir da configuração de novas formas de escuta. Nesse sentido, é possível afirmar que o ambiente da livre improvisação é longamente preparado. Mesmo na improvisação idiomática há "uma vida inteira de preparação e conhecimento por trás de toda e qualquer ideia realizada por um improvisador"[22]. E essa preparação pressupõe uma intensa vivência prática do idioma. Já a livre improvisação – que não se dá no contexto de idiomas específicos – é preparada por uma série de fatores presentes na história e na geografia da música. Segue uma breve descrição de alguns desses fatores e referências que tornam possíveis as práticas da livre improvisação.

Em primeiro lugar, temos as pesquisas conduzidas por P. Schaeffer e a invenção da música concreta, das quais emerge a formulação do conceito de escuta reduzida e de objeto sonoro com todas as implicações decorrentes. A improvisação livre, vivenciada no contexto de minhas práticas artísticas – nos grupos Akronon (1999-2001), Musicaficta (2009-2012) e Orquestra Errante (2009-atual) – é uma prática em que esse tipo de escuta orientada para o objeto sonoro tem grande relevância[23].

Há também a obra e as reflexões de Varèse em busca da "autonomia do som". Seus procedimentos inauguram uma escrita em que se busca, de forma intencional, uma escuta de massas sonoras e texturas. Tanto Cage quanto Edgard Varèse[24]

---

22 P.F. Berliner, *The Infinite Art of Improvisation*, p. 17.
23 Cf. exemplos no *site* <www.rogeriocosta.mus.br>.
24 Para Cage, a liberação do som é mais radical. Há também e sobretudo, uma ênfase no processo, na experiência, no fazer musical em detrimento da permanência de um objeto artístico que queda aí desmistificado. O uso de qualquer som ou ruído, a liberação do som com relação aos sistemas e às estruturações são uma consequência e uma necessidade inerente à proposta de se enfatizar a escuta e o fazer. Para ele, os músicos, na maior parte das vezes, não ouvem os sons, mas sim as relações que há entre os sons. Num texto de 1957, Cage nos diz: "o que será feito é aos poucos liberar completamente os sons das ideias ▶

almejam essa "liberação do som", reivindicação precocemente veiculada por Debussy, que afirmava que qualquer som, em qualquer combinação e em qualquer sucessão, é livre para ser usado numa continuidade musical. Essa liberação do som, sua percepção e uso como fenômeno autônomo, desvinculado de qualquer sistema, implicam em diferentes propostas de atuação, conforme o caso. Varèse permanece ligado à tradição da composição europeia na medida em que se preocupa com a ideia de permanência e se propõe a consolidar e fixar suas obras através de uma notação precisa. A escuta dessas obras, no entanto, revela esse projeto de autonomia do som na medida em que se propõe como verdadeiro objeto sonoro pleno de múltiplas possibilidades de aproximação. É possível perceber que, para Varèse, não importa *a nota* como elemento descontínuo:

uma altura específica numa região específica e cuidadosamente escolhida de um instrumento, produzida através de uma articulação rigorosamente definida, se torna, não parte de um acorde, mas sim de um agregado harmônico, de uma densidade de algo que por acaso é definido por notas de alturas definidas [...] a ênfase é colocada na experiência ao invés da estrutura[25].

▷ abstratas a respeito deles e cada vez mais deixá-los ser única e fisicamente eles mesmos". (apud M. Nyman, *Experimental Music*, p. 50). Por outro lado, o compositor, o intérprete e o ouvinte estão muitas vezes entrelaçados numa mesma personagem. A vontade de romper com a divisão entre vida quotidiana e arte transforma o artista em um formulador de processos, um desencadeador de experiências, um agenciador de propostas. Vida e arte se mesclam. O artista é um educador. Na livre improvisação estão presentes alguns dos elementos propostos por Cage: o engajamento com o fazer, o momento, o processo, o som, a experiência, a significação imediata e quotidiana. Trata-se de colocar em movimento um devir. Por outro lado, na livre improvisação os intérpretes estão engajados num processo intenso de diálogo e interação que gera "processos de cristalização" similar às propostas de Varèse. Os sons liberados das ideias abstratas em processos interativos e dinâmicos são colocados em movimento. A diferença entre a livre improvisação e as propostas de Cage é que ele é *o formulador* das propostas. Ele é quem põe os intérpretes em movimento. O *desejo* pertence ao compositor/formulador. Por mais que trabalhe com o acaso e com a ideia de não intencionalidade, é ele quem desencadeia o processo. É ele quem faz o lance de dados (ao menos o lance inaugural). Nem sempre se consegue engajar o intérprete nesse tipo de projeto. Além disso, nas obras de Cage não há uma preocupação com o som em si: o que importa é o conceito de som e de processo. As propostas de Cage, no entanto, podem ser consideradas como "referentes" (apresentados na forma de texto, de acordo com J. Pressing, conforme se verá adiante) para processos de improvisação.

25 M. Nyman, op. cit., p. 44.

Esse comentário de Nyman sobre a música de Varèse aponta claramente para essa ênfase no sonoro.

Vale mencionar também a obra de Györg Ligeti que, através da utilização de procedimentos figurais contrapontísticos micropolifônicos, em obras como *Atmosphères, Lux Aeterna* e *Continuum,* cria a sensação de texturas em micromovimento. Nesses procedimentos de Ligeti se percebe o impacto do advento da música eletrônica no pensamento composicional moderno. O chamado "tecnomorfismo"[26] que daí se origina é também uma importante referência na preparação do plano de consistência da improvisação. Ligeti chega, inclusive, a explicitar a influência determinante de sua experiência com a música eletrônica em sua escrita instrumental:

Quando minha peça orquestral *Apparitions* foi executada em 1960 em Colônia e, um ano depois, quando a peça orquestral *Atmosphères* foi executada em Donaueschingen, era comumente mencionado o seguinte: essas peças, na verdade, parecem ser música eletrônica arranjada para orquestra. Essa afirmação é certamente estranha – como algo pode ser eletrônico quando é puramente instrumental – de qualquer maneira, contém um grão de verdade; isto é, sem as experiências no estúdio eletrônico, as peças orquestrais nunca poderiam ser compostas daquela maneira.[27]

Já na obra do compositor italiano Giacinto Scelsi, o que se almeja é uma espécie de "molecularização" do som através de um processo contínuo de micropercepções. Ele se propõe a "viajar dentro do som". O conceito de molecularização e a consequente intensificação estão presentes de forma clara na crescente importância que o timbre vai assumindo na produção musical contemporânea. Segundo Tristan Murail há

---

26 O tecnomorfismo, segundo Tatiana Catanzaro, se relaciona com "a utilização metafórica de um processo tecnológico aplicado em um meio diverso ao qual este foi concebido; no caso, à música composta para instrumentos mecânicos (tradicionais). Ou seja, a abstração de uma ideia tecnológica (como a manipulação de uma fita magnética, a análise de um espectro sonoro via computador etc.) é aplicada à música tradicional instrumental e/ou vocal mecânica" (Influências da Linguagem da Música Eletroacústica Sobre a Linguagem da Música Contemporânea. *Anais do v Fórum do Centro de Linguagem Musical*, p. 22).

27 G. Ligeti, Auswirkungen der elektronischen auf mein kompositorisches schaffen, *Experimentale Musik*, p. 1-2.

um grande movimento da música ocidental, em que o timbre, antes insignificante com respeito à escritura, é recuperado, reconhecido primeiro como fenômeno autônomo e a seguir como categoria predominante – terminando quase por submergir ou absorver as outras dimensões do discurso musical, de sorte que as microflutuações do som (*glissandos*, *vibratos*, mutações do espectro sonoro, trêmulos...) passam do estado de *ornamento* ao de *texto*[28].

Tudo isso é molecularização[29]. A obra de Scelsi vai influenciar, tanto quanto a música eletroacústica, a corrente da música espectral. Seus maiores representantes são Gerard Grisey e Tristan Murail, que trabalham a composição a partir de análises detalhadas do som enquanto um acontecimento acústico complexo (análise espectral). Na música espectral, a "viagem ao centro do som" empreendida intuitivamente por Scelsi se torna, através da utilização da tecnologia, uma realidade mais sistematizada.

Outra referência para a livre improvisação é a obra de Olivier Messiaen. Nela, a partir de um minucioso trabalho de desdobramento de figuras e de imbricamento de protomelodias, relacionadas na escuta e na composição de uma maneira rizomática[30] (simultânea, linear, diagonal etc.), se almeja uma escuta múltipla e heterogênea da simultaneidade. Essas

---

28 T. Murail, A Revolução dos Sons Complexos, *Cadernos de Estudo: Análise Musical*, Revista Atravez, n. 5, p. 20.
29 Realizo já aqui uma aproximação do conceito de molecularidade – que será melhor explicado no capítulo seguinte – com o conceito de dobra conforme delineado por Deleuze ao descrever em que medida as micropercepções desterritorializam uma escuta das macropercepções. Conforme Silvio Ferraz: "O que podemos notar é que as séries de dobras não correspondem a uma sequência de pontos de vista de um mesmo objeto, como notamos nas variações clássicas. As séries de dobras, séries de micropercepções, correspondem às configurações (ou atualizações) de um objeto. São constituídas de experiências sensoriais simultâneas e divergentes, da intuição e do pensamento, que se cruzam, ora ressoando uma nas outras, ora se justapondo."(Op. cit., p. 177). Na improvisação não se trata de micropercepções aplicadas a objetos anteriormente compostos, mas de um mesmo tipo de configuração aplicada doravante ao processo em seu devir. Na música tradicional, cada músico toca uma "célula" e, com os ensaios, apreende a função da célula. Na livre improvisação, cada músico não sabe o que vai realmente resultar dos objetos que toca. É uma música molecular, trabalhada passo a passo, uma "música feita de perto". A molécula não sabe qual será sua função no organismo.
30 O conceito de rizoma, conforme delineado por Deleuze, terá seu sentido mais detalhado no capítulo 2.

características podem ser observadas, por exemplo, no *Quatour pour la fin du temps* ou em *Cronocromie*.

De maneira diversa e a partir de uma colagem "alucinada" de signos musicais (figuras, fragmentos de gestos musicais), o compositor norte-americano Charles Ives também propõe, entre outras coisas, um tipo de escuta nômade e múltipla. Em sua obra convivem vários estratos temporais heterogêneos, como, por exemplo, em sua famosa obra *The Unanswered Question*.

É importante citar também a chamada "música experimental norte-americana" e a revolução conceitual promovida por John Cage, sua aproximação com a filosofia zen e com as demais formas de pensamento oriental, e suas consequências sobre o fazer musical ocidental; seus questionamentos estéticos sobre a noção de obra artística separada da vida e sua adesão a uma espécie de dadaísmo que questiona a solenidade do fazer artístico na cultura ocidental. A escuta aqui se coloca como ato não intencionado ou como uma escuta sem propósito, integrada naturalmente na vida. A racionalização abre espaço à sensação pura.

Assim também, mesmo que de forma indireta, o nascimento da livre improvisação sofre influências do trabalho do compositor Luciano Berio[31], em que o gesto e o idiomático são recontextualizados, deformados, reterritorializados e reconfigurados em composições em que uma escuta polifônica é resultado da simultaneidade de linhas de escuta numa proposta de convívio entre o gestual, o figural e o textural.

Mas o surgimento da livre improvisação também só é possível a partir da desterritorialização da figura[32] (aspecto rítmico-melódico, proporções numéricas, abstratas entre as notas) promovida por Schoenberg quando, em suas primeiras obras atonais, a liberta dos condicionamentos idiomáticos da tonalidade e fundamenta um pensamento propriamente figural – contrapontístico e, em certa medida, timbrístico – desvinculado de um sistema preestabelecido, apesar de haver logo depois promovido uma extensa territorialização da figura através do serialismo.

---

31 Há obras significativas dessa tendência: no terceiro movimento da Sinfonia – em que há um impressionante trabalho de colagens, raspagens de peças do repertório ocidental – e as *Sequenzas,* mais especificamente aquelas para voz e para trombone.

32 Os conceitos de textura, figura e gesto aqui utilizados são criados pelo compositor Brian Ferneyhough e serão melhor definidos nos capítulos subsequentes.

Há também a prática e as reflexões de músicos como Cornelius Cardew, Derek Bailey e de todos os grupos de *free improvisation* europeus e norte-americanos que, em certa medida, se ligam a uma longa história de desenvolvimento do jazz norte-americano e a uma preocupação com o intérprete enquanto formulador e enunciador de discurso musical.

A partir de tudo o que foi exposto acima, pode-se afirmar que, em termos estéticos e conceituais, a livre improvisação só é possível no contexto de uma busca de superação do idiomático, do sistematizado, do controlado, do previsível, do estático, do identificado, do hierarquizado, do dualista e do linearizado em proveito do múltiplo, do simultâneo, do instável, do heterogêneo, do movimento, do processo, do relacionamento, da energia e do material em si. Em termos talvez mais abrangentes, pode-se dizer que a livre improvisação surge no contexto da superação do paradigma da nota e de sua substituição pelo paradigma do som. Segundo Makis Solomos, principalmente a partir de Debussy até os dias atuais, o som tornou-se um tema central da música. Para ele: "Reler a história da música desde o século passado significa, em parte, ler a história movimentada da emergência do som, uma história plural, pois composta de várias evoluções paralelas, as quais, todas, levam de uma civilização de tom para uma civilização de som."[33] A respeito desse mesmo assunto, o compositor Helmut Lachenmann afirma que

a emancipação do som, representado acusticamente e que tinha tradicionalmente uma função subordinada em música, constitui uma das aquisições essenciais da evolução da música de nosso século. Ao substituir a antiga concepção sonora, ligada à referência tonal, das consonâncias e dissonâncias, a experiência empírica e imediata do som não necessariamente se tornou hoje o ponto central da experiência musical, mas ocupa certamente uma posição fundamental[34].

Portanto, pode-se dizer que grande parte das mudanças significativas nas práticas musicais atuais são o resultado desse recentramento sobre o som e da superação dos limites entre som e ruído.

---

33 M. Solomos, Prefácio: Do Tom ao Som, em D. Guigue, *Estética da Sonoridade*, p. 19.
34 H. Lachenmann, Typologie sonore de la musique contemporaine, *Écrits et entretiens*, p. 36. Todas as traduções são de responsabilidade do autor.

SOBRE A ESCUTA: CONSIDERAÇÕES PRELIMINARES

"Ouvir, de fato, os sons." Na perspectiva aqui assumida, a separação entre sujeito e objeto não existe. Isso implica, primeiramente, em assumir que a percepção é uma atividade cognitiva e que toda atividade cognitiva se dá através de um processo de configuração de problemas a serem resolvidos a cada momento. Ou seja, a cognição não parte de uma realidade supostamente preestabelecida a ser percebida ou representada, mas se configura a partir de um cenário (ambiente) em que se confrontam o objeto e o sujeito através de um ato particular de percepção, que emerge num determinado contexto e que envolve tanto o objeto quanto o sujeito com sua história, seu corpo e sua linguagem. Desse modo, o processo continuado do viver é que configura um mundo percebido a cada momento a partir de problemas reais.

Essa concepção (o configuracionismo) – que vem sendo empregada recentemente nas ciências cognitivas – é pertinente para o desenvolvimento deste estudo, tendo em vista as implicações entre a percepção (ouvir, escutar – condição primordial para o jogo da improvisação) e o modo de cognição que tal ato implica. Como afirma Francisco Varela, que desenvolveu parte dos conceitos a respeito dos processos cognitivos aqui utilizados:

A principal capacidade da atividade cognitiva dos sistemas vivos é, dentro de amplos limites, a configuração de problemas relevantes a serem resolvidos a cada momento da existência. Esses problemas não são preestabelecidos, mas sim configurados, ensejados a partir de um cenário, e o que conta como relevante é o que o senso comum sanciona como tal, sempre de maneira contextual [...] A noção básica, portanto, é que as capacidades cognitivas estão indissoluvelmente ligadas a uma história que é vivida, assim como um caminho que não existe, mas que é traçado pelo caminhar [...] O mundo que experimentamos não é independente do observador [...] [Assim, por exemplo], os mecanismos neuronais que subjazem à percepção das cores não são a solução de um problema (capturar as propriedades cromáticas preexistentes dos objetos), mas sim a emergência, em união da percepção de cores e dos atributos cromáticos.[35]

---

35 F. Varela, Abordagens à Ciência e Tecnologia da Cognição, SBPC, v. 40, n. 5, p. 464-467.

Assumindo as consequências dessa forma de pensamento, tem-se que, entre outras coisas, o ato de ouvir é resultado de um processo que envolve o objeto sonoro/musical – realização acústica de um enunciado musical, fenômeno físico sonoro capaz de mobilizar/perturbar o nosso órgão auditivo – e o sujeito, num processo de configuração. Assim, "ouvir os sons" implica em um ato humano que surge a partir de uma necessidade, de uma disponibilidade e de uma prontidão configuradas na relação com uma determinada realidade acústica. Há, portanto, uma intenção de escuta que emerge como necessidade a partir de um "problema": a interação entre músicos que assumem seus instrumentos como uma espécie de extensão de suas vozes[36] e decidem iniciar um jogo: um jogo ideal em que o que importa é a continuidade do próprio jogo (a livre improvisação).

Também as ideias de John Cage ligadas à filosofia zen implicam em novas formas de escuta. Para Cage, toda e qualquer escuta pode se tornar um ato de composição. Basta pensar na proposta contida em sua peça *4'33"*, em que o silêncio emoldura uma escuta. Nessa peça, o sujeito seleciona e recorta, a partir do caos sonoro, aquilo que, por determinado motivo (necessidade ou disponibilidade), se torna significativo para ele. Com relação a essa ideia de escuta intencional, vale citar um texto de Pierre Schaeffer:

> Assim é que, participando de uma conversação familiar entre diversas pessoas, passarei de um interlocutor a outro, sem desconfiar um instante da extravagante confusão de vozes, ruídos, risadas, a partir da qual efetuo uma composição original diferente da que cada um de meus companheiros estaria em condições de realizar por sua própria conta.[37]

Todavia, para Schaeffer, o objeto sonoro concreto seria uma realidade anterior, preexistente e, por isso, transcendente às variadas percepções que dele venhamos a ter. Assim, para ele, a partir de um mesmo objeto seria possível configurar várias escutas. Mais à frente, no mesmo livro, pode-se ler que:

---

36 Numa aproximação ao conceito de oralidade conforme delineado por Paul Zumthor em seu trabalho *A Letra e a Voz*. Estas aproximações serão discutidas mais à frente no capítulo 6.
37 P. Schaeffer, *Traité des objects musicaux*, p. 94.

ele (o objeto sonoro) é aquilo que permanece idêntico ao longo do fluxo de impressões diversas que dele tenho, embora estas com ele se relacionem através de minhas intenções diversas [...], no objeto sonoro que estou a escutar sempre há mais a entender; é uma fonte de potencialidades jamais esgotada [...], que dele eu perceba sucessivamente aspectos diversos, que ele não seja jamais igual, identifico-o sempre como esse objeto aí bem determinado [...] Essas qualificações variam, como a própria escuta, em função de cada experiência e de cada curiosidade. Todavia, o objeto sonoro único, que torna possível essa multiplicidade de aspectos qualificados do objeto, subsiste sob a forma de uma auréola de percepções[38].

Acreditamos que o princípio da nossa classificação (do objeto sonoro) permite assinalar, para o mesmo objeto, quadros diversos, de acordo com a intenção de escuta. A procura de uma tipologia absoluta é ilusória.[39]

    E o que seria então o objeto sonoro para Pierre Schaeffer? Para construir sua teoria e, dentro dela, o conceito de objeto sonoro, base para a música concreta, Pierre Schaeffer distingue, genericamente, quatro formas de escuta: o *ouïr*, o *écouter*, o *entendre* e o *comprendre*.
    A improvisação idiomática, que é aquela que se apoia em algum idioma musical socialmente determinado e delimitado, supõe uma forma de escuta que enfatiza, sem excluir as outras, o *comprendre*. Esta se relaciona com o idioma, o sentido, o léxico, a sintaxe e, enfim, com a história e a geografia – território – em que se insere esse idioma. Nesse tipo de escuta, os sons valem por sua função dentro de um sistema que os articula. Por exemplo, quando uma certa frequência (uma nota), assume certo valor dentro de um determinado discurso musical (uma melodia) articulado sobre um sistema hierarquizado e gramaticalizado (o sistema tonal), ela não vale por si mesma. Seus atributos acústicos e perceptivos se definem em função de seus relacionamentos com os outros elementos e de sua colocação dentro do discurso. Isso é absolutamente claro no contexto de um discurso melódico tonal. Fazendo uma analogia com a linguagem verbal, o som das palavras só adquire sentido no contexto dos idiomas em que elas são pronunciadas.

38 Ibidem, p. 100.
39 Ibidem, p. 345.

Já na improvisação livre, que procura não se subordinar a nenhum idioma específico, supõe-se que a ênfase recaia sobre o *entendre*[40], que é uma intenção de escuta dirigida às características pré-musicais do som descontextualizado de sistemas abstratos ou de idiomas, e tomado como um objeto em si mesmo. Nesse sentido, a livre improvisação se dá mais propriamente num ambiente de escuta reduzida que é, segundo Schaeffer, uma escuta que busca escapar tanto de uma intenção de compreender "significados" (semânticos, gestuais ou musicais) quanto de uma identificação de causas instrumentais. Ela é dirigida aos atributos do som em si, ou seja, ao "objeto sonoro". Considerando o fato de que todo músico é condicionado pela sua biografia (que inclui idiomas e sistemas), tem-se que, para sustentar uma proposta de improvisação livre é necessário uma disciplina ou uma intenção de escuta. Schaeffer escreve a respeito dessa intenção de escuta: "poderíamos, eventualmente, livrando-nos do banal, 'expulsando o natural', tanto quanto o cultural, encontrar um outro nível, um autêntico objeto sonoro [...] que seria acessível a todo homem ouvinte?"[41].

A escuta reduzida seria, assim, como a escuta do bebê que traz um ouvido ainda descondicionado, apesar de inábil. Isso porque a habilidade pode se colocar como um empecilho para a livre improvisação, pois o preço de ser hábil num determinado sistema (territorializado) e, por isso, capaz de reconhecer os seus traços pertinentes, é ser praticamente surdo àquilo que não lhe é pertinente. Assim, é incomum e difícil a prática da improvisação entre músicos que não compartilham do mesmo idioma. O preço de se ter uma identidade ou pertencer a um território com "membranas muito rígidas" é não conseguir uma permeabilidade que torne possível a invasão de elementos provenientes do caos, espaço onde as energias estão soltas,

---

40 É possível imaginar uma sequência que vai da sonoridade à musicalidade, que se baseia nos balanços da escuta criados por Schaeffer e que, em princípio, poderia se aplicar da seguinte maneira à livre improvisação: no início se dá, através de uma prática empírica, uma tipologia (que é uma identificação dos objetos sonoros no seu contexto) que desemboca numa morfologia (que qualifica esses objetos em sua contextura). À partir dessa dinâmica, pode-se atingir, com auxílio de gravações e registros, uma análise dos objetos que daí emergem, e pode-se (ou não) elaborar uma teoria das estruturas musicais – síntese abstrata.

41 P. Schaeffer, op. cit., p. 247.

informes, ainda não organizadas em sistemas, e que por isso não delimitaram fronteiras e territórios. Assim, para a prática da livre improvisação, pode-se imaginar que os sons são somente sons (não são ainda sistemas) e que, portanto, poderiam se juntar de formas imprevisíveis e novas.

Cabe acrescentar que, em qualquer um desses contextos, a escuta exercida pelo improvisador visa o som produzido por ele, pelos outros músicos e também o som que resulta da interação entre todas as atuações. Isso porque cada som introduzido tem um peso específico e sua presença determina, em certa medida, modificações na performance que assim se constitui enquanto um fluxo incessante de transformações. Ao mesmo tempo, cada som será introduzido devido a um ato de vontade específica voltada para os vários momentos daquela performance particular, e será manifestação de um pensamento sonoro ou musical específico. No caso da improvisação livre, para que esse tipo de escuta múltipla seja possível é necessário um empenho redobrado de atenção e concentração ou, dito de outro modo, é necessário almejar uma intenção de escuta voltada para o objeto sonoro.

Apesar da importância incontestável do conceito de objeto sonoro para a música do século XX, e de sua utilidade (estética, metodológica e pedagógica) para o delineamento do ambiente da livre improvisação, é necessário mencionar aqui as críticas a esse conceito que foram e vêm sendo realizadas por inúmeros pesquisadores e músicos nos últimos anos. As principais críticas apontam para o caráter pouco dinâmico do objeto sonoro e a distinção estabelecida por Schaeffer entre objetos convenientes e não convenientes. Para esses críticos, a própria metáfora de objeto (algo sólido, portanto) carrega o peso da estaticidade. É como se a música fosse uma construção feita com "tijolos sonoros", e não com sons reais e essencialmente dinâmicos[42]. Nesse sentido, vale ressaltar que, neste livro, o

---

42 Num texto publicado na *Revista Eletrônica de Musicologia*, Bryan Holmes afirma que: "Apesar da incrível vigência da tipo-morfologia [...] fortes críticas têm sido feitas à teoria schaefferiana, desde a época dos seus discípulos diretos até os nossos dias, principalmente a respeito de dois assuntos. Um deles é a eventual 'castração' que implica uma escuta reduzida como a que aqui se exige, rejeitando a imaginação, as relações socioculturais com a música, a própria realidade, constituindo-se num exercício antinatural, como Schaeffer ▶

conceito de objeto sonoro para a livre improvisação é pensado de forma dinâmica, e não há objetos previamente definidos como "inconvenientes".

OS CONCEITOS DE SONORIDADE E MUSICALIDADE A PARTIR DE PIERRE SCHAEFFER

Pierre Schaeffer estabelece claramente a diferença entre os conceitos de sonoridade e musicalidade quando expõe suas ideias sobre a "escuta reduzida" e sobre a identificação do "objeto sonoro". De forma complementar à sua teoria das quatro escutas, para ele o som pode ser pensado ou percebido de três formas: 1. como índice de uma fonte sonora; 2. através dos significados que ele carrega dentro de um determinado sistema de referência, tanto como signo indicial quanto como símbolo (e, nesses casos, ele se integra num sistema maior que o compreende como uma parte constituinte); ou 3. através da escuta "reduzida", a partir de seus efeitos específicos fenomenologicamente percebidos: sua forma, matéria e sonoridade. A partir dessa premissa, Schaeffer vai propor critérios para discernir esse elemento que ele vai designar "objeto sonoro". Para formular tal conceito (que pode se relacionar com a noção de

▷ mesmo admite. Já as qualidades extramusicais, nas quais ele se baseia para nomear os critérios e subcritérios morfológicos, delatam um possível paradoxo, desde que termos como massa, grão, *allure*, fino, espesso, rugoso, doce, rígido, frouxo, profundo etc., podem remeter facilmente a considerações que vão além da escuta em si, com significativas reminiscências culturais [...] O outro alvo das críticas [...] é a distinção entre objetos mais e menos musicais ou, nas palavras de Schaeffer, objetos convenientes, demasiado originais (imprevisíveis) e demasiado redundantes [...] Assim, muitos criticaram a falta de dinamismo do objeto sonoro, pois Schaeffer se ocupou apenas dos objetos convenientes, e de uma maneira quase estática, afastando do seu ideal de musicalidade os objetos excêntricos, susceptíveis de possuírem uma mobilidade e potencialidade interna riquíssimas. De fato, o dinamismo fica preso em um dos critérios morfológicos do Tratado, fazendo referência apenas à dinâmica de intensidade. Observamos ainda que a origem do objeto sonoro foi o sulco fechado ou 'sillón fermé' hoje conhecido como *loop*, que não era outra coisa do que um arranhão no disco de vinil que isolava um trecho sonoro. Esse fato nos confirma a falta de operacionalidade, de evolução, enfim, nos confirma a estaticidade do objeto schaefferiano." (B. Holmes, Análise Espectromorfológica da Obra Eletroacústica, *Revista Eletrônica de Musicologia*, v. XII.)

molecularização[43] de Deleuze e Guattari), Schaeffer sente necessidade de "renunciar ao sentido, não lançar mão do contexto (sistemas de referência) e encontrar critérios de identificação do sonoro que vão contra os hábitos de análise espontânea"[44].

Vale mencionar que essa é também uma das estratégias dos músicos engajados na livre improvisação. Há relatos explícitos nesse sentido no livro de Derek Bailey, quando este descreve as práticas de grupos de improvisação que partem do solo comum do jazz e vão direcionando sua prática para a construção de "objetos sonoros" e "moléculas sonoras", em processos dinâmicos que não chegam a configurar sistemas de significação, mas sim ambientes para o desenvolvimento de processos. As experiências dos grupos Akronon, Orquestra Errante e Musicaficta, que serão relatadas mais adiante, apontam na mesma direção[45].

Remetendo mais uma vez ao trabalho de Schaeffer, tem-se que, nas práticas de livre improvisação, se almeja um afastamento do que é tradicionalmente "musical" e uma aproximação do que é simplesmente sonoro. Uma vez que, para Schaeffer, o que é do domínio da musicalidade é o que está no nível abstrato da "partitura" (e dos "sistemas" musicais), e o que é do domínio da sonoridade é o que está no nível da fatura concreta, a livre improvisação pode ser pensada como uma espécie de música concreta que se apoia na sonoridade, pois nela os relacionamentos entre os músicos se dão, predominantemente, através de uma escuta reduzida que é aquela que privilegia a concretização da execução e as qualidades gerais de sonoridades. O

---

43 Na realidade, a noção de objeto sonoro corresponde a uma representação, transcende a experiência vivida e possibilita assim a construção de um sistema de categorias, tipos e formas (tipo-morfologia). Já a noção de molecularização não pretende estabelecer uma categorização e possibilita vislumbrar o que está "entre" todos os objetos musicais que é aquilo que origina a sensação e o percepto. O que aproxima esses dois conceitos é o fato de que em ambos se busca um afastamento dos sistemas de referência e uma aproximação do que é exclusivamente sonoro. Apesar de Schaeffer pretender se afastar de tudo o que é subjetivo, para elaborar essa noção ele parte de um ato que tem a intenção de sintetizar várias vivências – sensações – num só objeto sonoro. O fato de criar categorias intersubjetivas para compartilhar *sensações* provenientes de experiências sonoras, aproxima o conceito de objeto sonoro da noção de molecularidade, já que através dele é possível "ouvir mais de perto".
44 P. Schaeffer, op. cit., p. 66.
45 Cf. <http://www.rogeriocosta.mus.br>.

musical emerge dessas mesmas sonoridades concretas que são produzidas durante a performance.

Com base nessas formulações de Schaeffer, conclui-se que na livre improvisação o abstrato (a estrutura, a musicalidade) e o concreto (a sonoridade) são totalmente imbricados e coexistentes. A estruturação se dá na performance e resulta de uma atividade com as sonoridades concretas. Na livre improvisação, a musicalidade se expressa ou está inscrita na sonoridade. A sonoridade se "musicaliza". Assim, a escuta reduzida torna possíveis as "conversas" entre os objetos sonoros produzidos durante a performance. É nesse nível que é possível a articulação dos objetos (continuidade, forma) numa prática orientada pela escuta reduzida. É quando os objetos sonoros se tornam musicais.

SOBRE O AMBIENTE INTERATIVO E A IDEIA DE PROCESSO: JOGO COM REGRAS, JOGO SEM REGRAS, JOGO IDEAL

No livro *Experimental Music: Cage and Beyond*, Davi Behrman escreve a respeito da interação: a situação do músico pode ser comparada a de um jogador de pingue-pongue esperando a rápida resposta de seu oponente: ele sabe o que vem (o serviço) e sabe o que deve fazer quando vem; mas os detalhes de como e quando isso se dá são determinados unicamente no momento da sua ocorrência[46].

Para o historiador Johan Huizinga, o jogo tem importância fundamental e se configura enquanto uma atividade primordial de procedimento vital. Para ele, "O jogo é fato mais antigo que a cultura [...] Na forma e na função do jogo, que em si mesmo é uma entidade independente desprovida de sentido e de racionalidade, a consciência que o homem tem de estar integrado numa ordem cósmica encontra sua expressão primeira [...]"[47]. Para Huizinga, o jogo se coloca antes mesmo da linguagem como manifestação pré-significante do vivo:

---

46 M. Nyman, op. cit., p. 18.
47 J. Huizinga, *Homo Ludens*, p. 3, 21.

Desde já encontramos aqui um aspecto muito importante: mesmo em suas formas mais simples, ao nível animal, o jogo é mais que um fenômeno fisiológico ou um reflexo psicológico. Ultrapassa os limites da atividade puramente física ou biológica. É uma função *significante*, isto é, encerra um determinado sentido. No jogo existe alguma coisa "em jogo" que transcende as necessidades imediatas da vida e confere um sentido à ação. Todo jogo significa alguma coisa [...] Encontramo-nos aqui perante uma categoria absolutamente primária da vida, que qualquer um é capaz de identificar desde o próprio nível animal. [...] Como a realidade do jogo ultrapassa a esfera da vida humana, é impossível que tenha seu fundamento em qualquer elemento racional, pois, nesse caso, limitar-se-ia à humanidade.[48]

É possível concluir então que, para Huizinga, o jogo está na origem da própria atividade do vivo. É através do jogo que, inicialmente, o vivo se coloca em movimento, se desloca, adquire dinamismo, interage, se acomoda ou se adapta às várias situações reais.

Há, por outro lado, o conceito de jogo ideal formulado por Deleuze, para quem não basta opor um jogo "maior" ao jogo menor do homem, nem um jogo divino a um jogo humano. Para instaurar esse jogo ideal é preciso imaginar outros princípios, aparentemente inaplicáveis, mas graças aos quais o jogo se torna puro. Ao contrário do jogo "menor", no jogo ideal não há regras preexistentes. Todas as jogadas são possíveis, pois cada lance inventa suas regras. Sem a intenção de dividir o acaso em um número de jogadas distintas, o conjunto de jogadas afirma todo o acaso e o ramifica em cada jogada. No jogo ideal, portanto, as jogadas não são numericamente distintas. Elas têm qualidades distintas, "todas são as formas qualitativas de um só e mesmo lançar, ontologicamente uno"[49].

Assim seria também a improvisação livre: um jogo dos problemas e da pergunta e "não mais do categórico e do hipotético"[50]. Nesse sentido, o jogo ideal e a livre improvisação poderiam então ser relacionados com a atividade do pensamento. O jogo ideal seria, portanto, o próprio jogar em que ainda não se formalizaram regras. Nesses termos, essa pode ser considerada a principal diferença entre a improvisação idiomática (jogo com regras) e a proposta de uma improvisação não idiomática (jogo ideal).

---

48 Ibidem, p. 3, 5-6.
49 G. Deleuze, *A Lógica do Sentido*, p. 62.
50 Ibidem, p. 63.

NO HAY CAMINO, EL CAMINO SE HACE AL CAMINAR[51]: A IDEIA DE CONVERSA

Passando agora às questões ligadas ao processo dinâmico da improvisação e para a forma como esta se estrutura, é possível traçar um paralelo com a conversa que se desenrola de maneira livre, na qual a intervenção de cada participante, ao mesmo tempo que a constrói, a modifica e vai, assim, desenhando seus rumos. Além disso, a conversa, que pode também ser pensada como uma espécie de jogo, se dá de maneira não hierárquica e não determinista.

Na conversa da improvisação, vários assuntos despontam livremente, de acordo com um roteiro (nos casos em que existe um roteiro ou referente para a performance) ou de um modo de jogo específico. Obviamente, trata-se de um agenciamento complexo e diversificado, uma rede de relacionamentos ou uma cartografia que é desenhada a várias mãos dentro de um plano. Num processo dessa natureza, o engajamento integral dos indivíduos faz com que o processo se potencialize. Da mesma forma, uma conversa se desenrola de maneira mais instigante, proveitosa e fecunda – é bem-sucedida – quanto mais interessados e empenhados estão os "conversadores". O interesse e o empenho dependem de que haja "sucesso" na conversa. Esse sucesso se define na medida em que a ação e a intervenção de cada um dos participantes se torna uma força significativa no tecido geral da conversa, estabelecendo trocas, influenciando, sofrendo e causando transformações nesse tecido. O grau de interação entre os conversadores é a medida do sucesso da conversa. Assim como a improvisação livre, a conversa se dá em tempo real e em lugar específico. Esses dois fatores (tempo e espaço) são indissociáveis da conversa e a condicionam. Por isso, é impossível reproduzir uma conversa.

Apesar de, aparentemente, ser o assunto o que move a conversa, na maior parte das vezes é a própria necessidade (vital, lúdica) de conversar (interagir) que estimula os participantes. Na conversa não existem regras preexistentes; o que existe é uma forma de relacionamento entre os participantes que acaba

---

51 Inscrição do séc. XII escrita nos muros de Toledo, utilizada por Luigi Nono na composição de "Caminantes ... Ayacucho".

desenhando os rumos da conversação. Na conversa há trocas e interações as mais diversas (de informações, opiniões, sensações, olhares etc.). Pode-se dizer que há trocas que estão no plano da linguagem verbal, do discurso, da representação, da troca de ideias e outras que estão no plano dos afetos, das sensações e das emoções. Cada participante da conversa vem com expectativas e estados emocionais diferentes, e o resultado das conversas é, o mais das vezes, imprevisível. A conversa se sustenta e é bem sucedida enquanto houver interesse por parte dos participantes. E esse interesse está ligado às possibilidades reais que cada um tem de ser ouvido, de ouvir e de participar ativamente. Na realidade, cada um participa na medida de suas possibilidades, segundo suas características pessoais e na medida da sua relação com o meio (meio esse que inclui o espaço e todos os outros participantes). Se só um fala e os outros ouvem tem-se um discurso e não uma conversa. Gilles Deleuze descreve deste modo o encontro, a conversa e a relação destes com a noção de devir:

Um encontro é talvez a mesma coisa que um devir ou núpcias [...] Ele designa um efeito, um ziguezague, algo que passa ou que se passa entre dois como sob uma diferença de potencial [...] Dizíamos a mesma coisa para os devires: não é um termo que se torna outro, mas cada um encontra o outro, um único devir que não é comum aos dois, já que eles não têm nada a ver um com o outro, mas que está entre os dois, que tem sua própria direção, um bloco de devir, uma evolução a-paralela. É isso a dupla captura, a vespa e a orquídea: sequer algo que estaria em um, ou alguma coisa que estaria no outro, ainda que houvesse uma troca, uma mistura, mas alguma coisa que está entre os dois, fora dos dois, e que corre em outra direção. Encontrar é achar, é capturar, é roubar, mas não há método para achar, *nada além de uma longa preparação*. Roubar é o contrário de plagiar, de copiar, de imitar ou fazer como. A captura é sempre uma dupla-captura, o roubo, um duplo-roubo, e é isso que faz, não algo e mútuo, mas um bloco assimétrico, uma evolução a-paralela, núpcias, sempre "fora" e "entre". Seria isso, pois, uma conversa.[52]

Assim também, a improvisação em seu processo dinâmico se aproxima desse conceito da conversa. Seu resultado, sua forma de ser (seu devir) é um "entre" que não é percebido e vivido da mesma maneira pelos participantes que a geram. Ao

---

52 G. Deleuze, *Diálogos Com Claire Parnet*, p. 15. Grifo nosso.

mesmo tempo, é só essa conjunção específica[53], essa qualidade de interação que é capaz de gerar essa forma de devir. Devir no sentido de que não se configura enquanto um objeto ou uma representação, mas sim enquanto um processo, um *vir a ser*. Esse é resultado de uma interação humana, de um processo de *racionalização*, na medida em que racionalização significa "instaurar relações humanas numa multiplicidade qualquer"[54]. Esse tipo de racionalização não tem a função de representar, mas sim de atualizar uma potência, instaurando relações humanas numa matéria sonora. A livre improvisação pode, portanto, ser pensada como um processo de racionalização específico que se dá enquanto conversa num determinado plano de consistência.

Assim, cada performance de improvisação (e cada conversa) é preparada num contexto que envolve uma série de elementos constitutivos. No entanto, a analogia da improvisação com a conversa, como todas as analogias, tem suas limitações. O problema é que, no caso de uma conversa real, a interação está baseada em elementos codificados e representativos. Isto é, nela os elementos concretos da linguagem – o som das palavras e frases escritas ou faladas – não têm valor[55] em si; eles remetem aos seus significados que resultam de processos complexos de agenciamento coletivo e pragmático (isto é, os significados são indissociáveis de seus usos reais, práticos, ligados a processos de comunicação). Colocando de outra maneira: a substância fonológica (sonora) não tem um valor em si e sim um valor relativo à sua capacidade de remeter aos significados codificados (semânticos) na língua. Afinal, o objetivo é a comunicação.

---

53 Segundo Chatêlet, citado por Luiz B.L. Orlandi no livro de Deleuze sobre a filosofia de Chatêlet, o devir ativo, singularizado (o caso, o acontecimento ou configuração de acontecimentos – no nosso caso, o plano de consistência específico de cada atividade de livre improvisação musical) "compõe-se como um movimento natural que explora vizinhanças segundo conexões não preestabelecidas, indo do coletivo ao individual e inversamente" (G. Deleuze, *Péricles e Verdi*, p. 15).
54 G. Deleuze, *Diálogos Com Claire Parnet*, p. 13-14.
55 Obviamente, trata-se aqui de uma visão simplificada do fenômeno da comunicação (e da conversa enquanto uma de suas manifestações possíveis), uma vez que há também todo um universo de significados agregados às palavras pela entonação e gestualidade que se institui em pleno processo comunicativo e que transborda dos significados imediatos e dicionarizados.

Já no caso da improvisação musical livre (como, de resto, em qualquer linguagem artística) não há o predomínio do aspecto semantizado. O que importa é, em primeiro lugar, a própria substância concreta e posteriormente uma espécie de gramaticalidade que se forja no processo e que diz respeito à estruturação[56] e ao encadeamento dos valores propriamente musicais. E mesmo no contexto da improvisação idiomática, os significados e sentidos que revestem os signos/gestos musicais que se organizam em torno de uma gramaticalidade específica, não se referem a uma semântica paralela à da linguagem verbal e, assim, não remetem a outros signos que não musicais[57]. Isso porque, de acordo com Deleuze, a arte é o território das sensações e dos perceptos. Nela não há, ao menos direta e intencionalmente, criação de conceitos, que é o papel da filosofia, nem de funtivos ou funções, que é papel da ciência. E é a partir da "manipulação das substâncias" que se constroem as sensações.

AS IDEIAS DE MULTIPLICIDADE E COMPLEXIDADE

É possível situar a livre improvisação num contexto mais amplo em que convergem formas de pensamento e conhecimento filosófico, artístico e científico. A partir da crescente interdisciplinaridade entre as ciências e do desenvolvimento das teorias da complexidade[58] e da cognição, emergem novas formas de ver o

---

56 Pode-se também dizer, conforme Maturana e Varela, que esta se dá a partir de um processo de configuração, ou, de acordo com Deleuze: "a orelha se torna orelha humana quando o objeto sonoro se torna musical. É o conjunto muito diversificado dos processos de racionalização que constitui o devir ou a atividade do homem" (G. Deleuze, *Péricles e Verdi*, p. 27)

57 Vale mencionar aqui o pequeno trabalho de Hanslick que, apesar de sua antiguidade, é muito atual a respeito desse assunto: "À pergunta de o que se expressa com esse material sonoro, cabe responder: ideias musicais [...] O conteúdo da música são formas musicais em movimento [...] A música tem sentido e lógica, mas musicais, é um idioma que falamos e entendemos mas que não somos capazes de traduzir." E. Hanslick, *De lo Bello en la Musica*, p. 48-50.

58 Talvez o mais importante formulador das teorias da complexidade seja o professor Ilya Prigogine, prêmio Nobel de Química em 1977. As teorias de sistemas complexos têm, atualmente, ampla aplicação nas ciências cognitivas, na sociologia, na biologia e nas investigações sobre inteligência artificial. Além disso, a teoria do sistemas complexos se apresenta enquanto proposta interdisciplinar estabelecendo pontes e conexões entre diversas áreas do conhecimento. Por exemplo, no contexto de uma investigação sobre a interação ▶

mundo enquanto uma realidade complexa em que as causalidades não são unívocas e os movimentos resultantes das interações estabelecidas entre os vários sistemas engendram realidades sempre múltiplas, dinâmicas e altamente variáveis. Essas novas formas de ver o mundo se refletem de diversas maneiras na produção artística atual que é, nesse contexto, encarada como uma entre outras formas de conhecimento. No campo da reflexão estética, por exemplo, o escritor italiano Italo Calvino manifesta esse tipo de visão quando fala de uma literatura que busca as totalidades múltiplas, caracterizada por uma forma de tratar o "romance contemporâneo como enciclopédia, como método de conhecimento e principalmente como rede de conexões entre os fatos, as pessoas e o mundo"[59]. Para ele, a grande tarefa da literatura contemporânea "é saber tecer em conjunto os diversos saberes e os diversos códigos numa visão pluralística e multifacetada do mundo"[60].

Numa perspectiva como essa, tanto os romances tratados por Calvino em seu livro – tais como *Quer pasticciaccio brutto de via Merulana*, de Emilio Gadda, *Em Busca do Tempo Perdido*, de Proust, *El Jardin de los Senderos Que se Bifurcan*, de Borges, e o *Il Castello dei destini incrociati*, de sua própria autoria – quanto uma proposta de livre improvisação musical como a que investigamos aqui, que tem por pressupostos uma escuta múltipla e uma interação ativa entre as distintas biografias musicais dos músicos envolvidos na performance, manifestam uma visão de mundo enquanto multiplicidade e complexidade; um "sistema de sistemas"[61], "em

> ▷ entre as formigas, e relacionando o funcionamento do formigueiro com o funcionamento das redes neurais, a bióloga Deborah M. Gordon define assim os sistemas complexos: "Unidades bastantes simples geram um comportamento global complicado [...] Em ambos os sistemas, unidades relativamente simples (formigas ou neurônios), usando estímulos locais, podem realizar comportamento complexo, global." *Formigas em Ação*, p. 115-116.

59 I. Calvino, *Seis Propostas Para o Próximo Milênio*, p. 121.
60 Ibidem, p. 127.
61 Em seu livro sobre música e processos dinâmicos, Iazzetta escreve: "Pode-se encontrar na natureza diversos exemplos em que um sistema complexo exibe, no nível macroestrutural, uma aparência de organização, simplicidade e regularidade, o que leva a crer que estes sistemas são regidos por leis deterministas. Quando, por outro lado, se vai ao nível micro estrutural, observa-se, em geral, que a profusão de relações entre as unidades e entre as subestruturas são regidos por processos estocásticos. Pode-se encarar dessa maneira a formação de um embrião, por exemplo, onde a agregação caótica das moléculas gera a estrutura bastante harmônica e regular do ser vivo." F. Iazzetta, *Música, Processo e Dinâmica*, p. 47.

que cada sistema particular condiciona os demais e é condicionado por eles"[62].

Pode-se observar que todas essas produções artísticas se apoiam na conexão entre sistemas complexos, e parecem demonstrar que, em nossa época, todas as formas de arte "vêm se impregnando dessa antiga ambição de representar a multiplicidade das relações, em ato e potencialidade"[63].

É interessante notar, nas reflexões estéticas de músicos envolvidos com livre improvisação, a emergência dessas questões a partir de outros pontos de vista. Nesse sentido, vale citar a violista e teórica da livre improvisação LaDonna Smith, em texto publicado na revista eletrônica *The Improvisor*, em que ela procura traçar um paralelo entre a improvisação e o comportamento humano e, por extensão, todo organismo vivo. Aqui são evidentes as influências do pensamento Zen:

> Ao reconhecer a improvisação como um meio de existência no dia a dia, como um importante fator de sobrevivência, nos damos conta de que vivemos a vida de um momento para o próximo. Na progressão de acontecimentos a que nós chamamos vida surgem, ao lado de nossas reações a esses acontecimentos, muitas vezes, eventos que são imprevistos. O acaso se impõe sobre o previsível, o conhecido se torna novamente elemento do desconhecido. A inevitabilidade das mudanças através de processos de desintegração nos dá um modelo da realidade, em última instância, como improvisação. Quem diria que a realidade é pré-planejada? [...] Muitas vezes, mudanças ou descobertas significativas podem acontecer sem esforço ou por acaso; mas pela mera participação no fluxo natural [...] Outras vezes ocorre com muito cálculo e planejamento, um direcionamento empírico de passos que nos conduzem de um ponto a outro [...] [Mas] há sempre a área cinzenta do desconhecido, da procura por respostas ou direção, ou o território do processo. Esse é o território da improvisação.[64]

AS IDEIAS DE AUTOPOIESE E SISTEMA AUTO-ORGANIZATIVO

Todas as formulações apresentadas anteriormente se relacionam e buscam tornar possível a caracterização do ambiente da

---

62 I. Calvino, op. cit., p. 121.
63 Ibidem, p.127.
64 L. Smith, What to Do at the Fork in the Road?, *The Improvisor*.

improvisação musical livre. Sob um ponto de vista complementar, importa responder à questão de como se parte do caos e se inaugura um processo vivo. Ou seja, como pensar a improvisação de modo a considerá-la comparável a um organismo que surge como resultado e expressão de um processo e que gera uma identidade, mantendo, em sua relação com o ambiente, constantes trocas sem perder essa identidade.

Trata-se então de estabelecer as conexões entre os conceitos de autopoiese e jogo. É possível apresentar a improvisação (livre ou idiomática) como uma manifestação privilegiada de uma atividade autopoiética do organismo vivo que é o jogo. O jogo enquanto necessidade, constituinte da autopoiese, enquanto ritornelo territorializador (segundo Deleuze), e a improvisação enquanto uma forma de manifestação do jogo. Humberto Maturana descreve da seguinte maneira o conceito de autopoiese:

percebi que o ser vivo não é um conjunto de moléculas, mas uma dinâmica molecular, um processo que acontece como unidade separada e singular como resultado do operar e no operar das diferentes classes de moléculas que a compõem, em um interjogo de interações e relações de proximidade que o especificam e realizam como uma rede fechada de câmbios e sínteses moleculares que produzem as mesmas classes de moléculas que a constituem, configurando uma dinâmica que ao mesmo tempo especifica em cada instante seus limites e extensão. É a essa rede de produções de componentes, que resulta fechada sobre si mesma, porque os componentes que produz a constituem ao gerar as próprias dinâmicas de produções que a produziu e ao determinar sua extensão como um ente circunscrito, através do qual existe um contínuo fluxo de elementos que se fazem e deixam de ser componentes segundo participam ou deixam de participar nessa rede, o que neste livro denominamos autopoiese[65].

Assim também a proposta de livre improvisação tem como ponto de partida a preparação de um ambiente que se constitui como uma espécie de organismo autopoiético conforme a definição de Maturana acima citada. Nesse ambiente/organismo que se erige sobre uma necessidade de existência[66], se

---

65 H. Maturana, *De Máquinas e Seres Vivos*, p. 15.
66 A performance só se dá a partir de uma disponibilidade e de uma necessidade que os músicos eventualmente se coloquem. O desejo ou a vontade é o pré-requisito fundamental.

estabelecem relações entre os músicos, eles mesmos pensados como sistemas complexos a partir das suas vivências musicais, com seus instrumentos e com os idiomas a que foram submetidos durante a sua formação. Esses são os componentes históricos que incidem diretamente na performance, pois condicionam a atuação dos músicos. Esses componentes históricos, preexistentes, são as condições necessárias e suficientes para a atuação. Eles delineiam uma espécie de virtualidade de atitudes possíveis, são verdadeiros reservatórios de procedimentos. Assim, cada músico poderá ter uma série infinita de atitudes possíveis no contexto da performance real, embora essa série seja limitada às suas vivências. Um músico, ao improvisar, estará sempre "colocando em jogo a sua identidade". Ou seja: na improvisação, o músico é o meio.

Entram também, na constituição desse ambiente/organismo, as conexões estabelecidas em um tempo real presentificado entre as diversas atuações concretas dos músicos, tempo esse que é produzido a partir da interação entre os diversos tempos dos músicos envolvidos, mas que é diferente da mera soma desses tempos[67]. A noção de autopoiese se aplica aqui devido ao fato de que, durante a performance, as atitudes dos músicos geram, a cada momento, novas conexões e novas realidades que impulsionam a performance em direção à sua permanência. Assim, citando o texto acima de Maturana: "o ser vivo", ou, de forma análoga, a performance de improvisação pensada como um organismo, não é um conjunto de moléculas, mas uma dinâmica molecular, um processo, como apontado acima.

Além da noção de autopoiese, a noção de complexidade vem se somar à de multiplicidade e contribui para a caracterização do ambiente da improvisação. Essa noção define os sistemas complexos como aqueles em que há uma grande quantidade de elementos, agentes e forças interagindo de muitas

---

[67] Segundo o pesquisador em psicologia da educação Keith Sawyer, "sistemas complexos têm a propriedade de o todo ser maior que a soma de suas partes". Para ele, os grupos que desenvolvem trabalhos criativos de forma coletiva "são sistemas complexos dinâmicos, com um alto grau de sensibilidade às condições iniciais e propensos a rápidas expansões de suas possibilidades combinatórias, de momento a momento". E, nesse caso, é possível afirmar que o "comportamento global do sistema emerge das interações entre as partes individuais do sistema". R.K. Sawyer, *Group Creativity*, p. 12.

maneiras diferentes num dinamismo que estabelece uma complexa rede de conexões. Segundo Silvio Ferraz:

Dessas conexões decorre um estágio transitório de acomodação dos agentes dinâmicos, num novo sistema complexo, o que realça a aptidão auto-organizativa dos sistemas [...] Um segundo aspecto desses sistemas é que são adaptativos, eles não respondem passivamente a um evento, mas sim ativamente, buscando um novo estágio de interação entre os seus agentes dinâmicos.[68]

Na improvisação, esses aspectos ligados à aptidão auto--organizativa e adaptativa dizem respeito à forma como se estabelece o dinamismo entre os músicos, o ambiente, os instrumentos etc. A citação abaixo, de Mitchell Waldrop, serve para definir o tênue e instável dinamismo da livre improvisação em que coexistem, em tensão permanente, a tendência ao caos e à organização:

Os sistemas complexos são mais espontâneos e desordenados do que os estáticos, seus componentes vivem em estado de turbulência oscilando entre estágios caóticos e ordenações complexas; um constante estado transitório em que os componentes do sistema nunca estão completamente fixos, sem que no entanto se dissolvam na turbulência.[69]

Assim também na improvisação livre os componentes (as atitudes sonoras dos músicos, os sons emitidos por eles, as texturas sonoras complexas delineadas nesses processos de interação dinâmica etc.) nunca estão completamente fixos, uma vez que não há uma ordenação anterior, uma forma que deve ser evidenciada. O que acontece na improvisação livre é uma sucessão de estados transitórios. O que se almeja é justamente que a performance (o ambiente) seja auto-organizativa, adaptativa e não perca a riqueza proveniente de sua complexidade e multiplicidade, tanto no que diz respeito aos caminhos da performance quanto aos caminhos abertos à escuta para um eventual público. Há, no entanto, o risco de "dissolução na turbulência" se o ambiente não for bem preparado. Obviamente, não basta juntar os músicos e fazê-los tocar.

68 S. Ferraz, op. cit., p. 101.
69 M. Waldrop, *Complexity, the Emerging Science at the Edge of Order and Chaos*, p. 11-12.

As noções de autopoiese, de sistemas complexos e de multiplicidade se aplicam a todo organismo vivo, e mesmo a todo sistema que acople organismos ou subsistemas dinâmicos. No caso do ambiente da livre improvisação musical, esses conceitos se mostram especialmente úteis, uma vez que possibilitam um melhor entendimento a respeito de seus processos genéticos e sobre o seu funcionamento. Entre outras características, a livre improvisação revela seu caráter essencialmente autopoiético na medida em que sua identidade se expressa em seu processo dinâmico de funcionamento.

INTRODUZINDO A FILOSOFIA DE DELEUZE E GUATTARI: A IDEIA DE PLANO DE CONSISTÊNCIA

o movimento natural que se compõe apenas de singularidades e só acumula vizinhanças, enquanto vai se desdobrando em um espaço que ele cria, na medida de seus desvios ou de suas inflexões, procedendo por conexões que nunca são preestabelecidas, indo do coletivo ao individual e vice-versa, do interior ao exterior e vice-versa, do voluntário ao involuntário e vice-versa [...] Se a razão pode ser considerada uma faculdade natural, é exatamente como processo, visto que ela própria só se encontra nos movimentos unicamente singulares produzidos pelas trajetórias emaranhadas, construindo um espaço volumoso que recua, avança, se fecha sobre si mesmo, se dilui, explode, se aniquila, se desdobra[70].

Para conectar os conceitos apresentados anteriormente – "configuração" no processo de "escuta" dos sons, "conversa" no que diz respeito ao relacionamento entre os músicos participantes, "autopoiese", "jogo", "complexidade" e "multiplicidade", no que diz respeito ao processo mesmo da improvisação pensado como uma espécie de "organismo" – é oportuno introduzir nesse momento o conceito de "plano de consistência", que em certa medida vai abranger todos esses num conceito mais amplo. Esse conceito, emprestado do filósofo Gilles Deleuze, designa aqui o "lugar", o ambiente da livre improvisação.

O plano é, no caso da livre improvisação, um bloco de espaço-tempo indefinível em seus contornos no qual atuam os

---

70 G. Deleuze, *Péricles e Verdi*, p. 48-49.

improvisadores e, por conseguinte, coexistem diferentes energias, atitudes singulares, pensamentos, conexões, histórias pessoais e coletivas. Ele é o "horizonte de acontecimentos" da livre improvisação que emerge enquanto resultado (em movimento, pois a performance é um processo) da atuação interativa dos músicos nesse ambiente. O plano é o que possibilita o movimento da performance. Ela se dá no interior do plano, mas não se confunde com ele. Uma performance depende da existência desse plano que agencia os desejos. Segundo Deleuze: "O plano de imanência é como um corte do caos e age como um crivo [...], o caos caotiza e desfaz no infinito toda a consistência. O problema da filosofia é de adquirir uma consistência, sem perder o infinito no qual o pensamento mergulha."[71]

Assim, também o plano de consistência da improvisação é uma delimitação ou um corte no caos, e o problema da prática da improvisação é promover essa consistência sem perder o infinito, o que corresponde a manter permeáveis as "membranas" dessa consistência tendo em vista que todo grupo de livre improvisação corre o risco de aos poucos reforçar os limites de sua consistência, inaugurando aquilo que poderíamos chamar de "estilo". E o estilo pode ser um problema na medida em que ele se fecha para o infinito e as performances passam a perder o vigor.

Mas o que quer dizer exatamente o conceito de consistência? Para Deleuze, no plano de consistência a forma e a substância são meras consequências possíveis de conexões e agenciamentos entre elementos singulares, díspares e heterogêneos. Segundo Sílvio Ferraz, "a consistência consolida conjuntos vaporosos de transformações apreendidas por elas mesmas intensivamente"[72].

Pode-se perguntar como esse conceito abrangente ressoa nas reflexões sobre a prática musical e o que caracteriza concretamente o plano de consistência da improvisação.

Na realidade, esse conceito descreve, de maneira adequada, a essência dinâmica, aberta, múltipla, complexa, não dualista, não linear e singular da prática da improvisação musical. Trata-se de uma essência que não exclui nenhum movimento, nenhum tipo de relação, nenhuma possibilidade de encaminhamento. O

---

71 Idem, *O Que É a Filosofia*, p. 51-59.
72 S. Ferraz, op. cit., p. 92.

que a caracteriza é o movimento e a relação. Sua essência é ser um ambiente dinâmico. Assim, quando um grupo de músicos se dispõe a criar uma dinâmica desse tipo, supõe-se que as práticas de cada músico (suas intervenções sonoras através da prática instrumental) se coloquem como linhas de força e que o relacionamento entre estas se dê – não hierarquicamente – tanto de maneira extensiva (horizontal), numa perspectiva linear, como de uma maneira intensiva (vertical), numa perspectiva de camadas que se cruzam e interagem.

Assim, ao ouvir um evento sonoro enunciado durante a performance, o músico pode decidir interagir de várias formas, criando algum tipo de consequência àquele evento sonoro tomado como uma linha de força.

Observa-se que a escuta envolvida numa prática como essa é múltipla e plural. Depende de escolhas e sensações do músico no momento mesmo da performance. A cada momento ele deve fazer escolhas que condicionarão inexoravelmente o caminho da performance. E o que torna essa dinâmica mais múltipla e complexa é que, a cada momento, cada um dos músicos se vê diante de escolhas. Todas essas escolhas, feitas simultaneamente por todos os músicos, acabam delineando uma série de estados provisórios e transitórios nesse plano de consistência que, no entanto, não podem ser confundidos com o plano em si, que é pura virtualidade enquanto cada performance é uma atualização possível.

A potência dos sons – pensados como linhas de força do plano e capazes de gerar movimentos dentro dele – vai depender do envolvimento e das reações dos músicos enquanto agenciadores dos processos interativos. Os movimentos gerados são múltiplos: podem se dar extensivamente como respostas melódicas ou rítmicas, transformações, variações ou desenvolvimentos de figuras. Podem se relacionar verticalmente cruzando linhas melódicas, sons longos e variados, ruídos etc., gerando uma densa polifonia ou harmonias de objetos sonoros. Podem se acumular em texturas ou tramas em que cruzam e coexistem diagonalmente, pensamentos mais verticais ou horizontais. Trata-se, nesse caso, de uma espécie de "action/reaction music"[73] cole-

---

73 Em referência à *action painting* do artista norte-americano Pollock, que trabalhava a pintura em tempo real.

tiva, de resultados imprevisíveis. Quando um músico produz um som, seja ele uma figura, um gesto ou um ruído, este pode criar ressonâncias em outro músico, causando mudanças em seus procedimentos.

Nessa perspectiva, o plano é consistente na medida em que todas essas múltiplas possibilidades se potencializam, na medida em que os estados transitórios se sucedem e na medida em que uma espécie de força vital (a necessidade, disponibilidade, desejo ou vontade), que impele a performance para frente, flui na dinâmica do grupo. Nesse ambiente, cada performance não esgota a energia do plano. Este pode ser ativado a qualquer momento. Permanece potente e vivo, imanente. Autopoiético.

No ambiente da livre improvisação, os agenciadores (que são os músicos pensados enquanto meios, imbuídos de suas vontades de acontecimento) vão mergulhar nessa "sopa", que é o plano de consistência, e conectar pontos a cada performance e mesmo a cada momento da performance. Assim, o ambiente que é preparado antes da performance torna possível a "conversa", mas não desenha identidades ou limites para essa conversa (não impõe os "assuntos"). Os "textos" são criados no momento da performance.

Na improvisação idiomática (o jazz, as músicas étnicas etc.), esses limites estão claramente desenhados. O plano de consistência é diferente. Os improvisadores, que podem nunca ter se encontrado antes, têm um sistema comum sobre o qual constroem suas intervenções, interações e "falas". Cada um terá seu "sotaque", mas a "língua" será sempre a mesma. Mesmo as falas ou textos estão, em certa medida, previstos como possibilidades dentro do sistema. Os padrões e os "clichês" são como um depósito de frases articuláveis, uma "hiperpartitura". A linguagem/sistema de referência se realizará a cada performance. A linguagem falará através daqueles que a realizam. Um possível se realizará.

Num modelo desse tipo existe um sistema ou uma sistematização que delineia um território fechado e limitado dentro do qual se dão as intervenções dos músicos. Há intervenções possíveis e outras impossíveis. Nesse sentido, ele é um campo de possibilidades e não de virtualidades, pois estas explodiriam o campo, seus modelos, julgamentos e leis. Cada improvisação é a realização de uma possibilidade prevista no plano. As realizações são, paradoxalmente, infinitas (pois não é possível prever todas elas em suas minúsculas nuanças), porém limitadas pelas leis do sistema.

Mas como preparar um ambiente que se supõe livre? Ou que, ao menos, não se apoie em sistemas ou idiomas fechados em si mesmos? A experiência de se juntar músicos provenientes dos mais diversos meios, com ou sem experiência de improvisação, sem absolutamente nenhuma preparação do ambiente, pode resultar em fracasso e frustração para aqueles que participam: uma sensação de vazio diante de uma não interação, um não relacionamento, um não acontecimento, uma prática que não cria nada de significativo, nem para os músicos, nem para eventuais ouvintes. O insucesso é a consequência da ausência de processo criativo e interativo.

Nesse caso, os ambientes não adquirem consistência e as performances não fluem, não se sustentam. Não se delineiam estados transitórios; não há conversa. É como se o domínio de cada músico fosse relativo a desenhar espaços distintos e sem conexão. Predomina o caos.

Conclui-se que, nesse caso, os músicos não são livres para "conversar" usando seus instrumentos, ou não são capazes de constituir uma prática sem que haja um sistema que unifique os procedimentos. Haverá sempre a necessidade de algum sistema ou idioma definido, como, por exemplo, numa *jam-session* de jazz. A viabilidade da participação nesse tipo de proposta depende da vivência de cada músico com o idioma proposto como ambiente. Não se pode esquecer, porém, que mesmo num sistema aparentemente fechado, cada músico pode desenhar suas linhas de fuga e expandir, dentro de certos limites, o sistema.

Vale observar também que grande parte dos músicos está presa aos sistemas e a tipos de escuta que privilegiam sobretudo o parâmetro das alturas. Eles, por isso, *não ouvem os sons* (numa perspectiva de escuta reduzida). Ou melhor, ouvem os significados dos sons dentro de um determinado sistema de referência (trata-se do "comprendre" de Schaeffer)[74]. Nesse caso específico

---

74 "Pelo fato de código explícito, existem condicionamentos dos sons musicais praticados, por exemplo, por uma coletividade num contexto evidentemente histórico e geográfico. Opera-se assim um afastamento deliberado do evento sonoro (sem deixar de ouvi-lo) e das circunstâncias que ele revela em relação ▶

(dos sistemas de organização das alturas como, por exemplo, o tonalismo), permanece a necessidade de se obedecer a certas causalidades, direcionalidades, hierarquias, comparações etc. O som/nota aqui se insere enquanto um signo no contexto de uma sintaxe específica, e precisa estar articulado em frases melódicas, ritmos, encadeamentos harmônicos, contrapontos, séries etc. referenciados em sistemas preestabelecidos.

De fato, é muito difícil ser livre ou "desrostificar", conforme expressão criada por Deleuze. A esse propósito, vale a pena transcrever em parte uma pequena "parábola" contada por Pierre Schaeffer no *Traité des objects musicaux*, através da qual ele nos coloca diante de sua concepção aberta da "invenção música" que se serve de objetos sonoros que não são ainda qualificados de musicais mas que podem sê-lo. Trata-se do parágrafo intitulado "O Menino e a Folha de Capim":

O homo faber envelhecido só toca stradivarius. É preciso, portanto, rejuvenescer os quadros. Vamos escutar um menino que apanhou uma folha adequada, espicha-a entre as suas duas palmas e agora a sopra, enquanto o côncavo das suas mãos lhe serve de ressonador. [...] ele escolheu, por sua própria conta, entre as fontes de sons, uma que lhe parecia conveniente à sua atividade. Com efeito, esse menino experimenta os seus sons uns após os outros, e o problema que ele coloca é menos o da identificação do que o do estilo de fabricação. Por outro lado, a sua intenção é visivelmente "música". Se o resultado não parecer musical aos seus ouvintes exasperados, não se poderia negar ao autor uma intenção estética, ou pelo menos uma atividade artística. [...] O seu objetivo é gratuito, senão gracioso; confessêmo-lo, ele é mesmo musical. Não satisfeito em emitir sons, ele os compara, ele os julga, acha-os mais ou menos bem-sucedidos, e a sua sucessão mais ou menos satisfatória. Como havíamos dito do homem de Neandertal, se esse menino não faz música, quem a faz então? [...] O que escuta então o ouvinte, mesmo negligente, mesmo reticente, mesmo hostil? Por um momento – o que não é de hábito – objetos sonoros. [...] O nosso ouvinte ficará limitado a suportar uma coleção de objetos desprovidos de sentido musical. [...] Obrigado a escutar, pois os objetos são agressivos, ele formará, implicitamente, julgamentos de valor. Chegará até a murmurar [...]: "Eis aí um mais bem-sucedido que os outros" [...] Não se escuta mais o som pelo evento, mas o evento sonoro em si mesmo.[75]

▷ à sua emissão, para apegar-se à mensagem, ao significado, aos 'valores' de que o som é portador." P. Schaeffer, op. cit., p. 106.
75 Ibidem, p.283-284.

Essa reflexão parece apontar para o tipo de relação que se procura estabelecer entre os músicos, e entre os músicos e os sons na livre improvisação. É um tipo de interação e de pensamento sonoro não apoiado em linguagens ou sistemas de referência, e que não busca a sonoridade musical convencional, mas um livre pensar sonoro.

Para delinear mais concretamente o que seria esse plano de consistência, é necessário examinar mais detalhadamente os elementos e as conexões que o constituem. O próximo capítulo é dedicado a isso.

2. Pressupostos Estéticos e Filosóficos da Livre Improvisação:

a improvisação livre e a filosofia de Deleuze e Guattari

> *Essa efervescência passa para o primeiro plano, se faz ouvir por si mesma, e faz ouvir, por seu material molecular assim trabalhado, as forças não sonoras do cosmos que sempre agitavam a música – um pouco de Tempo em estado puro, um grão de intensidade absoluta [...] Tonal, modal, atonal não significam mais quase nada. Não existe senão a música para ser a arte como cosmos, e traçar as linhas virtuais da variação infinita.*
>
> DELEUZE E GUATTARI, *Mil Platôs 2*

LINHAS DE FORÇA: O MÚSICO E SUA ATUAÇÃO PENSADOS COMO UM MEIO

O que é o músico no ambiente da livre improvisação? Cada músico é uma espécie de sistema complexo. Segundo Deleuze, "as coisas, as pessoas, são compostas de linhas bastante diversas, e [...] elas não sabem necessariamente sobre qual linha delas mesmas elas estão traçando: em suma, há toda uma geografia nas pessoas, com linhas duras, linhas flexíveis, linhas de fuga etc."[1] Essa imagem remete à complexidade de forças que agem e interagem de formas as mais diversas e que caracterizam o devir de cada indivíduo. No plano de consistência da improvisação, o músico é, ao mesmo tempo, o agenciador[2] – atravessado por uma série de linhas de força – e ponto de convergência dessas linhas. Por ele passam as linguagens,

---

1 G. Deleuze, *Diálogos Com Claire Parnet*, p. 18.
2 Segundo Deleuze e Guattari, agenciador é aquele que, num determinado plano de consistência – nesse caso, no ambiente da improvisação – conecta os pontos, determinando os rumos de um processo específico. O agenciamento é o processo através do qual os elementos que se encontram num determinado plano de consistência – forças, pontos, aglomerados etc. – se conectam, entram em movimento e delineiam um acontecimento.

os idiomas e os sistemas que formam a sua biografia musical. Nele estão os repertórios, as concepções estéticas, filosóficas e os significados pessoais, culturais e sociais desses repertórios, vivenciados e interiorizados no contexto de sua prática.

Fazem parte também de sua história, e para esse ambiente convergem, as suas vivências práticas e corporais com o instrumento ou instrumentos, seus limites e facilidades físicas, suas fisicalidades específicas[3]. Da soma desses tipos de experiências complementares e inter-relacionadas emergem, entre outras coisas, os eventuais "hábitos", "clichês" e "ritornelos" pessoais, sociais e culturais. Cada músico tem uma maneira específica de lidar com a situação de improvisação, resultado de suas experiências. Pode-se dizer, de modo geral, que ele tem uma maneira de ser que é resultado de todos esses processos biográficos e vivências; são seus maneirismos, seus jeitos de ser, seu "estilo". Pode-se dizer – utilizando um outro conceito de Deleuze e Guattari que contribui para elucidar esse processo de acumulação de características, tendências e modos de ser, resultante da história pessoal de cada um – que o músico traz um "rosto", e é com base nesse rosto que todo e qualquer processo de produção vai se delinear:

> É porque o muro branco do significante, o buraco negro da subjetividade, a máquina do rosto são impasses, a medida de nossas submissões e de nossas sujeições; mas nascemos dentro deles e é aí que devemos nos debater [...] É somente através do muro do significante que se fará passar as linhas de a-significância que anulam toda recordação, toda remissão, toda significação possível e toda interpretação que possa ser dada [...] É somente no interior do rosto, do fundo do buraco negro e em seu muro branco que os traços de rostidade poderão ser liberados.[4]

Preocupado com o surgimento e predomínio desses clichês e hábitos – do seu ponto de vista, prejudiciais ao processo de improvisação –, um dos pioneiros das práticas de livre improvisação, o compositor, improvisador e trombonista Vinko Globokar incluía, na preparação, as suas propostas de improvisação

---

3 As ciências cognitivas cada vez mais trabalham com a ideia de que a mente e o corpo são realidades indissociáveis (esse assunto será tratado com maior detalhe no capítulo 6).
4 G. Deleuze; F. Guattari, *Mil Platôs 3*, p. 59.

coletiva, instruções que visavam especificamente limitar o seu uso. Essas instruções tinham um duplo objetivo: manter um controle composicional sobre as performances e, ao mesmo tempo, conseguir um engajamento efetivo por parte dos intérpretes que, nesse caso, se tornam coadjuvantes (e não formuladores) do processo de composição. Em seus textos, Globokar deixa suficientemente claro o propósito de que seus pontos de vista estéticos não sejam "traídos"[5] pelo uso de material musical "inapropriado".

Pode-se opor a esse tipo de concepção do processo de improvisação um entendimento de que é impossível escapar dos clichês e dos idiomas que compõem a biografia de cada músico uma vez que estes são elementos que erigem o "rosto", dão ao músico uma identidade e atuam, portanto, como linhas de força que, inevitavelmente, compõem o ambiente de uma improvisação, por mais "radical" e livre que ela se pretenda. Conforme afirmam Deleuze e Guattari com relação aos rostos: "nascemos dentro deles e é aí que devemos nos debater"[6]. É a partir de sua vivência nos sistemas, nos "rostos" e nos idiomas que o músico exercita o seu pensamento musical, e é a partir de uma "desrostificação", de processos de bricolagem e de turbulências que vão se desencadear processos criativos. Os clichês fazem parte do preexistente, do músico pensado enquanto meio. Vai nessa direção também a seguinte citação, de Christian Munthe:

> Como Derek Bailey, figura proeminente e pioneira da *free improvisation* europeia, se expressou: "livre improvisação não é um tipo de música, é um modo de fazer musical (music making)". O elemento básico do método do livre improvisador pode ser encontrado nas suas atitudes no que diz respeito às tradições musicais, aos idiomas, aos gêneros etc. Tem sido apontado, e corretamente, que a livre improvisação não pode de antemão excluir os idiomas tradicionais [...] A diferença entre aquele que é ativo dentro das fronteiras de um idioma particular e o livre

---

5 "Nós já experimentamos: quanto mais transmitimos a responsabilidade composicional ao executante, mais crescem os riscos de vermos nascer situações musicais que se afastam de nossos pontos de vista estéticos. É por isso que nos dedicamos à investigação de meios técnicos que visam, além de estimular uma participação extremamente engajada por parte do executante, ajudá-lo a eliminar o problema mais recorrente nas performances: o emprego de clichês pessoais." V. Globokar, Réagir, *Musique en Jeu*, v. 1, n. 3.
6 G. Deleuze; F. Guattari, op. cit., p. 59.

improvisador está na maneira com que este lida com tal idioma [...] Idiomas particulares não são vistos como pré-requisitos para o fazer musical, mas sim como ferramentas que em qualquer momento podem ser usadas ou não [...], da mesma maneira, o ponto de partida do livre improvisador contém uma recusa em se submeter a qualquer idioma particular ou tradicional e, ao mesmo tempo, não necessariamente favorecer uma atitude inovadora ou experimental diante da música (a não ser pelo fato trivial de que nada é proibido e de que a música é sempre um produto da prática pessoal e resultado de suas escolhas únicas).[7]

Porém, a preocupação de V. Globokar quanto à utilização de clichês e hábitos nas performances não deixa de ser relevante. Nesse sentido, o improvisador deveria tentar ser o mais livre possível, se "desrostificar". Concretamente, isso significa não se vincular de forma exclusiva a nenhum idioma específico. Ao mesmo tempo, seria interessante que o músico vivenciasse (ou ao menos conhecesse) vários idiomas musicais diferentes, pois essa parece ser uma das formas pelas quais é possível, num processo de aproximação gradativa, chegar a perceber o que há em comum entre os idiomas. E assim seria possível se desligar do que é molar e atingir o molecular. É como afirma Pierre Schaeffer a propósito das linguagens e dos objetos musicais:

E é nisso que a música mantém o mesmo *status* da linguagem ou da ciência. Ela se faz a partir de seu interior, se consolida de sua própria substância, vai e vem do conjunto ao elemento, da estrutura ao objeto. Assim, nós renunciamos às sintaxes prematuras, pois uma linguagem se configura através de suas mutações.[8]

Outro conceito de Deleuze e Guattari, que será útil para o aprofundamento da definição do papel do músico no processo de improvisação, é o conceito de "meio". Trata-se, mais especificamente, de "pensar o músico enquanto um meio". Nessa operação, amplia-se a imagem da atuação do músico, relacionando-o com o ambiente. Em *Mil Platôs* pode-se ler:

Do caos nascem os meios e os ritmos [...] Vimos numa outra ocasião como todas as espécies de meios deslizavam em relação às outras, umas sobre as outras, cada uma definida por um componente. Cada meio é

7   C. Munthe, Vad är fri improvisation? *Nutida Musik*, n. 2, p. 12-15.
8   P. Schaeffer, *Traité des objects musicaux*, p. 82.

vibratório, isto é, um bloco de espaço-tempo constituído pela repetição periódica do componente. Assim, o *vivo* tem um meio exterior que remete aos materiais; um meio interior que remete aos componentes e substâncias compostas; um meio intermediário que remete às membranas e limites; um meio anexado que remete às fontes de energia e às percepções-ações. Cada meio é codificado, definindo-se um código pela repetição periódica; mas cada código é um estado perpétuo de transcodificação ou de transdução. A transcodificação ou transdução é a maneira pela qual um meio serve de base para um outro, se estabelece sobre um outro, se dissipa ou se constitui num outro.[9]

Com essa definição de meios, Deleuze e Guattari dão conta das dimensões do processo de identidade de um organismo que surge e atua num determinado ambiente. No que diz respeito à improvisação, pode-se imaginar o meio exterior como aquele ambiente (histórico, geográfico, cultural, social etc.) em que os músicos estão inseridos. O "meio interior" remete ao que caracteriza efetivamente esse indivíduo, sua "pose", suas soluções pessoais, suas maneiras e maneirismos, seu modo de ser, suas atitudes ao se relacionar com o "meio exterior" de um modo geral. A aparência desse meio interior é o que se pode chamar de rosto. As atitudes e os processos que acabam por gerar esse meio interior é o que Deleuze e Guattari chamam de ritornelo. Já o "meio intermediário" diz respeito aos limites na forma de ser de cada um. É através dos "poros" dessas "membranas" que se dão as trocas com o meio exterior e com as forças do caos. Trata-se de uma percepção configurada. Através dela estamos sempre abertos, em maior ou menor grau, às turbulências que vêm do caos ou do "meio exterior" na forma de novas informações, influências e, principalmente, sensações. Assim, também, numa prática de improvisação, num determinado momento, aquilo que era a identidade de um músico consubstanciada num determinado procedimento (ritornelo) se transforma a partir de um acontecimento ou de uma sensação impactante que surge do meio exterior. O "meio anexado" é um segmento do "meio exterior" com o qual o meio interior estabelece conexões duradouras: a aranha e a mosca, um casamento, um grupo de improvisação. Ele se refere a algo que está "entre." É um meio mais especificado, delimitado e há vários tipos de conexão possíveis entre os meios que assim se

---

9   G. Deleuze; F. Guattari, *Mil Platôs 4*, p. 118-119. (Grifo nosso.)

anexam. É aqui que se desenvolve uma parte fundamental dessa investigação, já que o plano de consistência é o ambiente em que os meios se anexam. Essa dimensão é importantíssima para o ambiente da livre improvisação já que muito de sua energia de funcionamento se fundamenta nas trocas energéticas entre os músicos. Segundo Buchanan,

Para realmente começar a "respirar", o estrato precisa capturar novas fontes de energia – que é o que os meios associados são: "fontes de energia diferentes de matérias alimentares"[10]. Captura exige a percepção de materiais sensíveis, ou seja, a detecção de materiais que o estrato pode incorporar em si mesmo, e a capacidade correspondente para a realização dessa incorporação [...] Todos os confrontos com o outro ocorrem nesse espaço entre esse anel externo e o meio associado.[11]

A associação de meios descrita acima remete aos processos de interação que ocorrem numa performance de livre improvisação: cada músico captura novas fontes de energia a partir da percepção de materiais suscetíveis, que são aqueles que podem ser incorporados em sua própria atuação. Nas descrições das performances do grupo Akronon esse tipo de dinamismo está ilustrado pela ideia de resposta e proposta. Nesse contexto, o plano de consistência é o ambiente em que os meios se anexam, e a partir dos planos se traçam os processos de territorialização. A improvisação – tanto a idiomática quanto a livre – requer um ambiente propício a essas conexões. Para Deleuze e Guattari, essas conexões percorrem os níveis molares e moleculares. Nesse contexto, as formas de conexão, interação ou anexação podem ser chamadas – lançando mão de mais um conceito desenvolvido por Deleuze e Guattari – de "ritmo".

O RITMO DA IMPROVISAÇÃO: A EMERGÊNCIA DE UM ESTILO/TERRITÓRIO

Considerando o músico como um componente complexo do ambiente de improvisação, é possível pensá-lo como um "meio". Para Deleuze e Guattari, o meio se confunde com um bloco de

---

10 G. Deleuze; F. Guattari apud I. Buchanan; M. Swiboda, *Deleuze and Music*, p. 10.
11 I. Buchanan; M. Swiboda, op. cit., p. 10.

espaço-tempo no qual se dá o "ritornelo", em que o vivo se destaca do caos. Ele tem uma membrana móvel que é um ponto de mutação indiscernível, sempre aberta ao caos. Pode-se, portanto, imaginar que numa improvisação cada músico e sua atuação é um "meio" e que o que se estabelece entre os músicos – a performance propriamente dita – é um "ritmo". O ritmo é o "modo" de relação, de conexão entre os músicos. Ele aflora no contato (intencional e casual) entre eles. É uma "pulsação", uma conjunção entre os meios. Nele acontece uma área de transcodificação como no exemplo da aranha e da mosca: o ritmo da relação entre elas é o que gera a teia. É "pensando" no voo da mosca que a aranha traça sua teia: um terceiro elemento que é gerado a partir da relação-ritmo que se estabelece entre esses dois organismos.

No plano de consistência da improvisação é importante que haja um ritmo fluente entre os diversos meios para que ela se dê de forma potente. Não é com qualquer elemento que se estabelece um ritmo: a teia não surge a partir da relação entre a aranha e o sol. O ritmo fluente depende da configuração dos meios e da "permeabilidade" da membrana de cada um. É necessário que haja um fino equilíbrio entre uma atitude que visa a manutenção da identidade de cada meio/músico através de uma atuação intencionada e pessoal que supõe um "reforço das membranas" e uma atitude inversa que enfatiza as conjunções que se estabelecem entre eles, o que, numa certa medida, significa um enfraquecimento das membranas. Talvez seja mais adequado dizer que pode haver gradações na relação entre esses diferentes meios e que estas configuram diversos tipos de equilíbrio e entrosamento[12]. A ideia de ritmo supõe sempre interações dinâmicas. Deleuze e Guattari são enfáticos quando discorrem a respeito das relações entre o ritmo e o caos e da oposição entre ritmo e medida:

O caos não é o contrário de ritmo, é antes o meio de todos os meios. Há ritmo desde que haja passagem transcodificada de um para outro meio, comunicação de meios, coordenação de espaços-tempos heterogêneos.

---

12 Pensemos na analogia com o jogo de futebol, no qual pode haver vários graus de entrosamento entre os jogadores. Há times que se destacam por seu jogo de conjunto e outros em que os valores individuais se veem realçados. Mas, de fato, não há possibilidade de atuação de um time em que esses dois elementos – o entrosamento coletivo e a individualidade – não estejam presentes em graus diversos de predomínio.

Sabemos que o ritmo não é medida ou cadência, mesmo que irregular: nada menos ritmado que uma marcha. É que uma medida, regular ou não, supõe uma forma codificada cuja unidade medidora pode variar, mas num meio não comunicante, enquanto o ritmo é o Desigual ou o Incomensurável, sempre em transcodificação [...] O ritmo nunca tem o mesmo plano que o ritmado. É que a ação se faz num meio, enquanto o ritmo se coloca entre dois meios, ou entre dois entre-meios [...] Mudar de meio, reproduzindo com energia, é o ritmo.[13]

Mais adiante, no mesmo texto, Deleuze e Guattari colocam justamente a questão do risco de que a medida seja trazida de volta para o ritmo uma vez que os meios, que nele se relacionam, se caracterizam por redundâncias e repetições que lhes proporcionam a identidade[14]:

como podemos proclamar a desigualdade constituinte do ritmo, quando ao mesmo tempo nos entregamos a vibrações subentendidas, repetições periódicas dos componentes? É que um meio existe efetivamente através de uma repetição periódica, mas esta não tem outro efeito senão o de produzir uma diferença pela qual ele passa para um outro meio. É a diferença que é rítmica, e não a repetição que, no entanto, a produz; mas, de pronto, essa repetição produtiva não tinha nada a ver com uma medida reprodutora[15].

Assim, mesmo no âmbito de uma prática de improvisação idiomática que se caracteriza por uma repetição periódica dos componentes, os músicos podem ser considerados como meios, uma vez que cada um tem sua identidade delimitada e diferenciada. Porém, é óbvio que num contexto idiomático não se produzem linhas de fuga[16] na mesma medida em que estas

---

13 G. Deleuze; F. Guattari, *Mil Platôs 4*, p. 119.
14 Esse conceito, que se relaciona às repetições e redundâncias que constituem um meio, diz respeito aos processos de territorialização. A constituição do vivo se dá através de repetições – ritornelos – que delineiam os territórios. Um ser vivo estabelece suas membranas e seus territórios a partir de procedimentos repetitivos (sempre diferenciados a cada vez). O rosto é resultado desse processo de territorialização.
15 Ibidem, p. 120.
16 O conceito deleuziano de linha de fuga está ligado às pequenas e grandes "escapadas" que acontecem no contexto dos sistemas em direção ao caos. São as "infiltrações" do caos nos sistemas "fechados". Modos menores (variáveis contínuas) que desequilibram modos maiores (sistemas hegemônicos abstratos). As linhas de fuga são agentes dos processos de desterritorialização. É através delas que os sistemas se desestruturam parcialmente e abrem espaço para novas configurações. A "evolução" da linguagem musical ocidental, por ▶

acontecem no âmbito de uma improvisação livre. Isso porque o idioma vive das repetições periódicas dos componentes e, por isso, impõe limites às novas configurações. Existem, nesse caso, medidas reprodutoras e membranas impostas de dentro para fora. Assim, o espaço para uma diferença rítmica e produtiva é limitado. A produção se dá num nível molecular e através das linhas de fuga que podem acabar desestruturando o idioma (num processo de desterritorialização). Por isso, é possível observar as mudanças lentas e graduais que ocorrem nos sistemas idiomáticos. Por exemplo: o jazz, que pode ser considerado um sistema idiomatizado mas ao mesmo tempo "evolutivo"[17], tem uma história delineada por mudanças moleculares: pequenos componentes se modificam num corpo que se mantém coeso em seus processos de transformação contínua.

Esse mesmo texto de Deleuze e Guattari parece evidenciar, primeiramente, que a repetição periódica que caracteriza os organismos/meios manifesta – quando acontece em um processo dinâmico e vivencial – a "diferença", e que, na realidade, a repetição só se dá, efetivamente, na diferença. Ou seja, a cada vez que essa "identidade"[18] dos músicos se põe em movimento, ela se repete como diferente. E por isso também o ritmo entre os meios na prática musical de um grupo de improvisação resulta em algo diferente da mera soma dos modos de atuação dos músicos que dela participam.

Por outro lado, eventualmente não se "estabelece um ritmo" e o processo de improvisação se frustra. Porque isso ocorre? Examinemos a situação através de dois exemplos.

▷ exemplo, se dá a partir da desestruturação que se introduz no sistema a partir de linhas de fuga: a introdução de dissonâncias (linhas de fuga), antes inaceitáveis, produz mudanças no sistema tonal. As linhas de fuga estão sempre presentes em maior ou menor grau em todos os sistemas. Elas são as partes "vivas", variáveis, concretas dos sistemas.

17 Aqui o termo "evolutivo" se relaciona com as novas formas de se pensar a evolução, não de maneira linear, não no sentido de melhora ou aperfeiçoamento, mas no sentido da adaptação às mudanças ambientais.

18 O filósofo Georges Simondon relaciona claramente o processo de individuação com a ideia de devir. Para ele, "o devir é uma dimensão do ser, corresponde a uma capacidade que o ser tem de defasar-se em relação a si próprio, de resolver-se defasando-se [...], o único princípio pelo qual podemos nos orientar é o da conservação do ser pelo devir, e essa conservação existe pelas trocas entre estrutura e operação". G. Simondon, A Gênese do Indivíduo, *Cadernos de Subjetividade*, p. 101-102.

Num primeiro caso, dois músicos provenientes de tradições musicais diferentes (territórios) realizam uma sessão de improvisação. O primeiro é um músico hindu e o outro é um músico de jazz. Apesar da boa vontade, o resultado é frustrante. O que aconteceu? Duas sintaxes fortemente delimitadas, dois sistemas altamente gramaticalizados, meios interiores constituídos por repetições periódicas de componentes não podem se acoplar, não podem se constituir enquanto meios anexados. Suas membranas são muito impermeáveis. Não se inaugura um ritmo. Não há como estabelecer interações produtivas entre os músicos que, no caso, não se "ouvem"[19] um ao outro.

Num segundo caso, os mesmos músicos, apesar de originários de tradições diferentes, adotam uma outra intenção de escuta buscando o que está além[20] das linguagens particulares/culturais de cada um. O que há de comum entre elas e que pode alimentar uma prática de improvisação? Abrem-se os poros nas membranas e se delineia um ritmo entre os diferentes meios. Os meios se anexam e criam um ritmo: uma terceira coisa que não é nenhum dos dois meios originais. "A teia não é nem a aranha nem a mosca". Daí decorre que, para que seja possível uma improvisação livre, para que os meios se anexem e criem um ritmo, é necessário se aproximar da escuta reduzida[21] conforme esta é delineada por Pierre Schaeffer. Pode-se dizer que a escuta reduzida é um componente, uma linha de força, uma energia do plano de consistência.

Quando, num grupo ou numa performance de improvisação, o ritmo se torna fluente, o ambiente se torna, aos poucos, expressivo. Emerge, então um novo lugar de qualidades. Surge uma identidade do grupo, uma possibilidade de estilo. Isso é um índice da presença de território: emergem motivos

---

19 Num sentido aproximado ao da escuta reduzida estabelecida por Schaeffer.
20 Esse ato de procurar na prática da livre improvisação o que estaria além das linguagens, em certa medida se identifica com a busca empreendida por Schaeffer que, em sua investigação sobre o objeto sonoro, diz buscar uma "musicalidade universal polimórfica". Na realidade, o que está além das linguagens é justamente o que Deleuze e Guattari chamam de nível molecular. Esse assunto será melhor desenvolvido mais à frente neste mesmo capítulo.
21 Na livre improvisação, a escuta reduzida toma a forma de uma estratégia e não carrega todas as implicações estéticas e filosóficas assumidas por P. Schaeffer no contexto de suas investigações sobre o objeto sonoro e a música concreta. Ver definição de escuta reduzida no capítulo 1.

e contrapontos territoriais. Essa conjunção entre os meios cria jogos entre várias "personagens rítmicas"[22]. Nesse contexto, surgem "paisagens melódicas", texturas características que são qualidades e expressão do grupo que improvisa. Esse processo tende a constituir aos poucos um estilo, uma espécie de assinatura do grupo. No estilo se expressa o território. Os grupos experimentais de livre improvisação Akronon, Orquestra Errante e Musicaficta, por exemplo, depois de alguns ensaios, em que os meios ajustam um ritmo – formas de conjunção e interação –, começam a colher resultados musicais cada vez mais prazerosos e instigantes para seus integrantes.

Reside aí, conforme anteriormente apontado por Deleuze e Guattari, o perigo de que a "medida" seja trazida para o ritmo. As repetições periódicas de componentes, as redundâncias (os hábitos e clichês pessoais e instrumentais, as respostas cada vez mais previsíveis, as interações viciadas), enfim, tudo o que dá identidade para a performance pode, ao mesmo tempo, acabar gerando membranas tão espessas que acabam por impossibilitar o ritmo e a produção. Isso não quer dizer que se deva buscar o novo a qualquer custo, mas sim que é desejável, numa prática de improvisação, sempre estar atento àquilo que é realmente produtivo. Quando algo se torna uma fórmula abstrata, um sistema de reprodução, uma superfície de captura, é sinal de que algo se perdeu. Os grupos de improvisação oscilam assim entre a territorialização e a desterritorialização. Tão logo um território se torne tão forte a ponto de deter as novas configurações, o grupo busca formas de desterritorialização.

Alguns relatos de músicos ligados a grupos de livre improvisação dão conta desse embate entre as tendências de territorialização e as forças caóticas que com elas, permanentemente, dialogam. Jamie Muir, citado no livro de Derek Bailey, fala da descoberta do desconhecido nas performances: "A maneira de desvendar o 'indesvendado' em termos de uma performance, é imediatamente rejeitar todas as situações

---

22 Que são, segundo Deleuze e Guattari, os agenciadores dos ritmos. Concretizam-se nos procedimentos individuais dos músicos ou em algum procedimento que se estabilize entre dois ou mais músicos e que gere consequências para a performance.

assim que você as identifica [...] – o que corresponde a dar à música um futuro."[23]

No mesmo livro, o próprio Bailey assim se refere ao processo de pesquisa de novas possibilidades e procedimentos instrumentais em seu grupo Joseph Holbrooke: "Mas quando estas coisas se tornavam clichês eu posso me lembrar de, conscientemente, tentar me livrar delas. Eu tentava a todo momento evitar tocar no pulso da música."[24] Mais adiante ele se refere especificamente aos grupos de improvisação e aos problemas decorrentes de um convívio permanente entre os músicos:

> Outro aspecto desse mesmo problema é que quanto mais tempo você toca numa situação de grupo [...] menos apropriado se torna descrever essa música como livre. Ela se torna, normalmente, muito personalizada, muito identificada com [...] o grupo de músicos. E, de repente, você se encontra no negócio de comercializar a "sua música". [25]

AS FORMAS DE CONEXÃO: O DEVIR DA IMPROVISAÇÃO – RIZOMAS

Além da questão do ritmo entre os meios, é importante abordar as formas de conexão no ambiente da livre improvisação. A complexidade desse ambiente se evidencia na quantidade de conexões que se estabelecem à partir das múltiplas linhas de força e intensidades que atuam nele de forma não hierarquizada.

Na improvisação as entradas são muitas e as conexões que se estabelecem entre elas são múltiplas. Por isso, pode-se dizer que, em oposição ao modelo arborescente[26], o modelo rizomático de pensamento formulado por Deleuze e Guattari é o que

---

23 D. Bailey, *Improvisation, Its Nature and Practice im Music*, p. 97. (Grifo nosso.)
24 Ibidem, p. 88.
25 Ibidem, p. 115.
26 A forma arborescente de relação entre os elementos se estabelece de forma hierarquizada. Todo elemento tem dois graus de relação, numa bifurcação "evolutiva". As conexões se dão com o estágio anterior, inferior e com as bifurcações posteriores, superiores. Como observa Silvio Ferraz (*Música e Repetição*, p. 107), é o caso do funcionamento do sistema tonal em que cada acorde se relaciona com o anterior e o seguinte de forma rigidamente hierarquizada.

mais se aproxima da livre improvisação[27]. No livro *Mil Platôs*, há um resumo do que seriam as principais características daquilo que Deleuze e Guattari consideram um rizoma: "diferentemente das árvores ou de suas raízes, o rizoma conecta um ponto qualquer com outro ponto qualquer, e cada um de seus traços não remete necessariamente a traços da mesmo natureza; ele põe em jogo regimes de signos muito diferentes, inclusive estados de não signos"[28].

Assim, também as conexões que se estabelecem numa prática de improvisação incluem os mais diversos elementos de diferentes naturezas, como os elementos musicais diversos (materiais e procedimentos instrumentais, sonoros etc.), as disposições pessoais dos músicos, as interações entre eles[29], as biografias de cada um, os acidentes, as surpresas decorrentes da imprevisibilidade dos sistemas etc. Isso sem mencionar as conexões entre os elementos sonoros disparatados presentes como linhas durante a performance. Mais adiante, no mesmo texto, Deleuze e Guattari falam da constituição do rizoma:

Ele não é feito de unidades, mas de dimensões, ou antes de direções movediças. Ele não tem começo nem fim, mas sempre um meio pelo qual ele cresce e transborda. Ele constitui multiplicidades lineares a n dimensões sem sujeito nem objeto, exibíveis num plano de consistência e do qual o Uno é sempre subtraído.[30]

---

27 Concretizando essa ideia, pode-se afirmar que na improvisação livre as conexões se dão tanto horizontal e linearmente (no sentido de um pensamento extensivo, melódico, causal, molar), quanto no sentido vertical (no sentido de um pensamento harmônico, polifônico, local, intensivo, molecular). A performance cresce mais por transformações contínuas, contágios, contaminações transversais e desordenadas, turbulências, do que por variação de algum princípio "temático" unificador. É assim que os músicos se relacionam entre si e com o resultado sonoro da performance. Os "caminhos que se fazem ao caminhar" são resultado das múltiplas possibilidades que surgem incessantemente e se apresentam aos músicos como num labirinto.
28 G. Deleuze; F. Guattari, *Mil Platôs 1*, p. 32.
29 Vinko Globokar, nas suas já citadas experiências com improvisação, delineou uma sistematização das interações entre os músicos que prevê as seguintes "negociações": imitar, se opor, se integrar, hesitar, fazer algo diferente. Essas propostas de interação incidem num plano de consistência ideal, se alternam, se misturam e se completam na performance em tempo real. São linhas de força, intensidades diferentes, qualidades de atuação que incidem sobre o plano de consistência e o tornam dinâmico.
30 Ibidem.

Do mesmo modo, na prática da livre improvisação pode-se considerar cada um desses elementos que se interconectam como dimensões, direções movediças ou linhas de força que atuam no plano. Assim, qualquer procedimento adotado por algum dos músicos interage com todas as outras linhas de força existentes no plano: o mal humor circunstancial do músico ao lado, uma nova ideia que é lançada por outro músico, um pensamento extramusical que causa uma distração na escuta e consequentemente na atuação de um quarto músico, uma resposta inesperada do equipamento (instrumento, dedos, computador etc.) e daí por diante. E, a cada performance, essa forma rizomática delineia um plano. Cada performance é uma atualização das virtualidades presentes no rizoma. Mais à frente, no mesmo texto, Deleuze e Guattari opõem a natureza do rizoma ao conceito de estrutura:

> Oposto a uma estrutura, que se define por um conjunto de pontos e posições, por correlações binárias entre esses pontos, e relações biunívocas entre essas posições, o rizoma é feito somente de linhas: linhas de segmentaridade, de estratificação, como dimensões, mas também linhas de fuga ou de desterritorialização como dimensão máxima segundo a qual, em seguindo-a, a multiplicidade se metamorfoseia, mudando de natureza [...] É uma memória curta ou uma antimemória. O rizoma procede por variação, expansão, conquista, captura, picada. Oposto ao grafismo, ao desenho ou à fotografia, oposto aos decalques, o rizoma se refere a um mapa que deve ser produzido, construído, sempre desmontável, conectável, reversível, modificável, com múltiplas entradas e saídas com suas linhas de fuga. São os decalques que é preciso referir aos mapas e não o inverso. Contra os sistemas centrados (e mesmo policentrados) de comunicação hierárquica e ligações preestabelecidas, o rizoma é um sistema a-centrado, não hierárquico e não significante, sem General, sem memória organizadora ou autômato central, unicamente definido por uma circulação de estados.[31]

Todas essas características são adequadas para descrever as formas de conexão da livre improvisação. Todas as linhas de força, as dimensões que coexistem nesse rizoma que é a livre improvisação, estão ali, potentes, para que, a partir de uma prática, se atualize um "decalque". Cada performance particular é, portanto, como um decalque desse mapa. A cada vez, o grupo

---

31 Ibidem, p.32-33.

de músicos desenha um caminho nesse mapa, conecta pontos e linhas diferentes. Na livre improvisação, as conexões entre esses elementos estabelecem hierarquias transitórias e não definitivas. Assim, por exemplo, num certo momento da performance, um instrumento sobressai e conduz a uma importante transformação no tecido musical e, no momento seguinte, esse papel condutor desaparece ou passa a ser exercido por outro músico de uma maneira totalmente diferente. Nesse processo, a memória curta é uma das linhas de força que propiciam o amálgama, a cartografia produzida.

Pode-se portanto dizer que a improvisação livre é um tipo de pensamento maquínico em que as peças não são conjugadas uma em função da outra (como num pensamento mecânico) e que, por isso mesmo, o resultado sonoro de uma performance é imprevisível como são imprevisíveis os rumos do pensamento. A improvisação, qualquer que seja sua forma de agenciamento, é sempre voltada para o futuro. No plano de consistência, está contida a preparação do ambiente que depende essencialmente do passado, da história. Mas há também, e principalmente, o devir de suas conexões. As conexões não são um dado *a priori*, já que elas se estabelecem no devir da performance. Esse devir é uma experiência necessariamente vivida, e essa experiência da performance não é abarcável pela representação. Mesmo o aprendiz de improvisação idiomática (digamos, por exemplo, no contexto de um idioma tradicional como o flamenco) só será capaz de vivenciar a experiência quando se livrar da representação (que equivale aos dados constantes e abstratos da teoria)[32] e efetivamente improvisar. A esse processo se incorporam os elementos concretos, variáveis, dinâmicos: o acidente,

---

32 É notável que o músico que estuda improvisação no contexto de um idioma qualquer, se exercita durante muito tempo com os elementos abstratos daquele idioma: escalas, padrões, estruturas rítmicas e de intervalos. No entanto, essa experimentação ainda não é o jogo propriamente dito da improvisação. Esta envolve outros elementos além desses apreendidos através de extenuantes exercícios. Isso não quer dizer que eles não são necessários. Mas o fato é que, durante muito tempo, em suas tentativas de improvisação o aprendiz irá fazer um uso mecânico dessas estruturas, e não vai, efetivamente, improvisar. Muitas vezes elas serão um empecilho para uma escuta real do fluxo da performance: ao invés de ouvir e interagir, o aprendiz fica, durante certo tempo, preso às fórmulas abstratas apreendidas e ansioso por usá-las. Ele está na fase de denominação dos signos, quando eles ainda não estão prontos para o uso.

o singular, o excesso, o excluído e, enfim, a diferença. Assim, a improvisação, mesmo no âmbito de um idioma musical, é sempre a repetição do diferente. Sua essência é a singularidade da experiência.

Cabe lembrar ainda que as conexões produzem turbulências – linhas de força inesperadas – entre os músicos. Essas turbulências nada mais são do que os efeitos imprevisíveis da atuação de cada músico sobre a atuação dos outros. Essas turbulências se dão no contexto do ritmo entre os meios. Pode haver ainda outros tipos de contaminações e turbulências que não tenham origem necessariamente sonora ou mesmo no ambiente propriamente dito da improvisação. Segundo Deleuze e Guattari, "A música moleculariza a matéria sonora, mas torna-se assim capaz de captar forças não sonoras como a Duração, a Intensidade"[33]. Aí é que o músico improvisador está aberto às múltiplas contaminações e turbulências estéticas e vitais que venham a esgarçar os limites dos sistemas de referência que dão sustentação aos idiomas, criando assim, sempre, linhas de fuga ativas e criadoras.

O DESEJO COMO LINHA DE FORÇA: O AGENCIAMENTO DO DESEJO E O PLANO DE CONSISTÊNCIA

Conforme já explicitado anteriormente, é fundamental para o sucesso desse tipo de proposta de improvisação que haja o engajamento efetivo (e afetivo) dos intérpretes/criadores. Eles devem estar imersos no desejo. Só o agenciamento do desejo sobre o plano é que torna possível a livre improvisação.

Um aspecto frequentemente mencionado a respeito da prática da livre improvisação é que nela se resgata, para o intérprete (inserido em práticas musicais rigidamente hierarquizadas), o vigor e a motivação presentes nas práticas musicais idiomáticas tais como na música tradicional hindu ou flamenca, no jazz e em outras manifestações "enraizadas". Esse aspecto parece ausente em algumas propostas de improvisação colocadas em

---

33 G. Deleuze; F. Guattari, *Mil Platôs 4*, p. 159.

prática por alguns compositores, particularmente as da música aleatória dos anos de 1960. A esse respeito, Carl Dahlhaus relata a seguinte situação:

> A ideia de uma emancipação do intérprete pelas estruturas aleatórias era utópica: pois os intérpretes, habituados com a escritura à qual se atinham desde sempre, receberam a liberdade de decisão que lhes concedeu inesperadamente a obra aberta muito mais como um peso do que qualquer outra coisa, um peso que procuravam minimizar ao prepararem diferentes versões da mesma obra aleatória antes mesmo da execução, fixando de antemão a mais eficaz dentre as versões possíveis. Assim sendo, eles compunham a obra dando seu próprio acabamento, ao invés de se entregarem à esperada e desejada improvisação.[34]

Em algumas dessas obras abertas, o intérprete era obrigado a improvisar. Ele não necessariamente desejava ou estava preparado para isso, o que não ocorre na prática da livre improvisação, que surge como uma proposta de intérpretes/criadores[35] autônomos e não como uma concessão ou instrução por parte de um compositor para que os intérpretes tomem parte na criação. Na livre improvisação, o compositor separado do intérprete não existe, e o intérprete é criador porque deseja.

E o que é o desejo[36]? Deleuze trata dessa questão no seu livro *Diálogos Com Claire Parnet*. De um certo ponto de vista,

---

34 Dahlhaus apud F. Menezes (org.), *Música Eletroacústica*, p. 176.
35 A figura do "*performer*/criador" ou "*performer*/compositor" merece uma definição mais precisa. Aqui ele é essa personagem (responsável por um agenciamento) que almeja a expressão pessoal (a criação, a composição) a partir de uma prática instrumental. Ele se compraz e pensa musicalmente através de jogos instrumentais. A criação se dá a partir da sua prática instrumental. Ele não interpreta a não ser o seu próprio pensamento musical. Os sons que ele produz na sua prática são seus enunciados, expressão de seu pensamento musical instantâneo. Isso não quer dizer, necessariamente, que o *performer* criador somente improvise ou que ele não se remeta também à composição passo a passo com auxílio do papel. Mas com certeza ele improvisa (Beethoven criava parte de seus materiais improvisando ao piano; Varèse coordenava grupos de improvisação instrumental de onde tirava ideias). Para o *performer*/criador, muitas de suas ideias sonoras ou musicais estão nos dedos ou surgem no contexto de sua relação com o instrumento.
36 Em performances do grupo Akronon e da Orquestra Errante é possível perceber a importância fundamental do desejo – que pressupõe intenso envolvimento e disponibilidade emocional, corporal, visceral – enquanto linha de força que pode se originar de uma vivência intensiva com algum tipo de improvisação idiomática. Assim, o músico participante de uma sessão de livre improvisação é capaz de estabelecer uma sintonia mais intensa com a ▶

o desejo é algo muito simples: "Dormir é um desejo. Passear é um desejo. Escutar música, ou então fazer música, ou então escrever, são desejos. Uma primavera, um inverno são desejos [...] O desejo nunca deve ser interpretado, é ele que experimenta."[37] Por outro lado, é importante colocar as condições para que se dê o agenciamento do desejo:

> Só há desejo agenciado ou maquinado. Você não pode apreender ou conceber um desejo fora de um agenciamento determinado, sobre um plano que não preexiste mas que deve, ele próprio, ser construído. Que cada um, grupo ou indivíduo, construa o plano de imanência em que leva sua vida e seu empreendimento, é a única coisa importante [...] qualquer agenciamento expressa e faz um desejo construindo o plano que o torna possível, e tornando-o possível, o efetua [...]. Ele é, em si mesmo, processo revolucionário imanente. Ele é construtivista, de modo algum espontaneísta. Como qualquer agenciamento é coletivo, é, ele próprio, um coletivo.[38]

Pode-se perceber a partir desse texto, e dada a natureza dinâmica do plano, o quanto ele depende de um agenciamento do desejo e em que medida o desejo é a condição necessária e quase suficiente para a prática da livre improvisação, uma vez que esta é um fazer, uma ação contínua. O desejo é o que move o processo e chega a se confundir com ele. É a partir do desejo que se fará a construção do ambiente da livre improvisação. É ele que torna possível a conexão de componentes e linhas disparatadas e independentes (as biografias musicais de cada participante, por exemplo). É ele que torna possível a produção. Esta é o contrário da reprodução que, por exemplo, no âmbito de um idioma, pode se apoiar na repetição de componentes, estruturas e leis. Na reprodução, há o certo e o errado, há o julgamento. Por outro lado, é importante ressaltar mais uma vez a necessidade da preparação desse agenciamento produtivo e a mobilidade de seus componentes:

▷ performance quanto mais a sua biografia musical incluir este tipo de vivência. Essa constatação empírica aponta, ao mesmo tempo, para o componente lúdico da performance e para o forte componente corporal. Isto é: não basta uma disposição inicial e puramente intelectual para o verdadeiro engajamento.

37 G. Deleuze, *Diálogos Com Claire Parnet*, p. 111.
38 Ibidem, p. 112.

É preciso descrever o agenciamento onde tal desejo torna-se possível, se mobiliza e se enuncia. Mas jamais invocaremos pulsões que remetessem a invariantes estruturais, ou a variáveis gerais. Bucal, anal, genital etc., perguntamos, a cada vez, em que agenciamentos esses componentes entram.[39]

Esse desejo é que vai delinear aos poucos um ambiente em que se vai dar a performance. É aí que se vão realizar as conexões entre os diversos fluxos, velocidades, linhas e partículas que se atualizarão numa performance. Essas linhas e fluxos disparatados se estendem, desde os idiomas (suas biografias/geografias musicais), que se constituem enquanto repertório de cada um dos músicos, passam pelas habilidades pessoais com os respectivos instrumentos, pela quantidade relativa de engajamento pessoal, pelas disponibilidades emocionais para o diálogo, pela atenção que cada um a cada momento dirige ao processo em seu devir, até abraçar a acuidade perceptiva e a intenção de escuta de cada um, necessária e suficiente para esse diálogo. Haverá também as conexões imprevistas, os reencontros com materiais resultantes no devir da performance (que remeterão ou não a processos de variação e transformação), o susto, a surpresa, o erro, os acontecimentos aleatórios, o jogo entre o premeditado (ideia de composição, de controle) e o automatizado (padrão ou clichê pessoal), a interação com um possível público, os efeitos da performance em tempo real no próprio corpo dos músicos (como, por exemplo, os deslocamentos causados por "síncopes" agenciadas sobre eventuais pulsos constantes), as afetividades ativadas antes e durante a performance (resultante da relação que os músicos estabelecem com aquilo que está sendo efetivamente atualizado) etc.

Evidentemente, quanto mais experiências os músicos tenham com esse tipo de prática, mais eles se habilitam a um processo efetivo e significativo. Quanto mais conexões e interações se operam no processo, mais o desejo se estende e não se esgota num final de percurso. O desejo é dirigido ao processo, à construção de uma manifestação vital. Por isso, a prática de improvisação não se esgota numa performance e não tem por objetivo a constituição de obras.

[39] Ibidem, p. 113.

Pode-se imaginar que é possível, como alternativa à improvisação totalmente livre, a utilização de um *tema* (ou *referente*, segundo Jeff Pressing) que prepara o ambiente para que esse desejo se instale e deflagre o processo criativo. O tema, nesse caso, deveria promover o desejo, fisgá-lo. Um roteiro, ou uma palavra, por exemplo, podem ser utilizados como *temas,* quase totalmente abertos em sua indeterminação de materiais e idiomas.

Mesmo nesse caso, o desejo e, consequentemente, o agenciamento da improvisação são diferentes do agenciamento da composição. Essas duas formas de pensamento e ação musical estabelecem relações diferentes com as linhas do tempo. Na improvisação, o tempo e o espaço se incorporam enquanto elementos fundamentais do ambiente e condicionam totalmente a performance.

O PROCESSO DE TERRITORIALIZAÇÃO: AS SISTEMATIZAÇÕES INEVITÁVEIS

Pela ordem: no princípio há o caos (espaços, tempos, linhas de força, intensidades, pontos, matérias etc.). Sobre o caos se delineiam – através de agenciamentos – os planos de consistência que tornam possível a convergência dessas matérias e linhas de força e as conexões entre os pontos e intensidades. Em algum momento se atinge a "maturidade" de um território. Este inclui, a partir da repetição periódica de componentes, uma série de características que o distinguem, que lhe dão "identidade", membranas que o separam do mundo exterior (das forças do caos). A improvisação idiomática se dá no contexto de um território claramente delimitado. O território é bem maior que o estrato ou que os meios ou mesmo que os ritmos, embora com eles se relacione. "O território é de fato um ato, que afeta os meios e os ritmos, que os 'territorializa'. O território é o produto de uma territorialização dos meios e dos ritmos [...] A territorialização é o ato do ritmo tornado expressivo, ou dos componentes de meios tornados qualitativos."[40] Mais à frente, no mesmo texto, Deleuze e Guattari relacionam

---

40 G. Deleuze; F. Guattari, *Mil Platôs 4*, p. 122-124.

a ideia de ritornelo com a ideia de território: "chamamos de ritornelo todo conjunto de matérias de expressão que traça um território, e que se desenvolve em motivos territoriais"[41].

Na improvisação, o idioma se relaciona com esse conceito de território, sendo que existem as referências extramusicais, geográficas e históricas que condicionam os usos e funções dessa prática e os elementos propriamente musicais que ali interagem continuamente. Podem-se separar esses elementos didaticamente: 1. Há os materiais sonoros organizados em sistemas escalares, harmônicos e rítmicos e há também as formas musicais utilizadas. Uma teoria musical pode ser deduzida com base na prática que se estabelece no território; 2. Há os diferentes tipos de sonoridade implicadas no fazer musical concreto (organologia, instrumentos, modos de execução, faturas, articulação etc.) e as formas "corretas" (dentro de um determinado território) de intervenção dos músicos em suas relações com o material e com os outros músicos.

Nas músicas populares tradicionais (ocidentais ou orientais) em que há improvisação, a identidade – as "membranas" – dos idiomas parecem ser fortes. O território delimitado, por exemplo, pela música hindu – sistema em que convergem vários outros sistemas, religioso, social, cultural etc. – se realiza nas performances de seus artistas que não parecem interessados em atualizar novas virtualidades, mas sim em atuar dentro de uma linguagem ou de um sistema que "fala" através deles. A improvisação é a forma de ser desses sistemas que se realizam através da performance.

Por exemplo, no caso de uma música rigidamente estruturada e territorializada como é o blues norte-americano há uma forma fixa e determinada. Trata-se de um ciclo de doze compassos com uma sequência fixa de acordes que tem sempre a mesma forma básica de construção. Com base nessa estrutura, os músicos (os *blues men*) sabem como proceder para se integrar na prática musical de maneira adequada: que material e que escalas usar, que tipo de sonoridade se espera de sua execução instrumental, que formas de fraseado rítmico e melódico, onde enfatizar, onde relaxar, como se relacionar com a base

---

41 Ibidem, p. 132.

harmônica etc. Isso tudo é o território e os músicos se movem com desenvoltura dentro dele.

A tendência de qualquer plano é se territorializar e se desterritorializar contínua e alternadamente. Na improvisação se dá o mesmo processo. Para exemplificar esse ponto, é possível examinar, num nível macroscópico, o caso da história do jazz em que, através de um processo de transformações sucessivas se atinge a territorialização. Pode-se dizer que essa territorialização se dá a partir das três superfícies delineadas por Deleuze e Guattari:

1. Na superfície de "produção" só existe o plano, as matérias, as energias e as forças não formadas. Ainda não há qualidade, nem permanência para se tornar forma. Ainda não se falou a respeito, não há discurso analítico, sistematizador. Não há máquina de captura. Só há virtualidades sendo atualizadas. Há, consequentemente, o espanto, o encanto como efeito desse acontecimento. É, por exemplo, Charlie Parker inventando o bebop. O que ele faz, parece ser de outro mundo! Mas ele parte também de um território anterior – o jazz já tem uma história – e o desestabiliza através das linhas de fuga.

2. Na superfície de "captura" se dá o registro e o controle, a sistematização, a escolástica, os modelos. Aqui se desenha um território. Algo ganha um nome, uma definição. É o lugar das cópias corretas. Todos querem tocar como Charlie Parker, aprender suas técnicas, seu padrões, seu procedimentos. É quando se fundam as escolas para "ensinar" a improvisação. É o caso das escolas de jazz formuladas para ensinar (e, eventualmente, vender) modelos.

3. Na superfície de "raspagem" se dá a bricolagem. É quando, novamente, o caos, na forma de linhas de fuga, invade o plano. Há colagens e montagens inusitadas. Volta a haver produção. Surgem as linhas de fuga e as turbulências. É, por exemplo, Miles Davis, discípulo de Charlie Parker, inventando o cool jazz.

No caso da livre improvisação contemporânea parece só haver a primeira superfície: a de produção. Ou então, quando se reconhece os inevitáveis "rostos" dos músicos envolvidos na performance como histórias que armazenam vivências diversas em vários territórios, se reconhece uma superfície complexa de "raspagem", não delimitada por um sistema de referência específico. A improvisação trabalha sobre esses rostos, desrostificando-os. Na livre improvisação não há territorialização. Dificilmente se configuram sistemas abstratos de organização dos parâmetros musicais no âmbito de uma prática de livre improvisação. Se isso ocorre pode-se presumir que a prática falhou em ser livre e gerou um novo sistema (o que não é necessariamente negativo, dependendo do ponto de vista). Os grupos de livre improvisação buscam evitar esse tipo de situação que pode fazer com que a prática perca a potência.

APROFUNDANDO OS CONCEITOS

Com o objetivo de aprofundar o entendimento de alguns dos conceitos de Deleuze e Guattari em relação à improvisação livre, remeto este tópico às análises descritivas de performances do grupo Akronon que estão apresentadas no capítulo 5, juntamente com outros relatos de experiências práticas. Apesar de alguns dos termos utilizados naquelas descrições se referirem às categorias criadas por Pierre Schaeffer – e mais especificamente ao conceito de objeto sonoro e seus desdobramentos –, partirei delas para discorrer sobre as relações que podem ser traçadas entre a improvisação livre e alguns outros conceitos criados por Deleuze e Guattari.

Processos de Estratificação

Para Deleuze e Guattari, a partir de Spinoza existe uma ética filosófica que pode ser formulada da seguinte maneira: para afirmar a potência vital é preciso aumentar o poder das conexões/composições (encontros felizes) e diminuir o poder das de-composições (maus encontros). Pode-se pensar a livre improvisação musical como uma imagem desse fluxo de conexões que ocorre de várias formas e segundo várias modalidades.

A partir desse pressuposto, e como decorrência dele, Deleuze e Guattari estabelecem um conceito fundamental para a sua filosofia: a estratificação. Para eles, "os estratos são fenômenos de espessamento no Corpo da terra, ao mesmo tempo moleculares e molares, acumulações, sedimentações, dobramentos"[42]. Fora deles não há forma, substância, organização ou desenvolvimento. Os "objetos sonoros" descritos nas performances (ver capítulo 5), são também resultantes desse tipo de processo de estratificação e são compostos por estratos e substratos.

Para Deleuze e Guattari, a dinâmica da natureza é um constante processo de estratificação/desestratificação. E tanto a estratificação quanto a desestratificação excessivas podem conduzir à morte (por exemplo, no fascismo e na esquizofrenia, respectivamente). Por isso, no ambiente da livre improvisação musical é importante obter um equilíbrio entre esses dois processos. Na medida em que ela é um devir em que o presente é enfrentado a cada instante pelos músicos que interagem, tanto a variação constante de materiais (desestratificação) quanto a configuração de estados provisórios (estratificações) se constituem enquanto dinamismos fundamentais. Nas descrições das performance do grupo Akronon, esse dinamismo está claramente delineado a partir da ideia de metamorfose. Para Deleuze, segundo Ian Buchanan, nesse processo

A forma organiza a matéria em uma sucessão de "substâncias" compartimentadas e hierarquizadas, "matérias formadas" ou o que, em uma linguagem crítica, é chamado de "conteúdo". Mas esse conteúdo é visto a partir da dupla perspectiva de seleção e sucessão [...] Como uma rocha sedimentar apanhada nas garras da própria Terra, esse conteúdo é transformado em uma forma estável e funcional, que é então atualizada na vida cotidiana, produzindo novos conjuntos de conteúdo.[43]

Desse ponto de vista, pode-se pensar também a ideia de unidade e de diversidade dentro do próprio estrato. Para Deleuze e Guattari, os estratos têm unidade de composição, mas não são inertes uma vez que se mantêm em constante variação de um estágio a outro de sua existência. Sendo o resultado de conexões entre fluxos energéticos, os estratos e substratos são formações complexas e dinâmicas que interagem e atuam de forma incansável sobre seus limites internos e externos.

42 G. Deleuze; F. Guattari, *Mil Platôs* 5, p. 216.
43 I. Buchanan; M. Swiboda, op. cit., p. 7.

Assim é a performance de livre improvisação: momentos mais estáveis se alternam com momentos mais instáveis num ir e vir constante. O grau de permanência de uma textura sonora e a sua transição para outra depende de uma série de fatores. Pode-se dizer que a textura sonora da performance (que pode ser pensada como uma soma de estratos com seus substratos) está sempre em transformação a partir da complexa interação entre seus componentes internos em processos contínuos de estratificação e desestratificação.

O Corpo Sem Orgãos

Segundo Buchanan, para Deleuze "a estratificação é um espessamento da superfície do corpo sem órgãos"[44]. O *corpo sem órgãos*, formulado originalmente por Antonin Artaud, não é um conceito, mas sim um conjunto de práticas que pode ser figurado na livre improvisação. Segundo Deleuze "você nunca atinge o corpo sem órgãos, você não pode alcançá-lo, você está sempre buscando atingi-lo, é um limite"[45]. Na medida em que a livre improvisação é uma prática desvinculada de qualquer sistema preestabelecido, fundamentada principalmente no desejo, na interação e na escuta, pode-se dizer que nela se almeja o corpo sem órgãos. Mas, como é que na livre improvisação um grupo de músicos interagindo, sem o apoio de algum sistema ou idioma comum, a partir da ideia de corpo sem órgãos, pode atinger a consistência[46] e as suas sucessivas transformações? "Como a matéria não formada, a vida anorgânica, o devir não humano poderiam ser algo além de um puro e simples caos?"[47] Segundo Deleuze, "não podemos nos contentar com um dualismo ou oposição sumária entre os estratos e o plano de consistência desestratificado"[48]. Para exemplificar esse dinamismo

---

44 Ibidem, p. 13.
45 G. Deleuze apud I. Buchanan; M. Swiboda, op. cit., p. 12.
46 Para Deleuze e Guattari, "a organização de marcas qualificadas em motivos e contrapontos vai necessariamente acarretar uma tomada de consistência [...] A consistência se faz necessariamente de heterogêneo para heterogêneo". G. Deleuze; F. Guattari, *Mil Platôs 4*, p. 143.
47 G. Deleuze; F. Guattari, *Mil Platôs 5*, p. 217.
48 G. Deleuze apud I. Buchanan; M. Swiboda, op. cit., p. 13.

não dualista na natureza, Buchanan cita as transformações de estado de um creme de leite que se transforma em manteiga. Para ele, trata-se de um espessamento que manifesta muito mais uma propensão das substâncias do que a introdução de algum agente exterior. Trata-se, portanto, de uma transformação imanente.

Da mesma forma, num fluxo de improvisação fundamentado primeiramente na ideia de corpo sem órgãos, todas as transformações são imanentes e os estados provisórios (texturas e objetos sonoros dinâmicos descritos), que se sucedem no decorrer da performance, manifestam esse processo de adensamento e espessamento das substâncias em jogo. Nesse caso, uma dada organização nunca se estabelece de forma rígida ou definitiva, uma vez que o horizonte do corpo sem órgãos continua exercendo seu poder desestratificante. É isso que se quer dizer quando se afirma que os objetos sonoros "são como nuvens que se formam no céu e se desfazem a cada segundo"[49].

O Molar e o Molecular

Conforme já esboçado anteriormente, é possível afirmar que no ambiente da livre improvisação predomina o nível molecular, que atravessa os níveis molares. Estes seriam, para Deleuze e Guattari, manifestações da estratificação e se relacionariam com o meio exterior dos estratos. Já o molecular se relacionaria com o meio interior. No molar há estratificações particulares do molecular e, consequentemente, haveria uma diferenciação de um todo identificável (estilos, idiomas, sistemas, gestos). Segundo Deleuze e Guattari, é necessário almejar o molecular para superar os idiomas e os sistemas. A conhecida ideia deleuziana de que na arte não se trata de reproduzir ou de inventar formas, mas de captar as forças, é fundamental para entender esse conceito de molecularidade. As "forças" estão presentes no nível molecular. É nesse contexto que o som pensado enquanto uma linha de força (com sua história energética) se tornaria o

---

[49] R.L.M. Costa, *O Músico Enquanto Meio e os Territórios da Livre Improvisação*, p. 128.

material original e potente para uma prática musical liberada de qualquer sistema preestabelecido.

No eixo da estratificação/desestratificação, a livre improvisação se localizaria mais no âmbito da segunda enquanto a improvisação idiomática se daria num contexto mais estratificado. Na realidade, é necessário que o músico que participa de práticas de livre improvisação estabeleça uma política de superação dos idiomas em que ele porventura se encontre imerso. Em outras palavras: o músico deve se colocar em um processo constante de desterritorialização, desestratificando a todo momento (com a cautela de não cair no buraco negro do caos)[50]. Para isso, a partir de seu rosto (seus ritornelos e territórios, suas técnicas, seus sistemas e estilos) deve procurar o nível molecular em que é possível uma prática interativa liberada das estratificações molares (idiomáticas, estilísticas). Só a partir dessa perspectiva é possível uma performance coletiva (pensada enquanto jogo ou conversa) entre músicos de diferentes formações. Essa é uma prática baseada na ideia de corpo sem órgãos e que possibilita, a cada vez e a cada performance, um devir potente. Obviamente, o rosto não desaparece. Por isso, a livre improvisação não é necessariamente contra os idiomas. Ela só não se submete a eles.

Mesmo numa possível prática de improvisação transterritorial ou transidiomática, as conexões entre os estratos (molaridade) se dão principalmente no âmbito do molecular através dos meios intermediários. Pode-se exemplificar essa ideia com um encontro[51] entre a Orquestra Errante e a musicista chinesa Luo Chao-Yun[52], ocorrido em setembro de 2010 na Teca Oficina de Música, em São Paulo.

---

50 De acordo com Deleuze, "qualquer desestratificação demasiado brutal corre o risco de ser suicida ou cancerosa, isto é, ora se abre para o caos, o vazio e a destruição, ora torna a fechar sobre nós os estratos, que se endurecem ainda mais e perdem até seus graus de diversidade, de diferenciação e de mobilidade". G. Deleuze; F. Guattari, *Mil Platôs 5*, p. 218. Numa performance de improvisação, é fácil perceber quando não se estabelecem as conexões potentes entre os músicos e seus sons, e o fluxo estanca sem forças, sem criação e sem vida.
51 Os registros em vídeo desse encontro estão disponíveis no YouTube, sob os títulos de "OE + Luo Chao – yun" e "OE + Luo Chao – yun 2".
52 Luo Chao-yun, além de se dedicar à execução de música típica de seu país (é especialista em pipa, uma espécie de alaúde chinês), é a única instrumentista a usar a pipa em contextos de livre improvisação e música contemporânea experimental, sendo conhecida em Taiwan como excelente instrumentista e virtuose.

O início da performance ocorreu num ambiente claramente idiomático (molar) onde os gestos instrumentais evocavam os territórios da música tradicional chinesa. Esse ambiente foi sendo desconstruído no decorrer da performance e, a partir de certo ponto, as interações entre os músicos passaram a ocorrer num ambiente não idiomático (molecular) no qual entrava em jogo o som potente e livre de pertencimento idiomático. Nesse tipo de performance, há uma forte intensificação da escuta. O movimento é de desestratificação e no horizonte se delineia o corpo sem órgãos. Obviamente, para que a performance não afunde no caos, há um processo contínuo de estratificação. Mas esses estratos, que nunca se impõem, logo se dissolvem e dão lugar a novas configurações.

A partir do que foi exposto nos itens acima, procurou-se não só demonstrar que os conceitos de Deleuze e Guattari servem para, em certa medida, fundamentar o funcionamento do ambiente da livre improvisação, como também para propor que – inversamente – a livre improvisação é capaz de auxiliar no entendimento da sua filosofia, na medida em que é possível perceber os seus conceitos em operação quando se examina o funcionamento de uma performance. Nesse sentido, pode-se afirmar que a livre improvisação se dá numa espécie de negação de territórios ou a partir de uma sobreposição (colagem, raspagem, transbordamento) de idiomas.

Segundo Deleuze e Guattari, trata-se de substituir o par matéria-forma pelo par material-energia. Como em Edgard Varèse, que faz sua música crescer a partir da proliferação do próprio material: um material energético que engendra sua forma.

3. O Ambiente da Improvisação e o Tempo

> O tempo implica a sucessão do antes e do depois; o aevum não tem antes nem depois, mas a condição da duração sucessiva pode lhe ser somada; a eternidade não tem a sucessão nem se submete a ela.
>
> TOMÁS DE AQUINO, *Suma Teológica*

Na prática de improvisação, as questões ligadas ao tempo assumem importância fundamental. Essas questões envolvem as formas de relacionamento entre os músicos, os materiais sonoros e a escuta em um tempo pensado enquanto elemento do ambiente. Na improvisação não há dois momentos separados: o da produção e o da escuta. Esses dois momentos estão integrados numa "contração de presentes". Assim, há uma diferença fundamental entre o plano de consistência próprio da composição – em que as obras são compostas em um tempo diferido anterior para serem executadas por intérpretes e ouvidas pelo público num segundo momento – e o plano de consistência da improvisação caracterizado por essa simultaneidade. É sintomático que a maioria dos estudos analíticos sobre a composição geralmente não abordem as relações entre os processos de composição propriamente ditos (realizados em tempo diferido) e as formas de execução e escuta que estes implicam. A análise é geralmente centrada na obra fixada em uma partitura ou numa gravação e não na dinâmica de sua realização em tempo real.

Já no estudo da improvisação o foco é justamente o processo. Ao contrário da composição onde há, por parte do compositor, uma atividade de delimitação, organização e fixação de materiais e forças, na improvisação o que é significativo é a preparação de um ambiente propício a atualizações incessantes e não predeterminadas. Trata-se, portanto, de criar condições para que processos vivos e instáveis encontrem um terreno fértil, se instalem e proliferem.

Também do ponto de vista da recepção, a improvisação não implica num processo de configuração da escuta a partir de uma relação com um "objeto" anteriormente construído, como é o caso da escuta de uma composição (que pode ser repetida). Na improvisação, o objeto não existe *a priori*, nem *a posteriori*. Ou melhor, sua existência é efêmera: ao mesmo tempo em que ela se faz, ela se desfaz. Portanto, no fluxo da performance a memória não age para delinear uma forma[1] preexistente, pois não há nenhum protótipo abstrato e a forma se forma durante o processo.

Na improvisação livre há, no entanto, uma "matéria em jogo" que está presente nos estados transitórios de configurações sonoras e nos objetos sonoros dinâmicos que surgem da ação dos músicos a cada momento e em permanente movimento. O que o músico apreende e ao mesmo tempo configura nesse processo instável são esses estados transitórios com graus diferenciados de permanência. Eventualmente, um determinado estado adquire maior grau de permanência e se transforma, sem perder certa qualidade que a identifica. Às vezes, a instabilidade é maior e há uma transformação contínua que não permite fixar qualidades, mas somente linhas coexistentes e independentes.

Como já anteriormente mencionado, um dos elementos fundamentais a intervir nesse processo é a escuta. E, na improvisação livre, temos uma escuta fortemente focada no presente. Em geral, trata-se de uma espécie de escuta múltipla e intensiva "constituída de experiências sensoriais simultâneas e divergentes, da intuição e do pensamento, que se

---

1 Trata-se aqui de pensar a forma enquanto um projeto global do compositor. Com esse projeto em mente, e a partir de determinações intrínsecas a ele, são possíveis vários tipos de processos generativos de materiais musicais que vão delinear a forma, proporcionando um sentido de unidade e organicidade à obra em questão. No caso das formas clássicas, por exemplo a sonata, os elementos que se apresentam (frases melódicas, encadeamentos harmônicos etc.) vão assumindo seus significados no contexto da forma global ao mesmo tempo que são expressão dessa forma. É óbvio que, a não ser nos exercícios acadêmicos, o objetivo das composições não é evidenciar uma forma. A forma é só um ponto de partida para um plano de composição.

cruzam ora ressoando uma nas outras, ora se justapondo"[2]. Pode-se dizer que, assim como Messiaen pensa a duração, não como uma sequência de medidas cronológicas, mas – enfatizando a experiência do sujeito com o fato musical – como uma sucessão de estados de consciência, também na livre improvisação o que acontece é uma sequência de estados de intensidades e velocidades heterogêneas vividas e construídas coletivamente. Por isso, a sensação é de que a improvisação está sempre no presente. Porém, é possível relacioná-la com as outras categorias do tempo.

O PASSADO E A MEMÓRIA

Na improvisação, o tempo se delineia também como resultado de uma atitude, intencionada ou não, por parte dos músicos com relação ao passado: trata-se das sínteses da memória. A síntese ativa da memória se dá quando a premeditação age, com controle pleno ou parcial, sobre elementos que estão disponibilizados no plano. Distinguem-se assim uma memória de longa duração e outra de curta duração[3]. Numa memória de longo prazo, é possível evocar os elementos que constituem os idiomas e sistemas de referência e que são usados – no caso de uma síntese ativa – de maneira consciente e intencional no contexto da performance. Esses elementos, numa prática de livre improvisação, intencionalmente não idiomática, só vão aparecer eventualmente ressignificados por algum procedimento de desterritorialização e de reterritorialização (colagem, raspagem, distorção, fragmentação etc.). Observa-se no entanto que na livre improvisação predomina a memória de curto prazo.

A memória de curto prazo trabalha a partir de elementos recém-utilizados (em última instância, provenientes do ambiente mesmo da performance e, num nível mais profundo, das biografias de cada músico envolvido no processo),

---

2   S. Ferraz, *Música e Repetição*, p. 177.
3   O tema da memória no contexto da improvisação é abordado sob o ponto de vista da psicologia cognitiva nos estudos "Cognitive Processes in Improvisation" de Jeff Pressing. Lá ele se refere às ideias de *knowledge base* (memória de longo prazo) e *referent* (memória de curto prazo). Essa abordagem é mencionada no capítulo sobre a improvisação e o corpo.

transformados, reutilizados, variados ou desenvolvidos. É aquela que se aplica aos eventos que se sucedem no tempo quase imediato e é o que possibilita que eventos que emergem sem nenhuma preparação anterior e, assim, "pegam desprevenidos" os músicos, sejam transformados continuamente. Assim, se estabelece um princípio gerador de "ressonância"[4] (permutação, transformação contínua, fragmentação, combinação de elementos etc.), e não um princípio unificador (um tema, por exemplo) a que a percepção tenha que se referir através do uso da memória de longo prazo. Os elementos que são criados durante a performance ressoam nas suas consequências, o que faz com que o princípio gerador se baseie na ideia de repetição do diferente.

Segundo Silvio Ferraz, através dessa ideia de ressonância, Olivier Messiaen, em suas composições, se vale da repetição sem cair na repetição nua da matéria como fariam os minimalistas, e sem recorrer à repetição conceitual (abstrata) da unidade que seria o procedimento do serialismo.

Assim, em Messiaen – e também na improvisação livre –, pode existir uma repetição, mas ela é sempre diferente e, em vez de uma memória longa que ligue os elementos à distância, ou uma imposição do não esquecimento (necessário para que o ouvinte se dê conta do plano geral da forma), faz-se presente uma memória curta que liga toda repetição ao seu antecedente se desligando lentamente dele[5]. Trata-se de um processo de transformação contínuo e orgânico.

O PRESENTE

Nas improvisações coletivas surgem também elementos imprevisíveis que vão condicionar todo o presente da improvisação. São os "erros", as sensações inesperadas e as surpresas com as respostas imprevistas dos outros músicos. Esses são elementos

---

4   Esse conceito é aplicado por Sílvio Ferraz para explicar o processo de transformações contínuas na obra de Varèse: "Varèse faz uso do que podemos chamar de 'ressonância': cada momento ressoa no momento imediatamente posterior, numa cadeia contínua de transformações contínuas." S. Ferraz, op. cit., p. 76-77.
5   Ibidem, p. 89.

que têm potência de primeira vez e que fazem surgir linhas de fuga que dinamizam o presente.

Aqui, o passado e o presente coexistem. O desejo está no presente e impulsiona a performance. É ele quem aciona o passado de maneira intencional e lida com a surpresa e o imprevisto. Se o desejo desaparece, a performance "emperra". Pode-se dizer que é no presente que se dá, através da imaginação, a primeira síntese do tempo numa série de contrações e distensões dos instantes sucessivos. No presente de uma performance, a apresentação empírica e extensiva de sons – que corresponde a uma atualização, ou seja, a realizar algo que só existe em potência – convive com a profundidade intensiva que emana do plano de consistência (que corresponde à virtualidade, ou seja, ao conjunto infinito de possibilidades não realizadas, potentes de realização) de onde ela emana. Os fatores que possibilitam a atualização de elementos estão presentes virtualmente no plano de consistência. Dentre eles, o desejo é o que "cola" e conecta os pontos e promove as atualizações. Ele é a síntese que aponta para o futuro.

A FORMA VAZIA DO TEMPO

É aqui que convivem, na produção daquilo que não é repetível ou representável, o passado, o presente e o futuro. Essas três dimensões se misturam num processo que cria novas realidades temporais. Assim, num ambiente pleno de forças e intensidades, se dá uma produção que se projeta para o futuro como potência, desejo de realização e vontade de acontecimento. Essa é a ideia de um plano de consistência da livre improvisação em que a essência é o processo. É num ambiente como esse que se pode pensar num encadeamento e na convivência das três sínteses do tempo: "a síntese passiva do presente vivo, em que se dá a sensação de pura diversidade do objeto (no nosso caso, do processo); a síntese do passado 'puro', reconstruído pela memória, relacionando objetos sonoros; e a síntese da forma vazia do tempo, em que o tempo está livre de acontecimentos"[6].

6 Ibidem, p. 202.

Pode-se colocar também de outra maneira: numa performance de improvisação, a síntese do passado se dá através da memória de elementos representáveis e abstratos (tais como vocabulários, léxicos, sintaxes, códigos, identidades, estruturas de musicalidade, sistemas de referência, procedimentos etc.). Esse passado é presentificado, manipulado e entra em jogo de acordo com os rumos da performance em tempo real. Há uma intencionalidade que opera a partir da memória da representação ou da memória curta aplicada aos materiais sonoros. É importante ressaltar que há uma enorme dose de liberdade e aleatoriedade nesse jogo de realização de possibilidades, pois ele se dá em territórios altamente instáveis e híbridos. De fato, o jogo da livre improvisação se dá em um plano de intensa interação e contaminação entre territórios, ou seja, os vários territórios que constituem as biografias musicais de cada músico se interpenetram e ressoam um no outro de maneiras imprevisíveis.

A segunda síntese (passiva) se produz através dos "erros". Estes são, em geral, provenientes do gesto instrumental – no que ele guarda de intuitivo, não intencional e imprevisível –, do acaso, dos relacionamentos imprevisíveis entre os músicos, e funcionam como elementos e forças que produzem conexões novas e linhas de fuga. Todo esse procedimento é impulsionado para a frente a todo momento por uma extrema vontade de acontecimento que opera em direção a uma terceira síntese, a qual Deleuze e Guattari denominam como "eterno retorno do diferente". Através dela, cada improvisação se torna manifestação do essencialmente diferente. No fluxo de uma performance, há como que uma imersão na sensação através do sonoro, visual, temporal etc. É possível pensar na linha reta do tempo na qual tudo é produção. Na livre improvisação, o fluxo não é causal ou teleológico, e cada acontecimento é único, singular. Nesse sentido, a livre improvisação é uma sucessão de acontecimentos encadeados sobre a linha do tempo. O que volta no eterno retorno – "através das metamorfoses, das intensidades puras, tornando cada instante em singularidade"[7] – é a vontade de potência ou a vontade produtiva de acontecimento.

---

7 Ibidem, p. 33.

E essa é a essência energética da livre improvisação que se opõe a uma vontade de reiterar, de repetir o mesmo. Esse fato se evidencia na medida em que, na improvisação, o objetivo é a própria performance e não seus resultados que poderão ou não ser capturados por uma gravação, registro, análise ou sistematização posteriores.

4. Dimensões Sociais, Políticas e Educacionais da Improvisação

> arte como uma mercadoria será simplesmente impossível. Ao contrário, a arte será uma condição de vida. A mediação é difícil de ser superada, mas a remoção de todas as barreiras entre artistas e "usuários" da arte tenderá a uma condição na qual o artista não é um tipo especial de pessoa, mas toda pessoa é um tipo especial de artista.
>
> HAKIM BEY

Conforme explicitado nos capítulos anteriores, a livre improvisação pressupõe uma abordagem específica com relação à construção do conhecimento e à prática musical. De um ponto de vista abrangente, pode-se dizer que a livre improvisação se fundamenta em uma atitude radicalmente construtivista, baseada na prática empírica, criativa e experimental (geralmente coletiva e interativa), e no pressuposto de que a criação musical (ação e pensamento) é uma atividade que deve ser vivenciada e que pode ser acessível a todos. Nesse sentido, a improvisação pode ser pensada em suas dimensões pedagógicas, enquanto uma ferramenta para a construção do conhecimento, da escuta e das habilidades que fundamentam e possibilitam a prática musical. Neste capítulo, abordo as pedagogias da improvisação, a improvisação enquanto ferramenta para a educação musical e discuto os pressupostos e algumas consequências "políticas" dessas atitudes pedagógicas, relacionando-as à discussão sobre a ideia de socialização do fazer artístico.

A IMPROVISAÇÃO ENQUANTO FERRAMENTA NO PROCESSO DE CONFIGURAÇÃO DO PENSAMENTO MUSICAL

Num contexto que privilegia a criatividade, o desenvolvimento da percepção deveria ser integrado aos processos educativos como um elemento constituinte. Isso porque a forma pela qual o sujeito constrói a sua percepção condiciona a estruturação de seu pensamento musical. Assim, a percepção musical, vista enquanto parte do processo de cognição, pode ser gradativamente configurada e se construir no contato efetivo do sujeito com o fazer musical (ouvir, tocar, criar, interpretar).

Sob esse ponto de vista, num âmbito pedagógico e educativo, a improvisação pode ser um meio privilegiado para promover esse tipo de estratégia. Isso porque, por se tratar de uma prática que se coloca em ação enquanto exercício criativo, este pode ser colocado a serviço da configuração das estruturas cognitivas.

A Situação Atual

A configuração dos cursos de percepção musical no currículo usual da maioria das escolas de música no Brasil (inclusive nos cursos superiores) se insere em uma mentalidade que visa principalmente o aprendizado de uma série de habilidades relacionadas a um tipo de conhecimento musical preestabelecido e cristalizado. A maioria desses cursos objetiva o desenvolvimento de habilidades apuradas para apreender, da maneira mais detalhada possível, fenômenos musicais representativos de um repertório histórico cristalizado, geralmente limitado ao campo da música ocidental europeia, dentro do período da chamada "prática comum"– circunscrita, portanto, ao sistema tonal em seu momento de maior coesão que vai do período barroco ao romantismo e ao uso (leitura e escrita) de uma forma de notação específica desse mesmo período[1].

---

1   É importante enfatizar que o pensamento musical não se dá através da notação. É claro que para alguém familiarizado com uma determinada forma de notação, esta se torna uma ferramenta para o exercício desse pensamento. Além disso, o entendimento e a utilização de um determinado sistema de notação ▶

Esse tipo de abordagem quase sempre ignora que o repertório é dinâmico, que está em constante expansão em contato com o contexto complexo de que emana e que se constrói na prática e na vivência com o fazer musical. Não se trata, obviamente, de propor que se ignore esse período tão importante da história da música, mas de deixar de usá-lo como a referência única e permanente para o desenvolvimento da percepção. Trata-se de pensá-lo como um capítulo dessa história e não como seu modelo principal. Citando Boulez, trata-se de utilizar os modelos como pontos de partida para um fazer musical criativo:

O que exige de nós o modelo, mesmo se nós nos defendemos de sua presença: que o sigamos, deformemos, esqueçamos, reavaliemos? A memória ou a amnésia? Nem uma nem outra, mas sim uma memória deformante, infiel, que retém da fonte aquilo que é diretamente útil e perecível. Uma biblioteca? Sim! Mas que ela não exista a não ser quando a requisitemos. E mais! É necessária uma "biblioteca em fogo" que renasça perpetuamente de suas cinzas sob uma forma sempre imprevisível e inapreensível.[2]

Aqui Boulez trata, principalmente, da composição. No entanto, esse tipo de pensamento, a partir do qual Boulez formula uma relação com o repertório histórico como ponto de partida para uma atitude ativa e criativa por parte do músico, pode ser incorporado em uma educação musical que busque os mesmos objetivos. Isso porque a habitual forma de se trabalhar a percepção, através da utilização de leituras cantadas e/ou solfejadas e ditados, evidentemente não dá conta da múltipla

▷ pode desenvolver um apurado senso de percepção que, evidentemente, facilita o exercício do pensamento musical. No entanto, o entendimento real da notação por parte do músico depende de sua vivência prática com a música e do seu entendimento das relações entre essa prática e a estrutura da notação. Em última análise, notação não é música. Notação é representação ou signo. E, como muitos outros signos, a notação tem traços icônicos. Esses traços icônicos da notação tradicional (as notas mais agudas são escritas mais para cima, a densidade textural sonora se revela visualmente numa partitura etc.) fazem dela também um meio para o desenvolvimento da percepção. No entanto, é importante ter em mente que várias notações são e seriam possíveis para os fenômenos musicais, e que um estudo de percepção centrado no aprendizado de uma determinada notação – suas relações com a música e seu uso – coloca à frente do contato com o objeto o contato com uma de suas representações.

2   P. Boulez, *Jalons*, p. 437.

complexidade da produção musical contemporânea, nem das vivências que emanam do fazer musical e que o músico, pensado enquanto um ativo agente no fazer musical, deve experienciar para se habilitar como formulador de ideias musicais, tanto como compositor quanto como intérprete (ou improvisador, obviamente). Além disso, as habilidades trabalhadas naquele tipo de abordagem são basicamente ligadas a uma percepção e leitura rítmica, melódica e harmônica limitadas pelos condicionamentos impostos pela notação tradicional[3].

Esse tipo de aprendizado não conduz o músico, por exemplo, a uma adequada interpretação de estilos musicais tradicionais ou populares como o samba, o choro e o jazz, que incorporam, em seu modo de funcionamento eminentemente prático, inúmeras nuances de articulação, tempo, dinâmica e mesmo de afinação. Não dá conta, tampouco, da complexidade da escrita contemporânea e das intenções musicais dessa música continuamente nova.

Por uma Abordagem Maquínica

A abordagem proposta aqui está ligada a uma preocupação de se pensar a música criação artística em pleno movimento ou, conforme formulado no primeiro capítulo, enquanto pensamento maquínico. A educação do músico deve habilitá-lo a exercer criativamente essa linguagem, a ser um produtor, e não somente habilitá-lo a reproduzir o repertório tradicional.

Nesse contexto tem-se que, para habilitar o músico à prática musical, a educação musical deveria se propor enquanto processo cognitivo que seja resultado de uma relação ativa do músico com o repertório e com a criação musical. Assim é que a improvisação pode ser considerada como um recurso significativo na medida em que pode ensejar, através da prática

---

3   Segundo Nicholas Cook, toda forma de notação já é implicitamente uma forma de análise e, por conseguinte, um alinhamento a uma forma específica de pensamento musical: "Nossa própria notação reflete uma ênfase nas relações verticais – o traço mais característico de música europeia e ocidental – e um desinteresse pela complexidade rítmica. Cada sistema de notação, então, implica em seu próprio padrão de ênfase e omissão." N. Cook, *A Guide to Musical Analyses*, p. 227.

(empírica e experimental), uma configuração gradativa das operações e estruturas cerebrais que se interligam de maneira simultânea e que formam as bases para o funcionamento, cada vez mais complexo, do pensamento musical.

O músico que está inserido numa prática de improvisação põe em ação o seu pensamento musical (mente e corpo integrados) e percebe – num sentido amplo do termo – o fluxo sonoro e os acontecimentos musicais dinâmicos em que se insere essa prática.

A eventual elaboração, por parte dos músicos, de projetos ou ambientes para a prática de improvisação já incorpora, de antemão, uma reflexão sobre o pensamento musical que se vai refletir numa configuração de novas conexões internas de cognição correspondentes aos elementos (materiais e procedimentos) que serão trabalhados. Assim, por exemplo, quando se propõe uma prática em que vários improvisadores – partindo de uma figura rítmico-melódica – desenvolvem ideias musicais que dialogam, criando uma estrutura de "perguntas e respostas" assimétricas, é possível trabalhar de maneira intensa e criativa várias habilidades musicais próprias do pensamento musical contemporâneo. Nesse ambiente, o processo e a produção – e não a reprodução – são valorizados e, assim, a percepção se vincula à imaginação e ao pensamento musical.

Nesse contexto, o aprendizado da notação musical tradicional se coloca como apenas uma das possibilidades para o registro desse pensamento. Assim, não se trata de ignorar o aprendizado dessa notação, mas sim de contextualizá-la historicamente e colocá-la frente a outros tipos de notação possíveis, mais adequados ou não aos objetos que elas ensejam registrar. Pode-se, nesse sentido, propor vivências (por exemplo, sob a forma de uma improvisação ao "estilo de"[4]) com as manifestações que geraram essa ou aquela forma de notação. Por exemplo, ao se tratar da percepção, escrita e solfejo dos modos eclesiásticos tradicionais, é possível improvisar sobre eles e vivenciar seus modos de organização intrínseca: os pontos de apoio, as

---

4   Os livros de E. Sarath, *Music Theory Through Improvisation* e de Nicole M. Brockmann, *From Sight to Sound* mencionados e comentados no capítulo 8, deste livro, procuram sistematizar esse tipo de abordagem. Outro trabalho mencionado no capítulo 8 e que apresenta de forma bastante pragmática (bem ao gosto norte-americano) uma série de exercícios voltados para a improvisação livre é o livro *Free Improvisation*, de T. Hall.

"tônicas" (*finalis*) e as "dominantes" (*cofinalis*), as fórmulas cadenciais, a colocação dos semitons na escala e o livre fluir de um tempo não baseado em uma pulsação fixa etc. Também, para entender e conseguir interpretar o jazz, nada melhor do que improvisar sobre um tema típico (os chamados *standards*) e assim captar, formando um repertório interiorizado, os procedimentos de deslocamento rítmico, os detalhes de acentuação e os complexos relacionamentos que se estabelecem entre os ritmos improvisados e a pulsação subjacente.

Processos de improvisação que colocassem em jogo elementos presentes na música contemporânea, como as novas formas de organização das frequências, a complexidade rítmica, as assimetrias e irregularidades rítmicas e formais, a constituição de texturas complexas, o detalhamento timbrístico, a geração e a manipulação de sons e ruídos a partir de processos eletroacústicos etc., viriam completar um programa que teria como objetivo ampliar ao máximo o repertório de vivências do músico, habilitando-o tanto para uma interpretação ativa e criativa do repertório do passado quanto para uma prática essencialmente criativa de improvisação e composição.

Todo esse programa pode ser desenvolvido de maneira efetiva com a utilização de um instrumento (com sua consequente ligação corporal); seja esse um instrumento musical propriamente dito, a voz ou o próprio corpo tornado instrumento. É importante enfatizar a questão corporal uma vez que o que se torna significativo no corpo torna-se apreensão real, cognição, conceito construído, gerador de novas configurações. Ao improvisar, o músico vai aos poucos se apoderando de e desenvolvendo internamente as estruturas necessárias para um desempenho criativo do pensamento musical. A improvisação possibilita, assim, não só uma "corporificação" dos idiomas e sistemas (quando se improvisa dentro de um ambiente idiomático), mas também um exercício que percorre, cada vez com maior habilidade, superfícies cada vez mais extensas do pensamento musical, num terreno que se desenha no próprio ato de improvisar.

Por outro lado, devido ao fato de que vivemos um momento em que estão à nossa disposição (por meio de gravações e outros registros) toda riqueza da história da música europeia e de outras culturas, cabe organizar um programa de vivências (audição, execução, análise, percepção, registro etc.) com esse repertório amplo, de modo que ele se torne parte do ambiente necessário para o desenvolvimento do pensamento musical dos alunos.

Esse programa evidentemente se inscreve numa perspectiva de renovação do ensino de música voltada para uma prática criativa na qual a improvisação se coloca enquanto manifestação significativa e estratégia adequada. A educação é pensada aqui como o processo de configuração das estruturas do pensamento musical, enquanto um ambiente aberto e pleno de virtualidades, inclusive e especialmente as ainda não exploradas, potencialidades da imaginação e invenção musical. Ou seja, a música enquanto pensamento maquínico.

A PERCEPÇÃO NO CONTEXTO DA IMPROVISAÇÃO LIVRE: ESTRATÉGIAS DE ESCUTA

A improvisação livre pode ser considerada uma espécie de música concreta[5], já que se baseia em práticas experimentais e empíricas em que os músicos entram em contato direto com o som sem a mediação de qualquer gramaticalidade abstrata preestabelecida. Nela, a dimensão da corporalidade é fundamental.

Já a preparação de um ambiente propício às práticas da improvisação livre, conforme já explicitado nos capítulos anteriores, acarreta uma série de pressupostos, dentre os quais se destacam a intencionalidade e o desejo, a disposição para a criação coletiva (que prevê a interação), a disponibilidade de enfrentar riscos e um tipo de escuta intensificada. Nesse sentido, é importante pensar no desenvolvimento de um tipo específico de percepção.

Alain Savouret

Baseando sua proposta nas formulações de Pierre Schaeffer, e objetivando expandir as capacidades técnicas e perceptivas de

---

5 Não estamos aqui fazendo uma alusão à *musique concrète instrumentale* de H. Lachenmann, embora existam pontos de contato entre a livre improvisação e as experiências radicais desse compositor com relação à utilização dos instrumentos.

seus alunos (predominantemente, instrumentistas) o compositor e professor francês Alain Savouret introduziu, na década de 1990, no Conservatório Nacional de Paris, uma disciplina intitulada "Improvisation Generative", que apresentava algumas estratégias voltadas ao desenvolvimento de uma escuta adequada à prática da livre improvisação.

A primeira estratégia – microfônica – refere-se a ouvir o som de uma forma atemporal e descontextualizada (num nível morfêmico) e centra-se em critérios básicos e qualidades do som: substância (massa simples ou tônica, massa híbrida, massa complexa ou ruído), densidade, grãos e aparência (grau de variação de altura, intensidade massa ou harmônica – como o *vibrato*).

No segundo tipo – mesofônica – já existe um contexto ou um foco temporal. O objetivo é "fotografar" o fluxo dinâmico do som, desenhando unidades (como objetos sonoros ou, metaforicamente, como palavras em um discurso musical). Em um âmbito temporal estreito, centra-se na ideia de "envelope formal temporal", baseada em noções de início (ataque), meio (suspensão, manutenção do corpo) e final (decaimento). Em um contexto temporal mais longo, articula os "envelopes formais temporais" em conjuntos de: 1. unidades homogêneas; 2. unidades heterogêneas; e 3. unidades "complexas" (ou amostras sem direção). Há ainda três critérios que se aplicam e que possibilitam a variação neste nível: por flutuação, evolução e modulação.

Na terceira – macrofônica – o foco é um tipo de escuta especificamente "musical". Parte-se da ideia de ouvir as relações e articulações dentro de um fluxo instável proporcionado pelas duas formas anteriores de escuta e passa-se a um tipo de escuta explicitamente mediada pela cultura (formas, estilos, gêneros, referências etc.). Dentro dessa perspectiva, quando surge a ideia de forma ou de composição, a combinação de sons torna-se musical.

Limites da Ideia de Objeto Sonoro

A partir das ideias implícitas nessa última categoria de escuta proposta por Savouret (principalmente no que diz respeito à questão da forma) é possível problematizar a ideia de objeto sonoro na medida em que ela não é, por si só, capaz de garantir a continuidade do fluxo interativo. É necessário que os músicos, ao interagir, encontrem formas de relacionar suas ações instrumentais e seus materiais sonoros de forma consistente a fim de que o fluxo da performance adquira consistência. Isso não quer dizer que a performance de improvisação tem a intenção de criar obras acabadas. Pelo contrário, o objetivo da improvisação é sempre o próprio processo em seu devir. Mas, para que a performance seja bem-sucedida, é necessário que haja interação. E essa interação se efetiva na medida em que a intervenção de cada um dos participantes da performance se torna uma força significativa no tecido geral da conversa: estabelecendo trocas, influenciando, sofrendo e causando transformações nesse tecido. Portanto, esse sucesso depende do grau e da qualidade das interações.

As Ideias Metafóricas de Figura, Gesto e Textura

Nesse sentido, de modo a complementar as ideias de Schaeffer e Savouret, as três categorias propostas por B. Ferneyhough para descrever as formas de pensamento musical – figural, textural e gestual – podem auxiliar os *performers* no que diz respeito às formas de interação e escuta. A ideia é que, a partir dessas categorias, sejam extraídas diferentes estratégias pedagógicas que podem ser utilizadas para favorecer práticas de improvisação livre. Para esse fim, pode-se dizer que existem práticas musicais em que uma ou outra dessas categorias é predominante.

No "pensamento de tipo figural" o músico lida primordialmente com figuras. Estas se configuram enquanto padrões rítmico-melódico-harmônicos que podem ser reduzidos a proporções numéricas entre intervalos e durações. Nesse tipo de abordagem, a figura é uma ideia abstrata que existe na mente do compositor ou do improvisador e que só se torna sonora na prática. No caso de uma performance de improvisação, esse tipo de pensamento depende fortemente de uma síntese ativa da memória: o que o músico cria *aqui e agora* se torna, em sua mente, uma figura abstrata – um tema ou um motivo – que deve ser manipulada em tempo real e colocada em jogo, interagindo em um ambiente complexo. De certa forma, a tradição musical ocidental, que é fortemente baseada na notação e nas possibilidades de manipulação das figuras tais como na ideia de contraponto, harmonia, desenvolvimento e variação, poderia ser considerada como predominantemente figural. E essa é uma das razões pelas quais a noção de "nota," sua invenção e aperfeiçoamento constante na história da música ocidental favoreceu esse tipo de pensamento. Observa-se, no entanto, que a figura, por ser abstrata, não tem necessariamente um som ou um timbre.

Mas pode-se também afirmar que o pensamento figural não depende exclusivamente da escrita porque, mesmo na tradição oral, é possível encontrar esse tipo de pensamento. Por exemplo, quando um músico improvisa ele pode estar manipulando figuras abstratas armazenadas em sua memória[6]. Numa improvisação livre, essas figuras são criadas no decorrer da performance. Já no caso da improvisação idiomática, essas figuras constituem um repertório de padrões armazenados numa memória coletiva. Assim, uma figura tomada da tradição pode ser manipulada e transformada durante uma performance que ocorre no contexto de uma tradição idiomática. Também nesse caso, o músico estaria pensando de uma maneira figural.

Esse tipo de pensamento musical está perfeitamente exemplificado num vasto repertório que inclui, por exemplo, os motetos de Josquin des Prez, *A Arte da Fuga*, de J.S. Bach, as sinfonias de Beethoven e as obras de Schoenberg. Por outro lado, músicos de jazz como Charlie Parker, Paul Desmond e Ornete Coleman utilizam, em seus improvisos, uma abordagem similar, desenvolvendo figuras condicionadas pelas progressões harmônicas – se o ambiente está relacionado ao sistema tonal – ou mais livremente, em ambientes modais e atonais.

Apenas para dar consistência à estratégia pedagógica aqui exposta, seria útil dividir o pensamento figural em duas subcategorias: rítmico e melódico. Quando se pensa em um grupo de percussionistas improvisando, a ideia de jogos rítmicos vem imediatamente à mente. Evidentemente, as questões

---

6 Essa ideia de algo que é armazenado na memória sem o auxílio da notação corresponde à ideia de representação ou imagem mental. A imagem é um signo internalizado que pode tomar o aspecto de uma figura constituída por relações rítmico-intervalares numéricas, mesmo que a um nível inconsciente.

relacionadas ao timbre também são importantes. Porém, o ritmo pode ser encarado como o aspecto estrutural mais relevante, principalmente num ambiente musical agenciado em tempo "estriado"[7], mesmo se não se trata só de instrumentos de percussão. Vale lembrar que o pensamento rítmico não se refere somente às proporções entre as durações mas também às noções de acentuação e andamento, e esses aspectos também podem constituir a noção de figura.

É possível então propor estratégias pedagógicas centradas na manipulação empírica e experimental das figuras rítmicas que vão se formando na mente dos músicos. Seria suficiente, por exemplo, propor aos músicos que, durante a performance, focassem de forma preferencial na dimensão rítmica, nas figuras e em seus desdobramentos. Obviamente, é impossível evitar que durante a performance o pensamento musical se desloque eventualmente para os outros parâmetros do som, como a frequência, as dinâmicas e os timbres. Na realidade, um dos requisitos para que o jogo da improvisação se dê de forma consistente é uma escuta intensificada e múltipla que dê conta da simultaneidade de aspectos do fluxo sonoro. Mas é possível criar exercícios nos quais os músicos interajam dando atenção preferencial ao aspecto rítmico.

Pode-se também focar em classes de alturas e em suas relações horizontais ou verticais deixando em segundo plano os aspectos rítmicos das figuras. Trata-se aqui, especificamente, das noções de motivo, tema, melodia e seus desdobramentos: inversão, transposição, diminuição, aumentação, fragmentação, extensão e retrogradação. Como já dito anteriormente, a tradição europeia da música tonal se fundamenta, em grande parte, nesse tipo de manipulação figural. Pode-se dizer, por exemplo, que na música de Brahms e Schoenberg certas figuras – os motivos – se constituem enquanto células geradoras a partir das quais todos os outros materiais se desdobram.

É possível também encontrar muitos exemplos desse tipo de elaboração no jazz e em outras formas de improvisação. No jazz, esse tipo de pensamento é predominante quando se segue

---

7 Pierre Boulez desenvolveu os conceitos de espaço estriado e espaço liso relacionando o primeiro com o tempo pulsado ou cronométrico e o segundo com o tempo amorfo, não mensurável.

o padrão tradicional tema-refrão-tema, no qual a improvisação constitui-se, principalmente, de uma série de variações melódicas tecidas sobre as progressões harmônicas. Nesse aspecto, também poderia estar relacionado com formas tradicionais da música ocidental, como o tema com variações, a Chaconne e a Passacaglia. Mesmo dentro de um contexto modal, como em algumas músicas de Hermeto Pascoal ou Herbie Hancock, pode-se dizer que os improvisadores criam a partir da transformação de melodias, temas, motivos etc. Em um ambiente mais livre, sem restrições harmônicas, também é possível observar esse tipo de abordagem nas improvisações. Nesse caso, as figuras se desdobram a partir das suas potencialidades intrínsecas (e não condicionadas pelas progressões harmônicas subjacentes), como é o caso da manipulação motívica nas obras atonais de Schoenberg ou nas improvisações "atonais" de Ornete Coleman.

Vale ressaltar porém que, em uma situação real de performance, os intérpretes devem estar envolvidos de forma holística com todos os aspectos do som: altura, timbre, ritmo, dinâmica etc. Essas estratégias pedagógicas, portanto, visam exclusivamente desenvolver atitudes criativas que favoreçam a improvisação. E, como no item anterior, bastaria propor aos músicos que, durante a performance, focassem de forma preferencial na dimensão melódica e em suas possibilidades de manipulação em tempo real. Esse tipo de exercício pode ocorrer tanto em uma performance coletiva quanto em uma situação de improvisação solo, em que o músico estaria quase compondo em tempo real, já que o controle é maior sem a imprevisibilidade decorrente da interação coletiva.

Já o pensamento gestual[8] se refere a algo "maior" do que a figura. Está relacionado à percepção gestáltica. Obviamente, gestos musicais podem ser compostos por figuras. Mas eles são mais do que isso. O significado de um gesto é mais do que o resultado da soma das várias figuras. Gestos musicais são quase

---

8   É importante ressaltar a riqueza e a complexidade do conceito de gesto e esclarecer que essa é apenas uma entre as muitas acepções desse conceito em música. Mesmo a partir do pensamento de Ferneyhough é possível formular essa categoria de uma outra forma. O compositor Luciano Berio também propõe uma outra abordagem para esse tema. Vale a pena conferir essa discussão na dissertação de Valéria Bonafé, *Estratégias Composicionais de Luciano Berio a Partir da Análise da Sonata per Pianoforte*.

sempre contextualizados em estilos musicais específicos, idiomas ou alguma referência extramusical. Nesse sentido, pode-se também dizer que essa categoria lida com todas as relações que a música pode estabelecer com outras linguagens, particularmente aquelas relacionadas com o corpo e o movimento. Um gesto é qualquer evento musical significativo, que tem seus limites bem delimitados no tempo e que é composto por unidades menores e não significativas (que podem ser figuras). Um gesto configura o seu "sentido" em um território específico. Por isso, o gesto tem um som específico. Pode-se identificar um gesto típico da valsa, do jazz, do samba, do choro, do *bebop*, do flamengo, de Beethoven, de Chopin, do sistema tonal etc. Mas também se pode usar o termo em um sentido mais literal, como um movimento físico do *performer* para produzir um resultado específico.

Uma performance de improvisação pode se fundamentar no uso de gestos. Nesse caso, as identidades culturais, técnicas, pessoais e estilísticas seriam evocadas. Numa performance em que os músicos são estimulados a usar gestos oriundos de suas origens culturais, o resultado certamente trará fragmentos identificáveis em uma mistura mais ou menos bem-sucedida. Esse tipo de proposta aponta para a possibilidade de se reunir em uma performance músicos que pertencem a tradições diferentes. Obviamente, se os músicos mantêm de forma rígida a estrutura gestual de suas culturas, eles não serão capazes de interagir de forma bem-sucedida. Quais seriam, então, os procedimentos que tornariam possível esse tipo de ambiente? Pode-se pensar na ideia de "desterritorialização" formulada por Deleuze e Guattari. Para eles, esse conceito é exemplificado com a obra de Béla Bartók, que, a partir de melodias populares, autossuficientes, fechadas em si mesmas (e, portanto, territorializadas, claramente gestuais), cria um novo estilo que assegura o desenvolvimento de uma música, digamos, mais universal. A partir dessa perspectiva, o que está sob o gesto é a figura, a textura e o som. E a partir daí pode-se afirmar que músicos de diferentes tradições podem interagir se assumirem uma postura receptiva e criarem um ambiente em que esses "pedaços" de território são dilacerados e reorganizados em novas combinações durante a performance. Nesse caso, a fragmentação possibilita um mergulho na dimensão sonora do gesto: o fragmento de gesto se torna som molecular.

O "pensamento textural", por sua vez, refere-se a algo que envolve uma forma particular de escuta focada na configuração geral de um fluxo sonoro caracterizado por figuração melódica e rítmica, organização harmônica intervalar, registro, dinâmica, densidade, espaçamento, modos de articulação, densidade, timbre e outras características do comportamento de som. Para Ferneyhough a "textura é o substrato estocástico irredutível de música e é a condição mínima para que haja qualquer potencial de diferenciação relevante"[9]. Em outras palavras, os tipos de textura são caracterizados por modos de interação destas características básicas formais: como os sons são dispostos no tempo, como se relacionam no espaço harmônico e como são agrupados em subconjuntos – em blocos ou numa sobreposição de fluxos parcialmente independentes. Em suma, os tipos de textura são multiplicidades, combinações de traços expressivos que definem tipos de comportamento de som.

No contexto da música tonal, normalmente, ligamos o conceito de textura às categorias tradicionais como monodia, polifonia e homofonia. Mas, na música contemporânea, esse tipo de pensamento diz respeito a formas mais diversificadas de composição, em especial àquelas em que o timbre – ou seja, a construção do próprio som – tem um papel estrutural predominante. Nesse caso, textura e timbre não estão relacionados com qualquer estrutura tonal e, portanto, não são coordenados com a relação de complementaridade entre melodia e harmonia enquanto um meio para reforçar os objetivos harmônicos tonais. Além disso, ao contrário do gesto, a textura em si não evoca territórios culturais específicos. Sua qualidade produz um tipo de sensação primordial que se encontra aquém da identificação de um território específico.

Portanto, quando se propõe a um grupo de improvisação, um exercício centrado na ideia de textura, é adequado evitar o uso de figuras e gestos proeminentes que levariam a atenção para o tipo de escuta que Schaeffer define como *comprèendre*. Pode-se dizer que uma prática musical que visa transcender os

---

[9] B. Ferneyhough, *Contrechamps n. 3 Form, Figure, Style*, p. 23.

territórios e as fronteiras idiomáticas musicais deve ser realizada em um plano "molecular", em uma espécie de território neutro pré-musical e que a textura é um tipo mais verticalizado de pensamento em oposição a uma forma mais horizontal relacionada com a tradição ocidental da narrativa. O que significa que se inclina mais à intensificação, em oposição à extensão, que pode ser pensada como mais discursiva.

Pode-se argumentar que a textura pode também ser composta por figuras. Obviamente há figuras que são ouvidas como melodias e temas em um contexto tonal, ou mesmo em um contexto narrativo atonal, mas há figuras que são usadas para criar texturas como em grande parte das obras de Xenakis ou Ligeti. Nesse caso, as figuras são utilizadas pelos compositores (ou pelos improvisadores) para construir um ambiente textural.

Nesse sentido, um pensamento focado na textura e no timbre pode favorecer a improvisação livre, na medida em que implica em um tipo de escuta que é focado na "essência molecular" da música, ou seja, no som e em suas qualidades energéticas. Nesse contexto surge a necessidade de ampliar as técnicas instrumentais como um meio de penetrar no dinamismo do próprio som através da experimentação empírica. E, nesse processo de exploração experimental, em busca de possibilidades desconhecidas e inesperadas, o instrumento pode ser pensado como uma extensão do corpo ou da voz do músico.

*Os Repertórios de Referência
e as Técnicas Estendidas*

Quando se pensa a respeito da improvisação, é importante estabelecer relações com a composição, uma vez que ambas são formas diferentes de pensamento musical. Obviamente seria impossível resumir e sistematizar todas as formas de pensamento musical, devido às enormes dimensões do repertório. O compositor italiano Luciano Berio afirma que esse repertório assemelha-se a uma biblioteca que se tornou ilimitada, assim como a *Biblioteca de Babel* de Jose Luis Borges, "que se espalha em todas as direções, não tem antes nem depois, onde não há lugar para armazenar memórias; está sempre aberta, totalmente presente, mas aguardando interpretações"[10].

Diante de tal quadro, é possível afirmar que a música do século XXI exige uma preparação mais completa para o *performer*, do que aquela que exige o repertório tradicional. Do *performer* se espera que realize um crescente número de tarefas – que geralmente excede as técnicas instrumentais tradicionais – e, muito mais vezes do que se imagina, ele é chamado para auxiliar o compositor a resolver problemas técnicos específicos de algumas obras. Os desafios explícitos nas partituras ultradetalhadas produzidas por alguns compositores contemporâneos referem-se muitas vezes a um repertório de recursos instrumentais, comumente referido como "técnicas estendidas", e que tem sido incorporado na prática musical contemporânea. A própria ideia de técnica estendida está fortemente relacionada à expansão das possibilidades de produção de som.

Muitas das estratégias de escuta descritas anteriormente têm o sentido de fundamentar atitudes condizentes com esse universo sonoro expandido da música contemporânea. E a improvisação livre, apesar de não se apresentar como uma forma de composição (mas sim, de uma prática musical criativa) dialoga e mantém vínculos consistentes com o repertório contemporâneo, seus materiais sonoros, seus procedimentos, suas formas de estruturação etc. Por isso, é fundamental que, além da prática coletiva e criativa, os músicos envolvidos na improvisação livre se dediquem também ao aperfeiçoamento de suas formas de escuta e à ampliação de seu repertório.

O improvisador lida simultaneamente com as três formas de escuta propostas por Alain Savouret (micro, médio e macrofônica) e com as três dimensões metafóricas extraídas das ideias de Brian Ferneyhough (figura, gesto e textura) de uma maneira não linear. Como todo "ato sonoro"[11] tem o potencial de produzir mudanças significativas no fluxo da performance, e isso depende do grau de "ressonância" de tal ato, que só se

---

10 L. Berio, *Remembering the Future*, p. 9.
11 Com a expressão "ato sonoro" quero enfatizar que os sons que ocorrem durante a performance dependem sempre de uma ação instrumental (e, por isso, intencional e corporal) por parte do improvisador. Esse fato remete à dimensão de fisicalidade e de presença do ato performático.

manifesta no tempo real da interação, essas diferentes formas de escuta habilitam o improvisador a participar de forma consistente do jogo da improvisação.

Assim, através das estratégias de escuta apresentadas, cada pequeno ato sonoro tem o potencial de tornar-se uma linha significativa apta a se integrar ou produzir mudanças importantes no fluxo sonoro, já que todos os eventos sonoros podem ser pensados como linhas de força que interagem de maneiras inesperadas, e que a diferença de potencial entre essas linhas é o que produz a sucessão de "estados provisórios" que delineia a performance.

Pode-se concluir também que a prática da livre improvisação necessita de uma atitude específica de escuta e percepção que saiba lidar, em tempo real e de forma criativa, com um universo sonoro ampliado e complexo. Esse tipo de percepção deve também saber lidar com a complexidade dos fluxos sonoros interativos que podem produzir texturas heterofônicas compostas por várias camadas simultâneas, multidirecionalidades, temporalidades divergentes, polimetrias e polirritmias etc. Por outro lado, e de forma simétrica, a prática da livre improvisação pode contribuir para preparar músicos mais críticos, criativos e afeitos às práticas mais radicais da música contemporânea experimental.

NA IMPROVISAÇÃO LIVRE NÃO SE DEVE NADA: ENSAIO PARA UM "MANIFESTO UTÓPICO RADICAL"[12]

Conforme já explicitado nos capítulos anteriores, a proposta da livre improvisação trata da implementação de um "lugar" (espaço-temporal) propício a um fluxo vital musical produtivo e cria um espaço de jogo, de processo, de conversa e de interação entre músicos. Nesse lugar, as forças e energias ainda livres[13], "in-formadas", podem adquirir consistência na forma

12 Este texto, bastante modificado, foi originalmente publicado no livro *Notas, Atos, Gestos*, organizado por Silvio Ferraz.
13 "O essencial não está nas formas e nas matérias, nem nos temas, mas nas forças, nas densidades, nas intensidades." (G. Deleuze; F. Guattari, *Mil Platôs 4*, p. 159.)

de uma sucessão de estados provisórios, num devir sonoro/musical. Parte-se do pressuposto de que tudo é impermanente e de que as formas são aspectos provisórios de agenciamentos viabilizados por conexões imprevistas e rizomáticas.

Esse espaço é possível devido ao desejo/vontade de potência que funciona como um combustível das ações e das interações entre os improvisadores. Os elementos postos em jogo nesse "jogo ideal" em que não há regras preestabelecidas, emergem dos rostos biográficos de cada músico. Esses rostos entram no jogo concentrados, prontos para lidar com o imprevisto e dando respostas produtivas, vivas, sinceras e rigorosas. Ter disposição e saber lidar com o acaso[14] de forma produtiva é um pressuposto básico dessa proposta. Isso porque toda jogada é válida nesse jogo. O que se faz com as jogadas é o que torna o jogo potente ou não. As decisões são tomadas a cada momento diante de realidades também configuradas a cada momento. Nesse sentido, o jogo da improvisação é sempre um diálogo com o cosmos[15]: lá estão todas as energias e forças necessárias ao projeto de consistência que só se delineia em pleno "voo". Trata-se de uma performance desprotegida[16] e, por isso, é preciso coragem, ousadia e sinceridade de expressão. O risco é assumido de maneira consciente: não se pode ter medo do vazio, do caos informe, que a todo momento espreita a performance.

---

[14] É importante salientar que o acaso aqui não é o mesmo pensado por John Cage que, em suas obras conceituais, não se preocupa com o som. Sua ênfase nos processos e no não controle estão no nível abstrato do conceito. Na livre improvisação, o acaso e a imprevisibilidade são decorrentes de um jogo instrumental sonoro e concreto. Por outro lado, a livre improvisação está contaminada pela postura cagiana, radicalmente experimental e iconoclasta, e pela ideia de não controle.

[15] "A partir daí, as forças a serem capturadas não são mais as da terra, que constituem ainda uma grande Forma expressiva, elas são agora as forças de um Cosmo energético, informal e imaterial." (G. Deleuze; F. Guattari, *Mil Platôs* 3, p. 159).

[16] No sentido de que nela os músicos não se apoiam numa partitura ou num roteiro ou mesmo numa "linguagem" (idioma musical) compartilhada por todos. Mesmo os momentos em que o Caos invade a performance devem ser encarados com naturalidade, pois isso faz parte do jogo ideal sem regras.

Ação Musical no Lugar da Exibição de Obras "Primas": A Questão do Público

É evidente também que não se trata da composição de obras pois nada se fixa, nada se repete. Também não se trata de "exibição", pois o público – se houver – deve construir e criar junto com os *performers*. O público que acompanha uma performance de livre improvisação deve atuar como cúmplice numa aventura de construção e compartilhar dos riscos que acompanham o processo. Ele deve presenciar uma conversa, um jogo – apreciar as jogadas, o entrosamento, os truques, os eventuais desencontros – e testemunhar o desenrolar de um fluxo sonoro. Assim, a performance não é exibição e muito menos exibicionismo pois, na improvisação livre, o ideal é que haja um despojamento que iniba os gestos retóricos. Pode-se observar, no entanto, que os sutis jogos de sedução que se estabelecem entre os *performers* e o público são quase inevitáveis e podem assumir formas indesejáveis: o virtuosismo que pode muitas vezes ser inócuo, o "efeitismo", que pode resvalar em banalização, o uso de gestos retóricos gratuitos que não se integram adequadamente no fluxo da performance etc. Isso não quer dizer que se deve ignorar a relação com o público que acaba por configurar, inevitavelmente, o ambiente da performance. Idealmente, a presença do público deve potencializar uma atuação intensa e interiorizada do *performer*. No contexto dessa proposta de livre improvisação interiorizada e concentrada na inteireza de cada ato (na medida em que cada som produzido tem consequências no fluxo da improvisação e nada é gratuito), não cabe o gesto que tem por objetivo o "convencimento" daquele que assiste – que poderia ser um gesto que não nasce das necessidades imanentes da performance, mas sim de "segundas intenções": manipulação, sedução e exercício de poder. Além disso, muitas vezes, a ansiedade que inconscientemente acomete o improvisador por ocasião de performances públicas pode prejudicar a interação e o fluxo de energias entre os músicos. Noutras palavras, às vezes a presença de público torna difícil a concentração necessária à intensidade de cada ato do improvisador. Por outro lado, pode-se afirmar que quanto mais intensa e concentrada é a performance, maior é o envolvimento de quem assiste. Portanto, o ideal é que os *performers* improvisem quase como se não houvesse público, totalmente concentrados no jogo. Talvez se possa pensar nesse ambiente integrado como uma espécie de celebração ritualizada ou "sagrada". Assim, o público não é ignorado mas integrado na performance e é elemento constituinte do ambiente.

Por outro lado, a livre improvisação em grupo é sempre uma enunciação coletiva resultante de um jogo de forças em que há implícitas e inevitáveis relações de poder entre os músicos. Estas são resultado das assimetrias inerentes aos ritmos entre os "meios" (relações entre os "rostos diversos"). Essas assimetrias são de várias naturezas e resultam do que cada músico traz para a performance e também das impressões, sensações e ações de cada um diante do fluxo que vai se delineando no presente. O objetivo não é uma guerra, pois não se disputam territórios. A ideia é existir no coletivo, na multidão: o indivíduo só se produz no coletivo produzindo algo[17].

Improvisação "inútil"

A improvisação "não serve para nada" – no sentido comercial e pragmático do termo. Não cria produtos para serem comercializados. É possível observar que vivemos um tempo em que a arte muitas vezes deve servir a várias finalidades:

17 Aqui caberia citar a distinção entre massa e multidão estabelecida por Elias Canetti: "a massa só existe se os indivíduos nela se diluírem perdendo sua identidade pessoal. Todos se fundem num único corpo coletivo, seguem numa mesma direção, obedecem a um único comando e respondem a um único chefe [...] Desinibida, ela 'pode tudo', da devoção ao assassinato [...] Já a multidão é plural, heterogênea [...] não se trata de uma massa compacta e uníssona, liderada por um chefe, porém de singularidades em jogo, constituindo redes múltiplas, sem que se configure nenhuma totalidade definida [...] seu conjunto é inapreensível e o conjunto não responde a um comando unívoco. Nesse rizoma sem centro nem chefe, muitos universos se entrecruzam, várias direções coexistem, vários possíveis se criam a cada cruzamento ou conexão [...] Digamos apenas, para retomar os dois polos de aglomeração evocados, que a massa e a multidão não constituem grupos distintos, mas lógicas diferentes que podem rivalizar num mesmo contingente humano" (P. P. Pelbart, Entre Marcha e Parada, a Multidão Quer Dar o Recado, *O Estado de S. Paulo*, 29 maio 2005, p. 4). A livre improvisação se liga ao conceito de multidão. No caso dos pequenos grupos, podemos falar de micromultidões.

louvar os diversos "deuses de plantão" (geralmente intolerantes e oponentes: religiões, seitas, partidos, conceitos estéticos etc.), unificar as massas em torno de "bandeiras" específicas (por exemplo, nos hinos de guerra), favorecer os processos de adestramento, vender produtos a partir de seus poderes retóricos de persuasão (na publicidade), manifestar ou sublinhar "sentimentos" (por exemplo, na música utilizada de forma retórica pela TV, por certo tipo de cinema e pelo teatro), unificar multidões ou massas em torno de rituais catárticos (nas *raves*, festas e em cultos religiosos), promover o encontro social de melômanos da arte erudita em concertos e museus etc.

Num tempo como esse, a livre improvisação se apresenta enquanto um fim em si mesma. Talvez estabeleça condutas, funcione como uma cura, uma política ou uma pedagogia, mas uma pedagogia com a qual não se ensina conteúdo algum. Nela se fala de dinamismos, de relacionamentos, de processos e fluxos, através de vivências destes como numa metáfora do pensamento.

Na Improvisação Não Se Deve Nada

Sob uma perspectiva filosófica, partindo do conceito de vontade de potência de Nietzsche, pode-se considerar a livre improvisação como uma ação radicalmente voltada para a criação e a presentidade. Em *Assim Falou Zaratustra*, Nietzsche nos fala das três transmutações do espírito: de como este se torna em camelo, depois em leão e finalmente em criança. É possível relacionar esses três estágios do espírito com as atitudes diante da música que se configuram na improvisação.

Para Nietzsche, o camelo é o espírito de carga que se ajoelha e quer ser bem carregado. Ele "deseja" vários senhores (Deus, a moral, o "certo" etc.). Niezstche simboliza essas sujeições com a figura do grande dragão chamado "Tu-deves". Um fazer musical que sempre necessita de uma referência extrínseca ou um sistema, e que busca critérios transcendentes, ilusórios, manifesta essa situação do camelo na alegoria nietzschiana. Para Nietzsche, "todo esse fardo pesadíssimo, o espírito de carga toma sobre si: igual ao camelo, que carregado corre para o deserto [...] mas no solitário deserto ocorre a segunda transmutação: em leão se torna aqui o espírito, liberdade quer ele conquistar, e ser senhor de seu próprio deserto"[18]. Mas para isso o espírito deve enfrentar o grande dragão: "valores milenares resplandecem nessas escamas, e assim fala o mais poderoso de todos os dragões: todo o valor das coisas resplandece em mim. Todo valor já foi criado e todo o valor criado – sou eu"[19]. Então, por essa necessidade de conquistar a liberdade, de enfrentar os valores estabelecidos e se "tornar senhor de seu próprio deserto o espírito deve se tornar o leão para criar a liberdade e um sagrado Não, mesmo diante do dever"[20].

Pode-se relacionar a essa alegoria a situação de um fazer musical que busca sempre se afirmar a partir da negação. Trata-se de uma busca por originalidade que não se apoia na singularidade afirmativa, mas que se afirma na oposição à alteridade. Mas esse estágio é definitivamente importante: "tomar para si o direito a novos valores [...] como seu mais sagrado, amava ele outrora o 'Tu-deves': agora tem de encontrar ilusão e arbítrio até mesmo no mais sagrado, para conquistar sua liberdade desse amor: é preciso o leão para essa rapina".

O último estágio das transmutações pode ser relacionado ao pensamento da livre-improvisação: "de que ainda é capaz a criança, de que nem mesmo o leão foi capaz? Em que o leão rapidamente tem ainda de se tornar em criança? Inocência é a criança, e esquecimento, um começar de novo, um jogo, uma roda rodando por si mesma, um primeiro movimento, um sagrado dizer-sim"[21]. Nem uma sujeição ao dragão dos valores estabelecidos (aos sistemas, aos idiomas, às técnicas, às ideologias, à moral, às estéticas, aos valores transcendentes etc.) nem um compulsivo dizer não, uma tentativa de criar novos valores para substituir os antigos (novas igrejas para novos cultos), mas sim uma vontade de potência, um gosto pelo risco, pelo jogo, necessidade de produção, de criação: vitalidade pulsante.

---

18 F. Niezstche, *Assim Falou Zaratustra*, p. 214.
19 Ibidem.
20 Ibidem.
21 Ibidem.

Improvisação Livre Enquanto Zona Autônoma Provisória (TAZ)

Uma outra conexão que é possível estabelecer é entre a prática da livre improvisação e as táticas de resistência ao exercício do poder explicitadas em algumas propostas neo-anarquistas e situacionistas. Refiro-me aqui, especificamente às TAZ (zonas autônomas temporárias) descritas por Hakim Bey no livro de mesmo nome. Lá pode-se ler que

> a TAZ é uma espécie de rebelião que não confronta o Estado diretamente, uma operação de guerrilha que libera uma área (de terra, de tempo, de imaginação) e se dissolve para se re-fazer em outro lugar e outro momento, antes que o Estado possa esmagá-la. Uma vez que o Estado se preocupa primordialmente com a Simulação, e não com a substância, a TAZ pode, em relativa paz e por um bom tempo "ocupar" clandestinamente essas áreas e realizar seus propósitos festivos [...] Assim que a TAZ é nomeada (representada, mediada), ela deve desaparecer [...] deixando para trás um invólucro vazio, e brotará novamente em outro lugar, novamente invisível, porque é indefinível pelos termos do Espetáculo. Assim sendo, a TAZ é uma tática perfeita para uma época em que o Estado é onipresente e todo-poderoso mas, ao mesmo tempo, repleto de rachaduras e fendas. E, uma vez que a TAZ é um microcosmo daquele "sonho anarquista" de uma cultura de liberdade, não consigo pensar em tática melhor para prosseguir em direção a esse objetivo e, ao mesmo tempo, viver alguns de seus benefícios aqui e agora [...] A TAZ é um acampamento de guerrilheiros ontologistas: ataque e fuja. A TAZ deve ser capaz de defender-se; mas, se possível, tanto o "ataque" quanto a "defesa" devem evadir a violência do Estado que já não é uma violência com sentido. O ataque é feito às estruturas de controle, essencialmente às ideias... A "máquina de guerra nômade" conquista sem ser notada e se move antes de o mapa ser retificado[22].

A relação desse programa com a proposta de livre improvisação é evidente uma vez que esta, em princípio, se coloca à margem das estruturas escolares, das instituições musicais conservadoras, das hegemonias estéticas, das desgastadas e hierarquizadas formas de concerto, das pedagogias e dos adestramentos, das sistematizações e da mercantilização da arte. Desse

---

22 H. Bay, TAZ, p. 18-19.

ponto de vista, a livre improvisação é um território livre em devir constante, socializado, autônomo, libertário, democrático e anárquico. Nele não há lugar para propriedade privada dos meios de produção, não há sociedade de direitos autorais, não há mistificação de competências, nem sacralização e fetichização da obra de arte ou do artista. Não há sistemas fechados nem poderes estabelecidos. Nele todos são compositores e intérpretes (mesmo aqueles que participam como público) e participam de uma celebração festiva e criativa. Nesse caso se evidencia também o distanciamento entre a prática da improvisação livre e a categoria do Espetáculo que, segundo alguns autores, é utilizada como ferramenta de poder e alienação na sociedade contemporânea. O Espetáculo, a partir dessa perspectiva, é abertamente retórico, manipulador, lugar da simulação e instrumento de dominação. Já a livre improvisação é uma proposta de socialização do fazer artístico. Sobre todas essas questões e esse novo papel da música e da arte, pode-se ler no livro de Hakim Bey:

> Eu sugiro que a TAZ é o único "lugar" e "tempo" possível para a arte acontecer pelo mero prazer do jogo criativo, e como contribuição real para as forças que permitem que a TAZ se forme e se manifeste. A arte no Mundo da Arte tornou-se uma mercadoria. Porém, ainda mais complexa é a questão da representação em si, e a recusa de toda mediação. Na TAZ, arte como uma mercadoria será simplesmente impossível. Ao contrário, a arte será uma condição de vida. A mediação é difícil de ser superada, mas a remoção de todas as barreiras entre artistas e "usuários" da arte tenderá a uma condição na qual (como A.K. Coomaraswamy escreveu) "o artista não é um tipo especial de pessoa, mas toda pessoa é um tipo especial de artista."[23]

Ainda sobre a questão do nomadismo e da vitalidade que é esperada da experiência intensificada da livre improvisação e a necessidade da ativação livre do desejo enquanto vontade de potência numa perspectiva nietzschiana, tem-se novamente em Hakim Bay a proposta de zonas autônomas temporárias.

A liberação é percebida durante o esforço: tal é a essência da "autossuperação" nietzschiana. Essa tese pode também tomar como símbolo o andarilho de Nietzsche. Ele é o

---

23 Ibidem, p. 69.

precursor do vagar a esmo, no sentido dado pelo situacionismo para *dérive* e da definição de Lyotard para *driftwork*. Podemos antever uma geografia completamente nova, um tipo de mapa de peregrinação no qual os lugares sagrados são substituidos por experiências de pico e TAZ[24].

A Improvisação Livre e a Preparação do Ambiente: Pedagogias

A disposição para o jogo, para a conversa, para a criação e para a performance é condição necessária, mas não suficiente para a prática da livre improvisação. Como já foi dito, é necessário preparar um ambiente favorável para que esse tipo de prática se estabeleça, seja potente e bem-sucedida. Às vezes é necessário, como dizia o pintor Francis Bacon, "raspar a tela" antes de começar uma nova pintura.

Grande parte dos músicos se sente incapaz de participar de uma sessão de improvisação em que eles são simplesmente chamados a atuar com seu instrumentos, formulando suas intervenções sonoras (criando seus "textos", suas "falas"), interagindo com o ambiente (outros músicos, público, sons do ambiente etc.), pelo simples fato de que eles sempre atuaram enquanto intérpretes do pensamento musical de outrém (a partir dos tradicionais "manuais de instrução": as partituras escritas). Outros estão presos a idiomas muito pouco permeáveis: improvisam no âmbito de uma espécie de "hiperpartitura" que compreende todas as situações possíveis dentro daquele idioma específico[25]. Trata-se de um jogo com regras definidas em que há o certo e o errado (é o caso dos músicos que

---

24 Ibidem, p. 73.
25 Não se supõe aqui, como afirmado no início do livro, que os músicos participem de uma prática como essa despidos de suas biografias, seus rostos e seus aprendizados. Eles são inevitáveis e condição necessária para a constituição das identidades individuais. O que se espera é que esses diversos aprendizados, condicionamentos e identidades sofram, no jogo da livre improvisação, processos contínuos de desterritorialização, "raspagem" (conforme sugerido por Bacon), molecularização, e que seus estilhaços se tornem energias imediatas e descondicionadas no contexto da performance. Assim, não se espera que numa livre improvisação seja "proibido" o uso de idiomas, mas que estes não condicionem a performance.

tocam músicas "com nome": o nome define, delimita, identifica e estabelece regras: o jazz, o choro, o flamenco, o rock, o barroco etc.). Há também aqueles que acreditam que a livre improvisação é uma espécie de vale-tudo e não se preocupam com o rigor da proposta de interação e com as necessidades técnicas e auditivas. Estes, na maior parte das vezes em que se engajam em performances, têm a sensação de frustração típica de quem não conseguiu estabelecer um jogo ou uma conversa. A esse respeito cito aqui um trecho da minha tese de doutorado onde afirmo que:

Um vale-tudo experimental infantilizado está, portanto, descartado pelas exigências técnicas da performance devido ao fato de que ela se dá num terreno de interação e sobriedade (pois só há imaginação na técnica). Quanto mais familiarizado com as técnicas, quanto mais vivência real com práticas reais e dinâmicas tem o músico, mais ele está habilitado para operar numa performance coletiva de improvisação enquanto artesão cósmico.[26]

Assim, na performance de livre improvisação ocorre um processo tal como o descrito por Deleuze e Guattari acerca do ritornelo:

um músico precisa de um primeiro tipo de ritornelo, ritornelo territorial ou de agenciamento, para transformá-lo de dentro, desterritorializá-lo, e produzir enfim um ritornelo de segundo tipo, como meta final da música, ritornelo cósmico de uma máquina de sons [...] Não se tem necessidade de suprimir o tonal, tem-se necessidade de colocá-lo em fuga. Vai-se dos ritornelos agenciados (territoriais, populares, amorosos etc) ao grande ritornelo maquinado cósmico [...] É o trabalho extremamente profundo no primeiro tipo de ritornelo que vai criar o segundo tipo, isto é a pequena frase do Cosmo[27].

Por mais que a técnica (que está sempre, inevitavelmente, ligada a algum idioma específico) às vezes se coloque como um entrave à liberdade de invenção do improvisador, ela é, por outro lado, o que possibilita os voos da imaginação e a ação do pensamento musical. Só se pode criar a partir das identidades,

---

26 R.L.M. Costa, *O Músico Enquanto Meio e os Territórios da Livre Improvisação*, p. 162-163.
27 G. Deleuze; F. Guattari, *Mil Platôs 4*, p. 168.

rostos e subjetividades. Trata-se de pensar na potência e no devir a partir das forças armazenadas. Trata-se de pensar no passado (a técnica, a identidade e o rosto) como potência dinâmica e não como nostalgia paralizante.

Problemas e Assimetrias

Ainda a respeito desse dinamismo que se assemelha ao de uma conversa, é importante assinalar o fato de que, como nesta, o processo da livre improvisação é imprevisível e, por isso, pode alternar momentos mais ou menos bem-sucedidos. Como numa conversa, há aqueles momentos em que todos falam ao mesmo tempo, outros em que alguém não é ouvido ou entendido. Pode haver momentos de falta de assunto em que se "tateia" em busca de algo que interesse a todos. Pode haver também momentos assimétricos em que alguém fala mais e outros ouvem e assim por diante. Os próprios participantes da performance são invariavelmente diferentes no que diz respeito às reações, temperamento e atitudes (elementos que configuram dinamicamente aquilo que se define como rosto). A performance refletirá de alguma forma todas essas assimetrias e contigências reais. O acaso, obviamente, será um componente fundamental pois manterá sempre viva a possibilidade de mudanças no fluxo da conversa.

"Aprendendo" a Improvisar Livremente

Quando se fala em aprender a improvisar, é claro o que isso significa no contexto de idiomas específicos e delimitados como é o caso do jazz. Fazendo uma analogia com a linguagem verbal, tem-se que, para participar do exercício da fala, deve-se aprender o vocabulário, a gramática, a sintaxe e a aplicação desses elementos numa pragmática. Concretamente, no caso do jazz, por exemplo, deve-se estudar escalas, arpejos, modos, teorias harmônicas (campo harmônico, dominantes individuais, notas acrescentadas, notas alteradas, notas estruturais, notas de aproximação etc.). Deve-se também se familiarizar com as formas de ataque e articulação, com o uso de clichês, padrões rítmicos e melódicos. Se se consegue uma imersão prática na linguagem, pode-se aprender os jogos sutis de acentuação e deslocamento rítmico presentes na "levada" ou *groove*[28], e assim se habilitar a improvisar com conhecimento de causa e *swing*.

Já na proposta de improvisação livre, a preocupação é outra: como se livrar das "camadas de tinta" ou "raspar a tela"? Isso porque para esse tipo de atividade é necessário readquirir a curiosidade, a liberdade e espontaneidade da criança. E isso não é fácil para quem está adestrado nos idiomas.

Há músicos e professores preocupados em criar e promover ambientes favoráveis a esse tipo de atividade. O professor e saxofonista Tom Hall, da New England Conservatory, propõe, em sua página na internet, uma série de exercícios baseados em algumas questões e pressupostos. Citemos alguns pontos:

[Para o propósito de ensinar e praticar a livre improvisação,] conscientemente começo com alguns *acordos* que criam "abertura" e espaço para a exploração:

1. É completamente natural usar a improvisação para tocar e aprender [...]
2. A unidade básica da livre improvisação é um som.

---

28 A respeito desse conceito de levada ou *groove*, cito novamente a minha tese de doutorado, na qual se pode ler que a levada é a textura rítmico-timbrística que invariavelmente sustenta o improviso – que é, quase sempre, um solo de algum instrumento sobre uma base. A levada é um mecanismo (talvez uma submáquina da máquina), uma onda portadora, uma paisagem onde vai se desenhar um rosto que é o improviso solista. A levada funciona um pouco como um muro branco (de significância assegurada desde que corretamente executado) sobre o qual se desenham variados rostos e esses rostos se remetem ao buraco negro da individualidade de cada músico. A expressividade dos improvisos individuais – sua singularidade – acontece nas dobras de um discurso todo ele idiomatizado. Ora, a significância do muro branco está garantida exatamente pelos idiomas que se constituem como linhas de força e que ajudam a tornar consistente o plano de improvisação. O improviso solista dialoga com essa levada de inúmeras maneiras. Muitas vezes, além de seu aspecto textural (tecido rítmico-timbrístico), ela carrega também um encadeamento harmônico (tonal, direcional ou modal cíclico etc.) que vai condicionar a atuação do solista. Com relação a esse encadeamento, o procedimento é análogo ao da variação melódica (como numa *chaconne* ou *passacaglia* em que a estrutura harmônica se repete). Suas possibilidades são muito amplas e variadas e aí se inscrevem desde as ornamentações e os clichês (pessoais ou estilísticos) até verdadeiros achados, pequenos acontecimentos musicais, desenvolvimentos de ideias simples melódicas ou rítmicas (síntese ativa da memória) e assim por diante. O diálogo com a textura propriamente dita se dá mais especificamente com sua parte rítmica (deslocamentos, nuances de acentuações, hemíolas etc.) R.L.M. Costa, op. cit., p. 150-151.

Seu universo pessoal inteiro de som, feito de tudo o que você ouviu e experienciou na vida, está disponível para você usar na sua improvisação.

3. Todo som combina com qualquer outro som.

Não há nenhuma combinação de sons intrinsecamente errada. [...]

4. Dizer a verdade.

A coisa mais importante nesse trabalho é a verdade e a autenticidade da expressão [...]

Os cenários para a improvisação que nós criamos devem ser abertos o bastante para incluir todas as escolhas possíveis em qualquer situação.[29]

A preocupação de Hall, que é responsável por um curso de livre improvisação no New England Conservatory (NEC), é criar para os seus alunos um ambiente de espontaneidade e liberdade diante do universo sonoro. Tudo está aberto para a construção e para o estabelecimento de processos de consistência a partir de uma prática consciente e concentrada. Ainda, para resolver alguns problemas que surgem e facilitar essas experiências interativas, Hall propõe alguns exercícios como, por exemplo:

Um problema comum num grupo de improvisação é quando se dá o fato de todo mundo tocar sempre ao mesmo tempo. Eis alguns exercícios para trabalhar esse item:

1. Todo mundo deve ficar em silêncio por tanto tempo quanto tenha produzido som [...]

2. Toque um exercício em que todos começam e terminam frases ao mesmo tempo. Depois toque um onde ninguém deve tocar ao mesmo tempo em que os outros [...].[30]

E, mais adiante, um exercício ainda mais preliminar e que aponta para uma espécie de escuta reduzida e de autoconhecimento:

"One Sound": é um excelente primeiro exercício. É simples o bastante a ponto de qualquer pessoa poder realizar, mas as possíveis variações podem prover uma prática para muitos fundamentos da música e da improvisação.

---

29 T. Hall, Teaching and Practicing, *Freeimprovisation.com*. Disponível em: <www.freeimprovisation.com/page7/teachingandpracticing.html>.

30 Idem, Creating Space, *Freeimprovisation.com*. Disponível em: <http://www.freeimprovisation.com/page13/creatingspace.html>.

Primeiro passo: sente-se ou fique de pé de uma maneira relaxada e numa postura de "pronto para tocar". Focalize sua atenção para "dentro". Conscientize-se de seus sentimentos e sensações nesse momento. Não faça nenhum julgamento, simplesmente se observe e perceba como você se sente. Espere que um som ou um impulso para o movimento surja para a sua consciência. Permita que surja do seu corpo e crie um som [...]

Segundo passo: todos, em sequência, tocam um som. Isso pode ser feito sem um pulso. É útil das duas maneiras. Fazer sem um pulso possibilita que o grupo utilize o tempo necessário para achar o som mais adequado. Com o pulso surgem outras possibilidades relacionadas.[31]

Essa proposta se assemelha muito a algumas instruções contidas em partituras verbais, como é o caso da peça-processo de K. Stockhausen, *Aus den Sieben Tagen*, que também coloca a questão da necessidade de interiorização, autoconsciência e concentração, e busca esse resultado na peça através de sugestões abstratas e evocativas do tipo: "concentre-se e toque o som de sua menor célula".

Eu mesmo tenho experimentado, em alguns *workshops*, certas estratégias para potencializar um ambiente favorável a essa prática. Nesses casos, como os grupos envolvidos costumam ser muito heterogêneos (em geral, compostos por músicos de orquestra com pouca experiência em improvisação, compositores/intérpretes com alguma experiência em propostas mais contemporâneas de improvisação – Cage, Stockhausen, Earle Brow, Cornelius Cardew etc. – e músicos ligados ao rock, ao jazz ou à música intrumental brasileira), é necessário, num primeiro momento, propor uma prática que unifique as diferentes experiências pessoais. A estratégia tem sido a de situar os primeiros exercícios no âmbito de um idioma simples e bem delimitado no qual os músicos possam criar variações rítmico-melódicas (figurais) sobre uma base harmônica fixa (à maneira de uma *Passacaglia*) e experimentar soluções que nada mais são do que realizações pessoais da "hiperpartitura" (que é o conjunto virtual de possíveis previstos no idioma). Dessa maneira, o que estará em jogo é a dialética entre a parte constante do idioma (sua "estrutura" abstrata com seus limites "gramaticais", seus procedimentos e seu vocabulário, numa

---

31 Idem, Improv Exercises, *Freeimprovisation.com*. Disponível em: <http://www.freeimprovisation.com/page8/improvexcersises.html>.

analogia com a linguagem verbal) e a parte variável (uma pragmática em que se realizam as singularidades das soluções reais e pessoais). Trata-se aí de um jogo com regras que determinam o certo e o errado, o adequado e o inadequado.

Obviamente, no curto espaço de tempo de um *workshop* não é possível vivenciar o idioma de uma maneira significativa pois para isso seria necessário uma "imersão" muito mais intensa. Além disso, o ambiente criado é assumidamente artificial uma vez que uma característica geral dos idiomas é ser firmemente territorializado. No entanto, essa experiência tem se mostrado útil em muitos aspectos, principalmente no que diz respeito a criar uma atitude de "soltura" (para aqueles que não têm experiência com a improvisação), de escuta intensificada (do outro, do conjunto e de si mesmo) e de intimidade com o instrumento. Para essa primeira fase do trabalho, em geral trabalhamos com a "forma" *blues* de doze compassos.

Numa segunda etapa do trabalho, ainda dentro de um ambiente idiomático, procuro criar situações mais propícias à escuta de outros parâmetros do som que não só as frequências (notas, escalas, modos e arpejos). Sobre uma base rítmica tradicional qualquer (samba, forró, salsa, funk etc.) e sem qualquer base harmônica proponho a realização de improvisos em que se focalize a questão rítmica: frases de diversos tamanhos em que os músicos procurem se sintonizar e dialogar com o fluxo através de acentuações, deslocamentos etc. Como não existe aqui a exigência de se manter num âmbito harmônico restrito, surge a oportunidade de se enfatizar o aspecto rítmico através de deslocamentos, acentuações etc. Pelo mesmo motivo, a escolha do material frequencial (notas, escalas, modos, séries etc) deve partir de outros pressupostos de intencionalidade, criando uma lógica desvinculada de alguma base harmônica fixa de referência. No contexto desse tipo de prática que dialoga com uma base rítmica idiomática (territorializada), lembro do que nos diz Stravinsky a respeito do diálogo com a regularidade da pulsação presente nas performances de jazz:

quantos de nós, ouvindo jazz, não terão sentido uma curiosa sensação, próxima da vertigem, quando um [...] músico solista, tentando insistentemente enfatizar acentos irregulares, não consegue desviar o nosso ouvido da pulsação regular métrica produzida pela percussão [...] Os tempos isócronos, nesse caso, são apenas um modo de pôr em relevo a invenção rítmica do solista[32].

Após essas duas primeiras etapas que podem ser subdivididas, passo a um momento em que proponho, a partir de roteiros de interação, "conversas" em que se focalizem os aspectos puramente timbrísticos/sonoros do pensamento "musical". A ideia é introduzir (não necessariamente de maneira teórica) o conceito de escuta reduzida e ampliar assim o universo de materiais possíveis para utilização numa performance: emancipar o ruído, incorporar todos os sons possíveis, partir do informal, expandir as possibilidades do instrumento etc. As performances são comentadas pelos ouvintes e os grupos que se formam (duos, trios) revelam suas potencialidades. Para uma etapa posterior, é possível introduzir, nos roteiros, instruções e caminhos que vão conduzindo o grupo a ideias composicionais mais complexas e sofisticadas. Evidentemente, quanto maior é o repertório de soluções, quanto maior a disponibilidade para interação e quanto mais apurada é a atitude de escuta por parte dos músicos componentes dos grupos, maior é a possibilidade de que as performances sejam bem-sucedidas.

Sobre o Público e a Necessidade de uma Escuta Ativa

Em conversas sobre a improvisação (seja ela livre ou idiomática) muitas vezes surgem perguntas sobre a questão do público ou, mais especificamente, sobre a situação do ouvinte. Levanto aqui mais algumas ideias a respeito do ouvinte no contexto de uma performance de livre improvisação.

O músico é, no processo de livre improvisação, compositor, intérprete e ouvinte. Ele compõe e toca ao mesmo tempo em que estabelece caminhos de escuta. A sua escuta é fundamental e é ela que, sendo configurada ao mesmo tempo que se dá a performance, propicia a ação/operação do pensamento musical. Na realidade ela é pensamento musical também. No caso do público ouvinte, é fundamental a ideia formulada por

---

32 I. Stravinsky, *Poética Musical em 6 Lições*, p. 5 e 36.

John Cage de que a escuta é "algo que é feito pelas pessoas e não algo que é feito a elas"[33]. Trata-se, por exemplo, da questão da escolha de focos. Segundo Cage, é possível estabelecer relações com a fruição da pintura: "cada ponto da tela pode ser usado como um começo, continuidade ou fim da observação de alguém"[34]. Assim, também o ouvinte deve suprir seus próprios significados, deve construir suas cartografias de escuta. A escuta é um pensamento sobre a obra (ou a performance, no caso da improvisação). A escuta é ela mesma uma forma de pensamento musical que se configura no contato do ouvinte com os eventos sonoros. Cada ouvinte deve e pode ser estimulado em sua faculdade de estruturação. É uma escuta não direcionada de fora, mas configurada intencionalmente no contato do dentro com o fora: uma escuta compositora.

É importante lembrar que, durante uma performance de livre improvisação, o ouvinte lida com a configuração de algo que está sendo construído em tempo real e presencia o desenrolar de um processo interativo. Ao assistir a essa conversa sonora complexa e instável, ele tem que conectar elementos, perceber relações e mergulhar num acontecimento que se propõe enquanto "bloco de sensação". O ouvinte tem que ser um cúmplice desse processo.

---

33   J. Cage apud M. Nyman, *Experimental Music*, p. 24.
34   J. Cage, *A Year from Monday*, p. 31.

5. Experiências Práticas:

relatos e reflexões

> *Portanto, pode-se afirmar que a improvicação é melhor realizada através da prática em música, e que a prática em música é melhor realizada através da improvisação.*
>
> DEREK BAILEY, Improvisation, Its Nature and Practice in Music

INTRODUÇÃO

Com o objetivo de refletir, verificar e analisar, a partir de um ponto de vista prático e concreto, a preparação, os processos e os resultados sonoros de performances de improvisação, abordarei, neste capítulo, aspectos do funcionamento de alguns grupos e ambientes de performance. Tratarei – através de relatos autoetnográficos, ensaios e análises – de cinco ambientes nos quais estive ou aos quais permaneço ligado enquanto *performer*/criador, *performer* e compositor (o grupo Akronon, o grupo Musicaficta, a Orquestra Errante, o duo Miller Puckette/Rogério Costa e o duo Alexandre Porres/Rogério Costa). Relatarei ainda as práticas de um grupo de criação coletiva que inclui improvisação, composição, interação e processamentos eletrônicos de áudio e vídeo em tempo real, intitulado Entremeios.

No caso do grupo Akronon (2002-2006), a interação em tempo real se dá entre dois instrumentistas (que produzem o material sonoro) e um terceiro músico que, a partir de um processamento eletrônico, "vampiriza", transforma e devolve esse material para a performance. O grupo Musicaficta (2008-), de forma semelhante, coloca em jogo novamente três músicos, cada um com seu instrumento expandido eletronicamente. A Orquestra Errante (2009-) praticamente não utiliza recursos eletroacústicos, é coordenada por mim enquanto um projeto artístico e pedagógico e é composta por alunos do departamento de música da ECA-USP oriundos dos mais diversos meios e com variadas formações musicais. Já nos duos com Miller Puckette (2007) e Alexandre Porres é possível observar a complexidade de ambientes de livre improvisação em que interagem músicos e computadores.

Neste capítulo abordarei também as questões ligadas à utilização das tecnologias eletrônicas de interação e processamento de áudio. A partir dessas descrições e análises, levantarei – às vezes em tom de "diário de bordo" – algumas considerações e comentários a respeito de problemas, questões e soluções encontradas nesses contextos.

O grupo de improvisação livre Akronon será o primeiro e principal foco de descrição. Para a análise das performances lançarei mão, principalmente, dos conceitos e ferramentas criadas por Pierre Schaeffer no contexto de suas investigações sobre os objetos sonoros e também das categorias de pensamento musical elaboradas por Brian Ferneyhough explicitadas no capítulo anterior, a saber, os conceitos de figura, gesto e textura. Para mim, essas são as ferramentas mais adequadas para uma aproximação desse tipo de prática musical, uma vez que não se trata da elaboração de análises a partir de partituras[1], mas sim a partir de uma escuta configurada no contato imediato com o objeto sonoro[2]. Nunca é demais lembrar que a livre improvisação não gera obras musicais. Não há notas, ou temas. Não há material harmônico delimitado, nem fórmula de compasso estabelecida. Há apenas o fluxo sonoro múltiplo, complexo

1 A partir das performances seria possível a elaboração de áudio-partituras ou de partituras elaboradas com base em sonogramas. No contexto de minhas investigações optei por não fazer uso dessas ferramentas e me ative a uma descrição e análise das performances a partir das gravações.
2 Sabe-se que muitas das formulações e conceitos de Schaeffer, tais como objeto sonoro e escuta reduzida, foram posteriormente criticados, revisados e aperfeiçoados por músicos e pesquisadores que o sucederam e que há muitas controvérsias com relação à consistência teórica de tais conceitos. De qualquer forma, na medida em que se mostraram úteis, foram adaptados para as análises das performances.

e imensurável, porque em variação constante. É necessário, portanto, se aproximar de eventos sonoros complexos e objetos provisoriamente delimitados em constante metamorfose. A partir da audição dessas performances proporei formas de segmentação e análise orientadas para o objeto sonoro.

AKRONON[3]: HISTÓRICO

A ideia é juntar três músicos num trabalho prático de livre improvisação com objetivos experimentais. Criar ambientes para que as múltiplas possibilidades de relacionamento entre os músicos – cada um com sua contribuição pessoal – se deem da maneira mais profícua possível. Cada um traz sua biografia e experiência de instrumentista, compositor, pensador e educador para a proposta de criação desse espaço de intervenção. Traz também e principalmente seu desejo. Música para tocar, relações sonoras, pensamento musical, eventos musicais efêmeros, intervenções musicais significativas. Um ambiente que é "includente": todos constroem juntos. Todos são compositores, instrumentistas, *luthiers* e criadores. E o que se cria é um mundo de relações e multiplicidades que se estabelece a partir das trocas entre os músicos, os seus "instrumentos" (saxofone, violino e computador) e seus modos de pensamento. Partimos de um exercício de ouvir o outro, responder, construir, transformar, desenvolver, variar: timbres, alturas, ritmos, intensidades, texturas, densidades, o objeto sonoro schaefferiano, enfim, o SOM pensado enquanto material energético. Tudo isso agenciado pela intervenção do acaso, da surpresa. O processo, o evento no seu devir é o mais importante. Pode-se gravar. Aí se cristaliza o processo. Mas o objetivo é uma música de tocar, música de fazer na hora, a conversa que se estabelece entre os músicos. Pode-se, também, definir alguns percursos, estabelecer alguns caminhos: do rarefeito para o denso e voltando, ou começando, com sons longos e aos poucos definindo texturas e ruídos. Mas tudo isso só serve como ponto de partida para as cartografias que serão traçadas como resultado dos processos que serão desencadeados. A improvisação se pretende livre e experimental na medida em que não partimos de nenhum idioma como referência apesar de muitos idiomas atravessarem inevitavelmente as performances, uma vez que eles fazem parte das biografias de cada músico. Os idiomas estão "nos dedos", nos aprendizados dos instrumentos, no

---

3   O trio Akronon, que se dedicava à prática da livre improvisação, era composto por Edson Ezequiel (violino), Rogério Costa (saxofone e flauta) e Sílvio Ferraz (*live eletronics*), e serviu como laboratório prático para as experiências desenvolvidas durante o meu doutorado na PUC-SP durante os anos de 2002 a 2004.

ambiente musical que cerca os músicos, suas vivências de ouvir, tocar etc. É importante reiterar que, nessa proposta, tudo é determinado pelos *performer*s criadores, ao contrário de algumas peças compostas que incorporam a improvisação. Nestas, os intérpretes não constroem a peça e nem mesmo controlam aspectos significativos do tecido musical. Nesses casos, o compositor, que se encontra do lado de fora da performance, tem um controle estatístico dos resultados.

O grupo Akronon começa com essa espécie de manifesto/*release* de apresentação. O grupo foi idealizado durante a realização da minha tese de doutorado para que cumprisse o papel de um laboratório prático com a finalidade de verificar hipóteses levantadas em minhas investigações a respeito do plano de consistência da livre improvisação. Na realidade, a prática do grupo forneceu sustentação prática para todas as reflexões durante os dois anos iniciais de minha investigação (2001-2002). O projeto original previa a elaboração de roteiros abertos como ponto de partida para as performances. Assim, surgia, por exemplo, a ideia do Vampiro Eletrônico, alusão ao fato de que o músico responsável pelos processamentos eletroacústicos em tempo real deveria "vampirizar" a produção dos instrumentistas que fornecem o material para as suas "bricolagens". Embora esse roteiro não tenha sido posto em prática, ele descreve em parte o ambiente tecnológico e algumas variáveis relacionais do ambiente da performance. Na época, foi formulado por mim, em cadernos de anotações, da seguinte maneira:

O Parasita: O Vampiro Eletrônico

Primeiro projeto de roteiro para improvisação: saxofone, violino e *live eletronics* (saxofone e violino conectados à aparelhagem de amplificação e de processamento em tempo real – mesa, alto-falantes, computador *software*: Max MSP).

1. Origem do material – enunciação inicial:

Um instrumentista se aproxima do instrumento (concentração, respiração), toma-o nas mãos, respira e enuncia uma ideia sonora ou esboça um "objeto musical" significativo (para ele, improvisador) definido aproximadamente pelo espaço de uma respiração e delimitado em suas duas extremidades por pausas, também significativas, que o emoldurem claramente. Esse fato musical pode ter qualquer forma: uma figura, uma textura ou um gesto, pode ser complexo ou simples, pode enfatizar características melódicas, rítmicas, timbrísticas etc. O que importa é que ele se faça, em seu devir, significativo para o instrumentista, que ele seja o resultado de um relacionamento íntimo entre o músico e seu instrumento numa aproximação com o conceito de oralidade conforme formulado por P. Zumthor. Ou seja, o instrumento pensado enquanto extensão da voz. O mesmo objeto é então "repetido" de forma diferenciada (apontando para o que seria um possível desenvolvimento ou variação desse objeto). A partir da terceira vez, ou talvez antes, um outro músico procura estabelecer formas de intervenção a partir de uma interação com o objeto. O objeto enunciado deve estimular, como num jogo, as intervenções do outro músico que deve desejar tornar seu (roubar, capturar...) o "discurso" gerado pelo primeiro instrumentista. As pausas são necessárias (espaços de escuta – interna e externa – e de elaboração/premeditação). As trocas de olhares e uma sintonia de respiração entre os músicos são desejáveis. A partir daí, a performance se desenrola no que seria seu desenvolvimento: os diálogos entre os músicos geram, de maneiras variadas e imprevisíveis, os caminhos da performance. O objetivo é a performance (construção ou destruição) através do diálogo. Um caminho/roteiro possível é o de um gradual adensamento. As pausas devem diminuir. A intervenção/tentativa de vampirização por parte do músico operador da aparelhagem deve aos poucos conduzir para um conflito (produtivo) de procedimentos cada vez mais evidente até o estabelecimento de uma nova realidade que conduza a um gradual esgotamento do "organismo" vigente. Por organismo entendemos, numa prática de improvisação, tanto o modo de funcionamento da performance como os estados provisórios que se sucedem. Assim como os objetos sonoros de Pierre Schaeffer, estes são momentos musicais em que certas características, elementos ou sonoridades permanecem, apesar de não haver repetição material literal nem repetição conceitual abstrata de uma série, por exemplo.

2. Outros procedimentos possíveis na performance. Para os instrumentistas: a. a escuta de si mesmo e a organização do discurso com base num desenvolvimento autônomo das potencialidades do objeto sonoro gerado (o Alienado); b. a escuta do outro e a modificação abrupta de encaminhamentos e expectativas tendo em vista o processamento das novas informações (turbulências) geradas pelo processo de intervenção (o Moldável); c. a escuta polifônica que faça conviver na performance uma ideia de preservação da essência do material com as transformações do mesmo a partir das intervenções e a geração de novos acontecimentos (o Dialético). As três posturas na realidade são faces de uma mesma ideia e podem conviver e se alternar durante a performance. Cada instrumentista pode "resistir" mais ou menos às intervenções do outro músico. Para o músico que opera os processamentos em tempo real: a. transformações: timbrísticas/filtros, *harmonizer*, granulações, espacializações, transposições e geração de outros elementos a partir de edição do material; b. ambiências ("acompanhamentos") – ecos,

reverberações (intervenções que modifiquem os tempos de propagação), *delay*, geração de pulsos (evocação de gestos).

Esse roteiro foi projetado antes de qualquer performance real acontecer. Na realidade, o grupo Akronon nunca chegou a adotar um roteiro preconcebido e sempre iniciou suas performances a partir do silêncio. Nada era combinado anteriormente. Começávamos a tocar como se começa uma conversa informal, sem tempo nem assunto determinado, e a performance terminava quando as energias (o interesse, a disponibilidade, o desejo ou a necessidade) se esgotavam. Nunca sentimos necessidade de estabelecer um mapa ou roteiro para a performance. Assim, passamos a nos encontrar regularmente às segundas-feiras à tarde no laboratório de linguagens sonoras do departamento de Comunicação e Semiótica da PUC-SP para desenvolver essa prática. A partir de um determinado momento, achamos importante registrar as sessões para que pudéssemos avaliar, não só o ambiente da performance, mas também o resultado sonoro dessa experiência que para nós se configurava, empiricamente, como um processo extremamente rico e instigante. Chegamos a gravar aproximadamente doze CDs com o resultado das sessões. É importante ressaltar, no entanto, que inicialmente as sessões não eram gravadas e, por isso, havia uma preocupação de relatar os resultados após as práticas. Ao final do capítulo, estão colocados alguns relatos na forma de "diário de bordo", referentes a alguns desses encontros.

AKRONON: ANÁLISES DE PERFORMANCES[4]

Pollock

O título dessa performance (atribuído *a posteriori*, como todos os títulos das mais de trintas performances registradas pelo Akronon) é uma homenagem ao pintor norte-americano Jackson Pollock (1912-1956), que foi o primeiro pintor *all-over*. Nesse estilo se abandona a ideia tradicional de composição

[4] As performances aqui analisadas podem ser acessadas em <www.rogeriocosta.mus.br>.

em termos de relação entre as partes e todas as convenções de um motivo central para a pintura. Além disso, a partir de uma determinada fase de sua carreira (1947), Pollock passou a trabalhar despejando a tinta direto da lata sobre a tela, deixando de usar pincéis e paleta. Vários relatos descrevem seus processos de trabalho em que ele dança numa espécie de semi-êxtase, derrubando, despejando, pingando, borrando e manipulando a tinta com a ajuda de facas e ripas de madeira sobre as telas colocadas no chão. Ele costumava dizer: "a pintura tem vida própria. Eu tento fazer com que ela se manifeste"[5]. Nessa fase de seu trabalho, ele não pintava imagens, somente ação. Daí o termo cunhado para descrever sua obra: *action painting*.

A homenagem então, num primeiro momento, decorre de um conceito paralelo que nos aproxima de sua proposta: *action and reaction music*. A música do Akronon seria então música em ação e, ao mesmo tempo, música de reação, pois trata-se de uma prática musical "instantânea", coletiva e interativa. Também não "pintamos" imagens, somente ação. A outra dimensão da homenagem diz respeito às características específicas dessa performance: o material sonoro mais significativo dessa sessão, conforme pretendo demonstrar na análise, é o gesto. O gesto instrumental, automático, intuitivo e "impensado" que gera figuras e texturas no decorrer da performance. Assim como é assumidamente automático[6] e aparentemente intuitivo e impensado o gesto de Pollock em ação sobre as telas colocadas no chão.

Pollock é também o nome de um aplicativo computacional (*patch*) utilizado nas performances do Akronon, criado por Silvio Ferraz a partir do *software* Max. No seu "manual de instrução", pode-se ler:

o aplicativo "Pollock sound pourer" foi desenhado com base na imagem da tinta desenhada em *number-8*, *full fathom-5* e outros painéis de Jackson Pollock. A ideia principal foi criar um sistema que permitisse brincar com sons gravados como se fossem respingos sonoros. Ele pode ser utilizado em performances instrumentais ou em jogos interativos.

---

5 Disponível em: <http://www.ibiblio.org/wm/paint/auth/pollock/lavender-mist/>.
6 As teorias surrealistas do automatismo têm em comum com a *action painting* o fato de que, através desse tipo de procedimento, supostamente se abririam as portas para uma expressão ou uma revelação do inconsciente do artista.

A partir de um dispositivo simples de gravação, é possível gravar uma amostra de sons que é imediatamente tocada, passando por um processo constante de granulação. A amostra é picotada nesses grãos, cujo tamanho pode ser manipulado em tempo real, e espalhada tanto no espaço acústico (espaço frequencial) como no espaço tridimensional (através de um simulador de espaço binaural), reproduzindo o efeito de "tintas-sonoridades" lançadas em movimentos irregularmente reiterados [...] Em Pollock, Max é utilizado não só como granulador (módulo de processamento sonoro) mas no desenho de um aplicativo que reflete uma estratégia composicional. A ideia da reiteração e da sua dispersão espacial em pequenos fragmentos compreende a ideia de uma composição musical que tenha a repetição irregular como seu principal motor[7].

Genericamente, o Max MSP (e também o PD, conforme se verá adiante) é um ambiente de programação sobre o qual é possível estruturar esses aplicativos (*patches*) para interação eletrônica em tempo real. As possibilidades são inúmeras, pois o Max é uma tela branca na qual se pode traçar infinitos mapas. A partir deles, o músico que opera os processamentos eletrônicos pode criar diferentes caminhos, atuando sobre os sons produzidos pelos instrumentos acústicos e devolvendo-os transformados para o ambiente. O *Pollock sound pourer* é um desses mapas e é um dos que mais utilizamos em nossas práticas.

Concretamente, esse aplicativo opera da seguinte maneira: há quatro gravadores para colher as amostras (*samples*) que funcionam de maneira independente. A partir da seleção e gravação de trechos das amostras, os processamentos disponíveis são as granulações, as alterações de velocidade com ou sem mudança de registro, os efeitos *glissandi*, os *loops* (gravações repetidas em ciclo fechado), os reversos, os congelamentos de trechos etc. Todas essas operações são decididas e disparadas em tempo real pelo músico, que opera o computador em interação com o ambiente total da performance. Os gravadores podem operar simultânea ou individualmente. Além disso, o aplicativo possibilita a operação de sínteses AM em tempo real (sem utilização dos gravadores): o som acústico produzido pelos outros músicos é transformado no momento mesmo da emissão e já sai pelas caixas acústicas modificado.

---

7   R. Costa, *O Músico Enquanto Meio e os Territórios da Livre Improvisação*, p. 120.

É certo que a utilização desses recursos computacionais, além de ampliar enormemente o potencial de fabricação dessa máquina de sons que é a performance, agrega a ela um alto grau de imprevisibilidade[8]. As variáveis parecem infinitas e o grau de controle dos resultados sonoros por parte do músico responsável pelas operações de processamento depende do ambiente concreto em que a performance se desenrola. Uma dimensão experimental concretizada no método de tentativa e erro integra o arsenal de procedimentos. A eventual frustração de expectativas também faz parte de um ambiente que aí se configura, conforme palavras do professor e *performer* Silvio Ferraz, enquanto uma "performance desprotegida". Por outro lado, é a partir da utilização desse tipo de recurso que esse músico se integra de maneira ativa na performance. O computador torna-se também um instrumento. É certo que ele não produz os sons iniciais: grava e transforma aquilo que captura. É o "vampirismo musical".

Mas passemos à performance propriamente dita. Procederei, nesse caso, a uma análise detalhada do fluxo sonoro. A duração total da performance é de 16'37". A sessão se inicia aos poucos com a introdução de elementos que podem ser definidos como "acumulações" no sentido estabelecido por Schaeffer: o saxofone soprano produz, a partir de uma manipulação rítmica livre das chaves (0'08" até 0'15"), um objeto sonoro[9] ruidoso, descontínuo, irregular, denso e sem altura definida. Esse tipo de objeto é descrito por Schaeffer: "Através do seu amontoado, desordenado em maior ou menor grau de arte ou natureza, o ouvido pode apoiar-se sobre o seu parentesco, e coactar a sua diversidade em um objeto característico: a acumulação (analogia de uma multiplicidade de causas)."[10] Esse objeto, assim como muitos dos que aos poucos serão apresentados nesta sessão, revela um gesto instrumental por trás de sua

8   Esse assunto (previsibilidade *versus* imprevisibilidade, controle *versus* não controle) será tratado mais à frente neste mesmo capítulo.
9   Apesar das críticas, já mencionadas na nota 2 deste capítulo, a várias inadequações do conceito (por exemplo, a sua estaticidade), a categoria do objeto sonoro, criada por Schaeffer, é utilizada nessas análises de forma cuidadosa e adaptada e se refere a qualquer acontecimento sonoro que estabeleça algum grau de identidade e permanência e no qual é possível observar transformações, graduais ou abruptas. As metáforas visuais (visuais, táteis etc.) também serão utilizadas para descrever os fluxos sonoros.
10 *Traité des objects musicaux*, p. 359.

produção. Nesse momento, o saxofone se torna um instrumento de percussão singular. Simultaneamente (0'13") se delineia um outro objeto (ou uma outra camada do objeto mais complexo que irá se delinear a partir da acumulação desses pequenos pré-objetos) a partir de outro gesto: no violino, o gesto livre em *pizzicato* sobre as cordas soltas (que tem maior ressonância do que o gesto do saxofonista, pois reverbera) delineia também uma acumulação. Esse novo gesto ocorre de forma intermitente e é composto por ilhas de sons entremeadas por silêncios. A partir da marca de 0'22" até 0'40" se estabelece um dinamismo semelhante à ideia de pergunta e resposta: as características da camada intermitente do violino "contaminam" o outro instrumentista que passa a dialogar, preenchendo os espaços com eventos análogos. Os novos elementos criados pelo saxofonista para esse diálogo são, porém, mais claramente gestuais: "escalas" e fragmentos de escalas soltos, enunciados como unidades de tamanhos variados e entremeados por silêncios abruptos. Um tratamento figural, temático, por vezes se insinua mas não chega a se instalar. No jogo de pergunta e resposta, esses dois objetos funcionam metaforicamente como palavras de tamanhos diversos enunciadas pelos participantes. Trata-se de um objeto misto composto linearmente (não há ainda a simultaneidade) a partir da alternância desses dois objetos.

Na marca dos 0'41" aparece pela primeira vez um objeto que é resultado de um processamento eletrônico. Este, que é uma manipulação transposta do objeto proposto pelo violino, opera um adensamento da estrutura geral fazendo com que diminuam os silêncios entre os eventos. Se estabelece aos poucos, assim, a simultaneidade das camadas. Desse momento até a marca de 2'06" se constitui uma textura que soma várias camadas com objetos semelhantes: os gestos-acumulações espaçados que "riscam" a tessitura produzidos pelo saxofone, as curtas "ilhas acumulações" em *pizzicato* produzidas pelo violino, além dos objetos granulosos produzidos pelos processamentos eletrônicos "jogados", às vezes em *loop*, em várias direções e em várias regiões da tessitura. Nessa textura[11], cada camada identificada de objetos se

---

11 É interessante aqui estabelecer o paralelo dessa prática com o pensamento composicional de Brian Ferneyhough no que diz respeito à constituição dos eventos sonoros, à articulação entre os níveis figurais, gestuais e texturais e ▶

comporta de maneira imprevisível. Os eventos são apresentados em momentos disparatados e em posições (dinâmicas, frequenciais, temporais etc.) surpreendentes. No geral, porém, trata-se de uma textura homogênea e em evolução. Pode-se, assim, considerar o resultado da soma de objetos/camadas como um único objeto complexo em evolução, já que ele se apresenta provisoriamente homogêneo. Como resultado dessa evolução (ou da saturação de suas possibilidades), se introduzem novos elementos e forças que aos poucos vão (ou não) se constituir em novos objetos: sons longos, tônicos, contínuos e estáveis, *glissandos* e iterações introduzidas aqui e ali pelo violino.

Na marca de 2'06", a nota longa do violino começa a se estabelecer enquanto centro de uma nova textura. Há, na realidade, uma lenta e imperceptível transformação da textura a partir da gradual introdução desses objetos tônicos e sustentados que passam a ser produzidos também pelas outras fontes (saxofone e processamento eletrônico). Essa transição se configura na medida em que se mantém na textura atual, esparsamente, objetos da textura anterior (principalmente na camada eletrônica), e o gesto instrumental anterior do saxofonista se "contamina" com o novo objeto: os rápidos fragmentos de escala passam a repousar no seu final em notas longas. Essa nova configuração de camadas – rápidos fragmentos de escala conduzindo a sons tônicos sustentados, granulações resultantes de processamentos e transposições, "ilhas" de sons iterativos diversificados (*pizzicatos*, sons curtos atacados no saxofone)

▷ à articulação entre os objetos sonoros no fluxo temporal. Não nos esqueçamos, porém, que o plano de consistência da improvisação é substancialmente diferente do da composição. Citemos aqui o trecho de uma entrevista de Ferneyhough: "Eu, invariavelmente, concebo um evento sonoro como algo que flutua entre dois polos nocionais – ou seja, sua Gestalt [textura] gestual imediata e identificável e o seu papel enquanto um ponto de partida para o estabelecimento subsequente de trajetórias lineares dos componentes característicos [figuras] das Gestalts. O aspecto especificamente figural de um evento corresponde ao grau em que esses elementos paramétricos se prestam às possibilidades de separação, extensão, e recombinação em futuras constelações [...] Eu mesmo trato qualquer coisa como uma variável paramétrica desde que: 1. possa ser quantificada de maneira consistente de modo a permitir processos de modulação gradual; e 2. seja um componente suficientemente claro e identificado no contexto de uma Gestalt de maneira que possa vir a ser identificado em contextos subsequentes". Shattering the Vessels of Received Wisdom, *Perspectives of New Music*, v. 28, n. 2, p. 24.

etc. – vai promovendo uma gradual diluição na densidade anterior da textura, que, até a marca dos 3', vai assim configurar uma nova "paisagem" sonora. Obviamente, essas transformações não são premeditadas. Elas acontecem no contexto da performance e são percebidas numa análise retrospectiva.

Num nível mais geral, essa análise revela uma tendência das performances de que os objetos complexos (Gestalts, texturas) se estabeleçam gradativamente em camadas mais ou menos independentes, embora interdependentes. Essas camadas podem se deslocar com velocidades diferentes, de forma que muitas vezes há interpolações: objetos vão sendo constituídos simultaneamente a outros que vão se dispersando. Tudo é ligado passo a passo.

Na medida em que não há um território específico (idioma) que unifique a performance, os objetos sonoros é que dão consistência musical a essa prática, que de outro modo poderia mergulhar numa espécie de caos cósmico indiferenciado. A partir dessa perspectiva analítica, os objetos são expressão de uma "metamorfose da repetição". Repetição na medida em que eles só se estabelecem a partir de uma repetição de componentes. Metamorfose porque as pequenas transformações locais vão aos poucos delineando o aparecimento de novos objetos. Todo esse processo que se dá em plena simultaneidade e em tempo real, depende de um alto poder de concentração dos músicos, o que confere aos objetos alta volatilidade. Estes são como nuvens que se formam no céu e se desfazem a cada segundo. Assim, cada objeto tem um grau de potência diferente que depende principalmente de seu conteúdo "afetivo" concretizado em seu potencial de afetar os músicos, e por conseguinte, o fluxo geral da performance. Essa potência condiciona o tempo de permanência dos objetos (ou camadas). Na realidade, o tempo de permanência de um mesmo objeto musical depende de uma série de fatores constitutivos que vão determinar se esse objeto é fecundo para transformações sem perder sua identidade ou se o seu tecido é estéril e se esvai rapidamente.

Nesse contexto, as atitudes do músico podem ser basicamente de dois tipos: a "resposta" (que é uma espécie de sintonia com os elementos constantes do objeto) pela qual ele se integra no objeto vigente, transformando-o por dentro, e a "proposta", através da qual ele propõe novos rumos para a performance e estabelece pontes com os novos objetos vindouros. O advento de "propostas" pode ou não ocasionar mudanças de rumo. Na realidade, o espírito da "resposta" e da "proposta" são complementares. Trata-se simplesmente de uma questão de grau.

Voltando para a análise: na marca de 3' surge um novo objeto produzido pelo violino. Este se caracteriza, fazendo novamente uso de uma categoria de Schaeffer, como uma típica "amostra": "do lado dos sons contínuos, é a permanência de um mesmo agente a perseguir suas tentativas que irá soldar, através da incoerência do detalhe, as diversas fases do evento sonoro"[12]. Esse novo objeto tem também uma clara origem gestual. Trata-se de um objeto contínuo, excêntrico, produzido por um gesto similar ao descrito por Schaeffer: "um menino que aflora com o dedo a corda de um violino, enquanto conduz inabilmente o arco a qualquer lugar, fabrica um som tão incongruente quanto interminável"[13]. Nesse caso, a amostra é produzida pelo violino a partir do uso de uma arcada em "flautado", gerando harmônicos na corda *mi* com uma dinâmica em *pp*. Esse novo objeto prepara a entrada da flauta pífano (3'17"). Esta introduz objetos semelhantes às acumulações produzidas anteriormente pelo saxofone (gestos escalares, fragmentos, curtos de figuras etc.) porém, contaminados pelo timbre típico do "flautado" do violino. Nesse momento, da entrada da flauta até a marca de 3'43", convivem na textura algumas camadas: 1. o violino com sua amostra excêntrica de ruídos e harmônicos; 2. a flauta com suas figuras claramente gestuais derivadas dos fragmentos escalares propostos anteriormente pelo saxofone (trata-se aqui da reminiscência de um gesto e não do uso figural ou propriamente temático desses elementos); 3. várias resultantes de processamento eletrônico de materiais anteriores e atuais: granulações agudíssimas "riscando" aleatoriamente o tecido sonoro e uma frequência grave numa dinâmica *pp* quase imperceptível, provavelmente não premeditada e acidental[14].

12 P. Schaeffer, op. cit., p. 358.
13 Ibidem.
14 Já se afirmou aqui o caráter positivo do acaso e do acidental – enfim, do não premeditado – no contexto da performance. Nesse caso particular fica bastante evidente a pertinência acidental do elemento descrito enquanto força articuladora do caráter transitório desse momento da performance.

A partir da marca de 3'45" se desenvolve uma textura rarefeita que se caracteriza por uma espécie de diálogo predominantemente melódico, por vezes contrapontístico, entre a flauta e o violino no contexto de uma "paisagem" que nos remete aos pássaros de Messiaen: caóticos, livres, imprevisíveis mas ainda assim portadores de uma identidade sonora perceptível que poderia ser descrita como figurações rapidíssimas em regiões de frequências agudas a partir de um processamento de sons sustentados do violino e da flauta.

É interessante observar, no contexto desse diálogo entre a flauta e o violino, a partir do 4'40", a reiteração obsessiva de uma figura de quatro notas pela flauta e o contraponto livre em sons longos, *glissados* e sustentados pelo violino. Outra característica importante dessa textura é o seu grau de mobilidade expressa num revezamento de predomínio das diversas camadas.

A partir da marca de 5'19", a característica iterativa e granular agenciada na camada eletrônica contamina a textura que vai aos poucos ganhando densidade e uma nova configuração: os "pássaros" invadem a paisagem. Na marca de 7'19", uma nova proposta invade o tecido: o violino introduz arpejos rápidos que lembram as figuras gestuais do saxofone que, por sua vez, retorna à textura substituindo a flauta. Gestos rápidos e entrecortados, quase pontilhistas, compõem essa nova configuração. Na marca de 8'48" até 10'15" são introduzidas sucessivas camadas eletrônicas de caráter rítmico repetitivo (através do uso de *loops* transformados e transpostos), que funcionam como pedais rítmicos para os acontecimentos pontilhistas, gestuais e assimétricos (ataques em cordas duplas no violino, figurações melódicas rápidas na flauta que se introduz novamente na marca de 10'05") pronunciados pelos instrumentos. A partir da marca de 10'15", com a dispersão do pedal rítmico a textura vai se diluindo gradativamente. Com a introdução do pontilhismo, o espaço temporal, dinâmico e frequencial vai aos poucos sendo desbastado e a textura perde espessura.

Na marca de 11'05" ocorre um grande corte resultante desse gradual desadensamento. Trata-se da primeira pausa geral na performance. A partir da marca de 11'09" ocorre a gradual construção de uma textura homogênea definida por suas camadas nitidamente delineadas: 1. o violino introduz uma figura repetitiva composta de sons sustentados, irregulares, em *glissando*; 2. a flauta faz uma espécie de solo melódico "étnico"; 3. a camada eletrônica promove intervenções rítmicas assimétricas.

A partir da marca de 12'32", com a introdução de novos sons iterativos – trêmulos no violino – a textura vai sofrendo novas transformações. Os elementos presentes na textura anterior não desaparecem abruptamente, ao contrário, vão se transformando, contaminando e sendo contaminados pelos novos acontecimentos. O aumento de densidade é constante, os sons iterativos e as granulações invadem o ambiente nas várias camadas que também caminham na tessitura, conduzindo a textura a uma crescente complexidade.

A partir da marca de 13'50" até 14'20" duas camadas se fixam e dialogam num fluxo evolutivo: o violino produz um objeto iterativo que se move na tessitura, e a camada eletrônica devolve o processamento de elementos anteriores. Essa textura desemboca numa outra configuração (14'20") em que o violino transforma as amostras anteriores, produzindo ruídos de forma sistemática enquanto a camada eletrônica procede a uma gradativa saturação da granulação que conduz, na marca de 14'50", ao aparecimento de um longo objeto iterativo homogêneo metamorfoseante. Este se soma a uma outra camada produzida pelo violino, de sons tônicos e iterativos que se movem pela tessitura. Por último, se soma um outro objeto iterativo intermitente, dessa vez produzido em *frullato* pelo saxofone.

O final da performance, que resulta unicamente do cansaço e do esgotamento natural do desejo dos músicos, se caracteriza por uma dispersão gradual de todas as camadas identificadas que passam a intervir caoticamente no ambiente, tornando-o instável. Através de olhares entre os músicos se estabelece um consenso: com um *fade-out* executado na mesa de som, a performance cessa. Não há um "acorde final", não há uma resolução, pois não há o que resolver.

Segundo Nyman: "processos estão, por definição, sempre em movimento e podem ser igualmente bem expressos em dois minutos ou em vinte e quatro horas"[15]. Citando Christian Wolff a respeito de peças de música experimental:

---

15 *Experimental Music*, p. 12.

Começo e fim não são pontos em uma linha e sim limites do material de uma peça [...] que podem ser tocados a qualquer momento durante a performance. Os limites de uma peça estão expressos, não em momentos de tempo que marcam uma sucessão, mas como margens de uma projeção espacial da estrutura sonora total.[16]

É interessante notar que os processos da livre improvisação aqui relatados estão muito mais próximos das ideias de Cage, mas as sonoridades resultantes estão mais próximas das obras de Varèse.

Tibet

Essa performance, como todas as outras, foi registrada em uma segunda-feira à tarde – dia dos ensaios regulares do grupo Akronon – de 2001, no laboratório de linguagens sonoras da PUC-SP. Com respeito a essa performance, empreenderei uma análise menos detalhada e mais voltada para os aspectos mais gerais do processo.

Tibet é uma das performances mais concisas do grupo. A maioria das performances tem uma duração média de 12 a 17 minutos. Esta, no entanto, tem a duração de 5'30". O título *Tibet* remete ao caráter contemplativo que a audição da performance sugere. Desde já pode-se descrevê-la como uma grande textura em transformação contínua. A sensação de forma estática e quase sem movimento predomina.

Textura, segundo Brian Ferneyhough: "é o substrato estocástico irredutível da música e é a precondição mínima para que haja qualquer diferenciação potencial pertinente". Como já comentado anteriormente, esse conceito delineado por Ferneyhough é muito próximo do conceito de trama sonora elaborado por Pierre Schaeffer no contexto de sua definição do objeto sonoro. Compare-se o resultado sonoro da performance com as descrições de trama sonora de Schaeffer:

Musicalmente, os tipos mais interessantes são menos banais: seja porque permitam que variem lentamente contexturas melódico/harmônicas, entrelaçando contínuos de notas N, seja porque ofereçam timbres

16 Ibidem.

complexos X, superpostos de maneira variável ou evoluindo lentamente. Tais fusões de sons que evoluem lentamente são chamadas de tramas, em nosso vocabulário, e serão consignados como Tn ou Tx, conforme a sua contextura seja principalmente por sons N ou X.[17]

Mais à frente, no mesmo livro, pode-se ler: "tais sons, mesmo evoluindo lentamente, podem apresentar irregularidades dinâmicas ou de massa [...] A sensibilidade inclina-se mais para a permanência evolutiva do objeto do que para o acúmulo de ritmos. Numa trama melódico-harmônica, harmônico-dinâmica, é a continuidade que predomina"[18].

Além disso, nessa performance quase não é possível ouvir figuras ou gestos, e os instrumentos são continuamente reinventados através da utilização de técnicas estendidas. O que se ouve é uma espécie de som complexo – objeto, trama –, com vários componentes, produzido principalmente a partir de sons sustentados, sem ataque, tônicos (N) ou não e de composição espectral complexa (X). São produzidos sons soprados e cantados numa flauta de madeira, harmônicos produzidos por pequenas modificações de embocadura, sons de violino sustentados (acordes ou notas longas produzidas por arcadas contínuas) e ruídos produzidos por uma utilização mais livre dos instrumentos. Há também alguns sons iterativos de resultado homogêneo muito próximo dos sons sustentados: alguns *spiccatos* e *staccatos* rápidos no violino e na flauta. Tudo isso somado às transformações e processamentos efetuados pelo computador.

As transformações ocorrem nos diversos componentes tônicos, nos arrastos melódicos de massas fixas, nas ênfases em determinados harmônicos (pesos diferentes para determinados componentes – harmônicos ou sons complexos), nas

---

17 P. Schaeffer, op. cit., p. 357. Os símbolos criados por Schaeffer para consignar certos tipos e formas dos objetos sonoros aparecem aqui: a nota N é um símbolo que se refere "às notas da música habitual, mais facilmente generalizáveis. Antes de mais nada, a nota N [...] não comporta nenhum sinal particular, corresponderá a um som bem formado, situado entre o som sustentado Ñ e os sons breves [...] ou a massa do som é ouvida como condensada num ponto da tessitura, isto é, possui uma altura que corresponde à definição tradicional da nota de música, e a consignamos como N; ou então, sem poder ser claramente anotada, a massa parece fixa em tessitura [...] e teremos então uma nota complexa, que designaremos por X". Ibidem, p. 353.
18 Ibidem, p. 363.

granulações de determinadas frequências, em mudanças na espessura da textura e em modificações na densidade da trama. Na maior parte do tempo não se reconhece o timbre convencional dos instrumentos e pode-se, portanto, falar da ideia de síntese instrumental. Não se distinguem funções de objetos e não há causalidades lineares aparentes. Não há desenvolvimento de figuras melódicas ou rítmicas.

A textura produz uma sensação a partir da configuração e do dinamismo dos elementos presentes no fluxo sonoro. Trata-se da escuta de um tecido sonoro em transformação. Ela não tem direcionalidade geral (apesar de ser, às vezes, povoada de figuras com suas pequenas direcionalidades locais). Na constituição de uma textura se somam e se entrelaçam, de maneira complexa, materiais diversos que podem ser, eventualmente, figuras e gestos.

Passemos à análise propriamente dita de *Tibet*. Desde o início se estabelece um evento unificador, uma espécie de onda portadora que vai carregar, até o final, o fluxo dessa "trama/textura". Trata-se, inicialmente, de um som espesso, tônico, complexo e contínuo (uma espécie de pedal) produzido a partir do processamento do som do sopro e da voz no interior do tubo de uma flauta de bambu (pífano) com um centro frequencial definido por volta de 252 hertz. Somam-se gradativamente, em ondas irregulares, um som rugoso, contínuo e de altura variável produzido pelo raspar do arco no violino e, logo a seguir, vários tipos de sons complexos, contínuos ou iterativos, resultantes do processamento eletroacústico em tempo real dos sons produzidos pelos instrumentos. Todos esses sons se configuram em camadas que serão sobrepostas ao fluxo principal. Esse fluxo sonoro agencia um tempo liso já que em nenhum momento se instala uma pulsação regular com proporcionalidades hierarquizadas ou se ouvem marcas de corte. Não há como nem por que segmentar o fluxo em unidades de pulsação regular ou mesmo irregular.

Aos poucos, as intervenções do computador vão expandindo o espectro dessa trama em direção ao agudo e ao grave, dando-lhe mais amplitude e rugosidade. Assim, aos 35' da performance, a trama se aproxima do ruído branco em sua espessura indiferenciada. O timbre geral, porém, sofre a todo momento pequenas perturbações locais: objetos sonoros pulsantes, granulações, cintilações, linhas, *glissandos*, figuras e gestos que eventualmente emergem do tecido geral através de variações dinâmicas. Estas, no entanto, não destroem a consistência básica do evento principal: seu aspecto de trama complexa, quase imóvel, consistente e maciça é percebido como um fluxo sonoro contínuo que só é variável num nível molecular.

Nesse contexto, as perturbações parecem ser forças que se originam no próprio fluxo e, na medida em que se destacam dele, modificam ligeiramente o timbre geral. O pedal funciona como uma espécie de polo em torno do qual tudo gravita. A análise espectral demonstra a gradual expansão do campo de tessitura do início e o gradual processo de diferenciação dos timbres instrumentais no decorrer da performance em direção ao final.

O processamento eletrônico mistura e transforma os timbres dos instrumentos ainda mais, de tal maneira que eles não se identificam a não ser enquanto componentes da espessa trama ou textura. A multiplicidade gera uma só realidade complexa indiferenciada. Ao mesmo tempo há, desde o início, num nível molecular, forças tentando se destacar e atingir o diferenciado. E, de fato, o timbre dos instrumentos – a identidade da flauta e do violino – vai se impondo aos poucos na performance. A 2' do final, na marca de 3'34", próximo a uma pausa no pedal e a partir de um *pizzicato* do violino, os instrumentos e a voz estão nitidamente diferenciados, a ponto de, na marca de 4'41", evocar-se vagamente um gestual étnico com o violino acompanhando com um *ostinato* rítmico e uma vigorosa melodia modal na flauta.

No que diz respeito às "figuras", pode-se dizer que estão presentes a partir de gestos instrumentais, por exemplo, os volteios melódicos rápidos e repetitivos da flauta na marca do 4'41". No entanto, elas não chegam a configurar um pensamento figural temático. Eventualmente, as figuras aparecem também como resultado de processamentos eletrônicos em *loop*, como na marca de 1'25" e na marca de 3'34". O que parece sustentar a performance a partir de uma memória curta de contaminação entre os elementos não é o gesto instrumental, mas sim uma determinação em manter no interior do fluxo sonoro indiferenciado a metáfora do sopro da vida: aquilo que se sustenta, se pronuncia, busca se destacar do indiferenciado.

As camadas se somam para formar a trama, mas também lutam para ser ouvidas individualmente.

O Estragador de Sons

Essa performance tem 9'17" de duração e foi uma das últimas realizadas pelo grupo no ano de 2002 (12/08/2002). O título surgiu em meio a uma brincadeira com relação ao papel transformador dos processamentos eletroacústicos.

A sessão se inicia com a superposição de dois objetos musicais contínuos e iterativos que se constituirão enquanto materiais geradores. Eles estão separados espacialmente, cada um em uma das caixas acústicas. Do lado direito, um objeto de aspecto rítmico irregular e de frequência indefinida numa região mais grave do espectro. É possível a identificação da fatura instrumental: percussão com a ponta dos dedos no tampo do violino. Do lado direito, um objeto do mesmo tipo numa região mais aguda do espectro. Este é produzido pelo ruído da percussão das chaves no corpo do saxofone. A partir de um diálogo[19] livre que põe em jogo esses dois objetos, se estabelece um fluxo sonoro complexo agenciado por procedimentos rítmicos aparentemente caóticos. Surge então uma espécie de polifonia rítmica de densidade crescente. É mais fácil caracterizá-la pelas ausências do que pelas presenças: não há pulsos regulares e consequentemente não se estabelecem proporcionalidades, células, repetições, séries ou figuras identificáveis. A presença é a da variação contínua. É possível, portanto, definir esses procedimentos instrumentais enquanto vivências percussivas puras não mediadas pela proporcionalidade do pulso regular e, por isso, caóticas e imprevisíveis. Os procedimentos instrumentais apontam para uma ideia de instrumento expandido, uma vez que não predomina uma gestualidade instrumental não tradicional. Inventa-se uma nova

---

19 Percebe-se aqui que o material produzido pelo músico ao lado se impõe enquanto uma espécie de provocação – *action-reaction music*. A nós, *performers*, cabe reagir a esse material sempre e a todo momento. Nossa resposta vai gerar uma réplica e assim por diante. Desse modo, se instala um ciclo virtuoso e produtivo que vive e se mantém através dessa série incessante de perguntas, respostas, comentários, concordâncias, discordâncias etc.

técnica para a criação de novos sons. Uma tentativa de solfejo desses objetos com base no Tratado de Schaeffer nos aproxima novamente das categorias de "amostra" ou "acumulação":

Do lado dos sons contínuos, é a permanência de uma causa, a persistência de um mesmo agente a perseguir as suas tentativas, que irá soldar, através de sua incoerência de detalhe, as diversas fases do evento sonoro [...] Tomemos agora um caso simétrico ao precedente, o da manutenção descontínua. Um punhado de seixos que se derramam de um cesto, ou ainda um viveiro de pássaros em algazarra, ou a orquestra de Xenakis [...] formam uma névoa de *pizzicatos* ou de *glissandos*. Ficaríamos bastante embaraçados se a nossa classificação tipológica não pudesse prever tais lances do acaso. A orquestra mais moderna, recolhendo aqui a natureza mais naturalmente desordenada, coloca-nos forçosamente diante de entidades sonoras irrefutáveis, fumaças que exigem dedicada atenção. Através do seu amontoado, desordenado em maior ou menor grau de arte ou de natureza, o ouvido pode apoiar-se sobre o seu parentesco e coactar a sua diversidade em um objeto característico: a acumulação. Os dois casos que acabamos de opor: amostras (persistência da causa) e acumulação (analogia de uma multiplicidade de causas) não estão tão longe um do outro.[20]

Por outro lado, essa sobreposição de objetos sonoros iterativos irregulares – amostras, acumulações – gera um grande objeto complexo e evolutivo que assume um aspecto aproximado ao de uma "trama mista", conforme definição de Pierre Schaeffer:

imagina-se facilmente que tais sons, mesmo evoluindo lentamente, podem apresentar irregularidades dinâmicas ou de massa [...] Comparável em originalidade ao pedal de células – cujos elementos tomados isoladamente são totalmente imprevisíveis, mas cuja repetição, considerada globalmente, é de informação nula –, a trama mista, fazendo evoluir lentamente um conteúdo complexo e uma fatura não forçosamente regular, é relativamente previsível, embora de uma informação não negligenciável[21].

As primeiras intervenções do aparato eletroacústico (0'47") operam transformações nessa trama que acarretam uma ampliação ainda maior do espectro e da densidade. Até a marca de 1'10", portanto, o aspecto da performance não só corresponde

20 Op. cit., p. 358-359.
21 Ibidem, p. 363.

à categoria das "tramas mistas" como também essa trama aparece formada localmente por "amostras" e "acumulações".

Essa trama, objeto homogêneo, estável em sua variabilidade, vai evoluir ampliando o seu espectro, principalmente em direção aos graves (as chaves graves do saxofone produzem sons que, processados, se assemelham aos sons de tambores), adensando-se ritmicamente e crescendo em intensidade.

Gradualmente, a performance vai sofrer modificações mais significativas. Na marca de 1'11", introduzem-se sonoridades novas: as cordas do violino são friccionadas levemente, evento esse que aponta para o surgimento, mais tarde, de objetos com alturas definidas. Em seguida, se instala por pouco tempo – do 1'11' até o 1'25" – uma pulsação regular a partir de um gesto repetitivo de percussão nas chaves do sax. É um breve momento que não se estabelece, mas que surge enquanto potência no fluxo da performance. Esse tipo de "momento étnico" vai acontecer frequentemente no decorrer da sessão quando a textura vai assumir um aspecto que evoca difusamente, devido a procedimentos repetitivos, universos gestuais idiomáticos. Isso porque a aparência das texturas, em grande parte dos territórios idiomáticos, se caracteriza pela redundância e pela repetição periódica de elementos.

Da marca de 1'25" até 2'25" há uma grande transição em que ocorrem várias pequenas turbulências na textura original: diluições, silêncios e o estabelecimento de pequenas regularidades e desenvolvimentos figurais a partir de procedimentos de pergunta e resposta (por exemplo, na marca de 1'48" até 1'56"). A transição conduz a uma saturação que desemboca em uma nova textura que vai se configurar a partir da introdução de um novo objeto iterativo pela flauta. Esse objeto surge como consequência dos objetos iterativos anteriores, porém vai aos poucos incorporando o elemento frequencial e se estabelecendo enquanto objeto descontínuo, delimitado pelo fôlego do instrumentista – por isso de caráter gestual.

Pode-se resumir essa análise a uma visão mais genérica da performance. Todo o processo se dá de forma orgânica: revezam-se momentos mais "organizados" e homogêneos em que se identificam objetos sonoros mais estáveis, com momentos de saturação e diluição dos objetos (desequilíbrio do organismo e consequente desestabilização do território). Geralmente após esses momentos de desequilíbrio ocorre uma espécie de realinhamento e uma reorganização de materiais (refazem-se objetos identificáveis, há uma reterritorialização). Os cortes ou transições se dão através do surgimento de materiais novos ou de silêncios, como no caso da intervenção da flauta a partir do 2'25". Determinados eventos "fortes" (propostas) se transformam em centros em torno dos quais se organizam novos procedimentos. Então se estabelecem diálogos e interações que podem ser caracterizados pelo desejo de contrastar, imitar, somar responder etc. (respostas e propostas). Eventualmente, esses mesmos eventos fortes apontam para determinadas direções que acabam por não se concretizar. Assim, a imprevisibilidade está presente em todo percurso da performance. A sensação é de retro causalidade: os objetos se configuram enquanto resultado de processos interativos e as causas se verificam *a posteriori*.

DIÁRIOS DE BORDO: RELATÓRIOS INFORMAIS DE ATIVIDADES DO GRUPO AKRONON

Sessão: 15 ago. 2001

O plano de consistência está cada vez mais fluente. Nele já é possível estabelecer conexões altamente "significativas". O resultado é cada vez mais prazeroso. As performances começam quando iniciam sem nenhuma combinação prévia, a não ser alguma determinação vaga e simples do tipo: "vamos fazer algo mais *vazio*?" Terminam por interrupção. A performance dura o tempo necessário e possível. Não há necessidade de estabelecer planos ou mapas formais. A performance se inicia como uma conversa: pensamentos trocados e interagindo, problemas livremente resolvidos. A forma se delineia no processo. Os acontecimentos musicais se sucedem em surpreendentes texturas sonoras. Os sistemas se potencializam mutuamente a ponto de ser possível dizer: "estamos fazendo cada vez melhor". A improvisação é como a atitude perante os fatos da vida: a cada "afirmação sonora" (pensamento musical) ensejada por um membro do grupo corresponde uma série de respostas ou reações que se somam num tecido sonoro altamente dinâmico.

Os sistemas de cada músico (seus dados biográficos, sua relação corporal com o instrumento, suas expectativas e disposição emocional etc.) se relacionam de maneira consistente. O plano é consistente e a vivência é produtiva. O grupo delineia aos poucos uma identidade. Até os processos têm uma identidade (cada performance tem a sua). Seria interessante gravar! A gravação seria como uma foto de uma dança.

Antes da Sessão de 25 set. 2001

As sessões agora serão gravadas. Esse fato tornará possível uma avaliação dos resultados para além das impressões e sensações gravadas na memória. Com isso, agora seremos capazes de verificar o resultado sonoro dessas nossas "conversas". Outros dados entram em jogo nesse caso. O ambiente tem que estar tecnicamente mais bem ajustado. Ele fica mais complexo do ponto de vista tecnológico. O resultado sonoro geral mixado tem que estar adequadamente equilibrado: o que é produzido acusticamente tem que estar balanceado com o que é produzido pelos processamentos. A soma desses sons tem que estar equilibrada, formando um todo homogêneo que possibilite a todos os músicos ouvir o seu som, o seu som transformado e o resultado geral.

Após a Gravação

A faixa 3 [trata-se da faixa intitulada *Tibet*, analisada acima] do CD gravado nesse dia testemunha um resultado sonoro absolutamente original tão consistente quanto uma "obra" musical: uma textura, quase um objeto sonoro único sofrendo mutações e transformações mínimas, gradativas, quase moleculares.

Sessão: 8 out. 2001

Pela primeira vez uma sessão se estrutura a partir de um roteiro que vem de fora, extramusical, por assim dizer. Trata-se de uma proposta de realização de uma "trilha" para um espetáculo de dança: *Corpos Ilhados,* da coreógrafa e bailarina Vera Sala. Pela proposta da coreógrafa, a música não deve estar "colada na coreografia", nos gestos ou nos movimentos da bailarina. A intenção não é tampouco criar um tipo de ambientação dramática, que faça uso do potencial retórico, emotivo, evocativo, gestual, convencionado da música – climas "tristes", intensos etc. Há, no entanto, algumas direções: o tempo do espetáculo é de aproximadamente 1 hora e, durante esse tempo, a ideia é que a música componha – junto com o cenário, a luz e o figurino – o ambiente desse corpo ilhado, sem vida (a inspiração para a criação desse espetáculo é a notícia sobre um menino morto em uma rebelião na Febem e cujo corpo, queimado e dilacerado, nunca foi reclamado por ninguém [...] A ideia é de um corpo sem vida, sem vontade, movimentado "por fora"). A música não precisa estar presente o tempo todo. Na verdade, ela deve ser um "pouco mais que nada". O nada efetivo – o silêncio – não chega a ser uma opção devido ao fato de que os sons ambientes inevitáveis no ambiente do teatro fariam uma trilha sonora indesejável. A ideia é que essa música seja o mais próxima possível de um som quase imperceptível que se transforma mínima e lentamente. Às vezes ele desaparece, às vezes reaparece, sem que haja uma relação evidente com a dança.

Vários problemas surgiram na tentativa de criar essa trilha a partir de uma sessão de improvisação. Esses problemas estão ligados ao fato de que foi impossível adequar, no âmbito de uma performance, as várias exigências do espetáculo: a duração obrigatória de uma hora, a constituição de um som complexo (mas não tão complexo a ponto de chamar atenção sobre si), contínuo e sustentado, sofrendo transformações graduais e imperceptíveis no espaço de uma hora (uma trama, portanto) e o desejo que não se evocasse o convencionalmente musical (gestos, sons de instrumentos, frases melódicas, enfim elementos significativos e identificáveis que remetessem ao que convencionalmente se denomina como música). O nível de concentração necessário para esse tipo de proposta não foi atingido e as mudanças e transformações foram mais bruscas do que o desejável. Talvez durante um tempo mais curto (como na performance do dia 25 de setembro, em que esse tipo de sonoridade e procedimento aconteceu sem prévia preparação) essa proposta fosse mais factível. Todo esse quadro dependeu, evidentemente, de como se configurava o plano de consistência do Akronon no momento da performance (que incorpora os dados históricos resultantes da prática desenvolvida pelo grupo, mas que também depende de certa configuração do plano no momento mesmo da performance). O fato é que o resultado sonoro não satisfez as exigências do espetáculo: o todo ficou muito fragmentado e descontínuo, o som dos instrumentos ficou muito evidente e os acontecimentos sonoros se apresentavam com muita evidência.

Sob o ponto de vista da performance propriamente dita, pode-se afirmar que o processo foi muito intenso e instigante: os acontecimentos se interligavam naturalmente e com fluência, os objetos musicais complexos, as tramas se sucediam de maneira convincente e os músicos – apesar de terem de lidar com as limitações impostas pela proposta – estiveram, na maior parte do tempo da performance, engajados, entrosados e concentrados (porém, como já dito anteriormente, não o suficientemente concentrados para realizar a proposta). Problemas de ordem técnica – panes no programa, não funcionamento de periféricos, mixagem não equilibrada etc. – também prejudicaram a performance. O CD gravado no dia testemunha uma série de texturas sucessivas que vão aos poucos se transformando.

Uma reflexão sobre os problemas colocados pela proposta de realização dessa trilha nos levaram a formular a hipótese de que as propostas vindas de fora do ambiente (roteiros, estímulos extramusicais, eventos musicais pré-gravados) podem, eventualmente, criar dificuldades para o livre funcionamento do ambiente, uma vez que os "pensamentos musicais" não fluem com liberdade e espontaneidade. Isso não quer dizer que o ambiente da livre improvisação não possa se valer do recurso de roteiros, mas sim que tais roteiros modificam de forma contundente o ambiente da improvisação.

A solução para esse impasse específico (a criação da trilha para o espetáculo *Corpos Ilhados*) foi utilizar os materiais produzidos e gravados na sessão num processo posterior de composição. Assim, a partir do material gravado na sessão, procedemos a uma análise e a uma segmentação em objetos que se tornaram o material para uma composição eletroacústica.

AKRONON: PROBLEMAS E SOLUÇÕES NO CONTEXTO DA PERFORMANCE

Os Limites dos Instrumentos e o Uso de Idiomas

Às vezes emerge uma dificuldade "territorial": um dos instrumentos não consegue delimitar um "espaço de frequência"[22], não consegue se somar na textura. Esse fato depende dos tipos de processamento que condicionam a performance num dado momento. Depende, em grande medida, do adequado funcionamento do aparato tecnológico (eletrônico ou acústico). Num exemplo específico, o saxofonista sente a falta do elemento percussivo que seria o mais adequado num determinado momento da performance para estabelecer um diálogo rítmico com o violino. A saída é o silêncio ou a investigação e a procura de novas expansões do instrumento.

Outra questão: num primeiro momento, no contexto das performances limitamos conscientemente o uso dos idiomas. Mas por que não usar fragmentos de sistemas e elementos idiomáticos? Afinal, eles também fazem parte do ambiente, uma vez que são parte integrante da biografia musical de cada um. A proibição acaba sendo uma espécie de limitador consciente do campo de consistência com o intuito de disciplinar a prática e dirigir a escuta ao objeto sonoro. Como se vê, esse já é um tipo de roteiro para a improvisação que – como sempre – não é totalmente livre. Ninguém é totalmente livre.

Aperfeiçoando o Ambiente

Aos poucos, o ambiente de improvisação vai se potencializando. Existe uma etapa inicial de experimentação por parte dos músicos que, aos poucos, vão adquirindo familiaridade com as variáveis, as linhas de força, as dinâmicas e os limites

---

22 Remeto aqui a um fato que me foi relatado pelo prof. Sílvio Ferraz. Segundo ele, os pássaros numa árvore delimitam e distribuem seus territórios nas copas das árvores com base na região de frequência em que efetuam seu canto: os que cantam mais agudo ficam para cima, os que cantam mais grave ficam mais para baixo e os que possuem um registro médio se localizam no meio das copas.

do sistema. Os músicos "aprendem a jogar". O que é aparentemente "livre" revela suas tendências. Há procedimentos que funcionam melhor, que propiciam performances mais ricas e dinâmicas. A performance é rica quando é viva e se sustenta enquanto performance, mantendo o interesse dos músicos. Depende de desejo, motivação, envolvimento, "liberdade" (para interagir com o inesperado, trabalhar com a frustração etc.). Pode ser uma atividade com alto grau de ludicidade. Quando todos os músicos estão prazerosamente envolvidos, a performance se estende por longos períodos de tempo. Depois de um tempo de prática, os músicos ficam conhecendo melhor seus instrumentos, pois nesse ambiente se transformam e requerem um aprendizado novo. O computador apresenta, de forma cada vez mais clara, suas possibilidades. Criam-se novas técnicas. O comprometimento emocional e corporal dos músicos é intensificado. Dúvidas são esclarecidas: como captar adequadamente o som das chaves do saxofone? Como captar os sons graves produzidos através de leves pancadas no estandarte do violino? As texturas, densidades e intensidades obtidas são cada vez mais instigantes. A analogia com um organismo que comporta várias estruturações diferentes é promissora. As virtualidades do sistema são limitadas pelo material sonoro disponível, mas infinitas quanto às suas estruturações.

Dificuldades Práticas no Processo "Livre"

O ambiente é muito complexo. As variáveis são muitas. Inicialmente é o caos ou o quase caos. É necessário dar "consistência" à máquina. Há os três instrumentos: violino, saxofone e o computador. Aparentemente, o elemento mais complexo é o aparato eletrônico: quais são os processamentos, seus tempos de interação com o material produzido pelos instrumentos, como ele devolve o material, como ele interage? É necessário que os três músicos se familiarizem com as múltiplas possibilidades e formas de atuação de cada um dos outros: as "membranas" devem se tocar e provocar turbulências. Mas é importante estabelecer os limites das membranas. É importante que se estabeleça uma ética – ouvir o outro, ouvir a si mesmo, ouvir o conjunto – com base nas limitações concretas do conjunto. Por exemplo: não é possível o saxofone tocando em *ff* e o violino em *pp* ao mesmo tempo. É importante criar condições para que o ritmo estabeleça uma comunicação entre os meios, para que os meios se intercambiem.

É possível "harmonizar" tudo isso – concepções musicais, diferenças estéticas, gostos, enfim, biografias musicais e pessoais – sem que se utilize algum idioma específico? Em que "pré-território" estaríamos nos movendo? Tais questões dizem respeito à possibilidade de se criar um território que abra espaço para a "assinatura" de cada um, mas que seja, ao mesmo tempo, um outro ambiente, que é mais que a mera soma de todas as assinaturas: será que há uma assinatura de cada um que resulta numa assinatura de todos, ou será que há uma assinatura da improvisação em si? Afinal, qual é o objetivo desse processo?

Um desses objetivos parece ser, simplesmente, o de que a performance seja bem-sucedida e que todos os envolvidos se sintam participando. E esse sucesso depende do grau e da qualidade das interações. O processo pode ser entendido enquanto uma metáfora de uma vida social integradora em que se abrem espaços para a fala de cada um.

É possível tentar "consolidar" esse território através de uma intensa troca anterior de dados e referências, gostos etc. Explicitar os desejos. São dilemas com os quais um conjunto de improvisação livre se defronta. Não é o caso de um grupo que se encontra claramente num território específico. Por exemplo, um grupo que se propõe a trabalhar com o *cool jazz*: a referência clara a um território delimita os problemas. Aí, trata-se de criar o ambiente sobre uma base especificada. É um modo maior claramente definido. As escapadas não são bem-vindas. O sistema fala através de seus intérpretes. Claro que há espaço para as falas pessoais – verdadeiras assinaturas – mas elas se dão num âmbito de sutil diferenciação. É o timbre específico de cada um, é a maneira de deslocar acentuações, é o tipo de *vibrato*, é maneira de organizar o fraseado, a utilização de ornamentação etc.

Os Instrumentos Desterritorializados: A Libertação da Técnica e o Conceito de Instrumento Expandido

Em ambientes híbridos, como os do grupo Akronon, que incluem instrumentos acústicos e digitais, o instrumento mais complexo e imprevisível é o computador. É necessário que as operações executadas pelo músico que "toca" o computador sejam compreendidas pelos outros músicos. Conforme mencionado anteriormente, sua atuação é, num primeiro momento "vampiresca". Mas logo sua intervenção passa a determinar em grande medida o rumo da performance.

Aos músicos cabe também perceber as potencialidades do material individual e geral. Em geral, a textura é um som complexo composto de várias camadas cuja organização e natureza determinarão tanto a possibilidade de sua permanência quanto suas rotas de transformação e fuga, que conduzirão à constituição gradativa de novas texturas.

Nesse processo surgem "novos instrumentos": o saxofone devir violino, o saxofone devir computador, o violino devir computador, o violino devir saxofone e assim por diante. Os instrumentos se amoldam uns aos outros e se desterritorializam. A escuta reduzida e a interação intensa agenciam essas transformações. Vale ressaltar que o envolvimento dos músicos na performance se dá no nível de uma fisicalidade quase pura, através da ação instrumental: o rítmico, o obsessivo, o intenso, o esforço de tocar, a virtuosidade. O corpo não comparece apenas no "êxtase" rítmico. As eventuais transformações das técnicas instrumentais ocorrem em tempo real e decorrem da atitude experimental ativa dos músicos durante a performance.

OS PROCESSOS CRIATIVOS DA ORQUESTRA ERRANTE[23]

A Orquestra Errante é grupo experimental fundado e coordenado por mim e sediado no Departamento de Música da

---

23 Este texto, ligeiramente modificado, foi originalmente publicado na *Revista Hodie*, v. 13, n. 1.

ECA-USP. A OE se dedica à prática da improvisação livre e faz parte do meu projeto de pesquisa sobre improvisação e suas conexões. Existe desde 2007, tem uma constituição flutuante e instável e é composta majoritariamente por músicos oriundos dos cursos de graduação, pós-graduação e pós-doc da USP. Apesar de minha atuação enquanto coordenador-geral do projeto, a Orquestra desenvolve suas atividades a partir de uma prática democrática, não hierarquizada e voltada para a ideia de criação musical em tempo real. A Orquestra tem servido também como laboratório para as diversas pesquisas que são desenvolvidas (sobre improvisação e suas conexões), tanto por mim quanto pelos meus orientandos. Com esse objetivo, durante os ensaios semanais – a maioria deles gravados – são experimentadas várias estratégias pedagógicas, propostas artísticas e dinâmicas de interação.

Em termos mais poéticos, pode-se dizer que a Orquestra Errante é uma brecha de espaço/tempo preparada para fomentar agenciamentos sonoros/musicais coletivos, sempre inéditos.

Mas, para detalhar, pode-se dizer também que a Orquestra é um campo de provas, de produção e de experimentação. Há ali, por isso mesmo, uma intensa ativação dos sentidos. O sentido da audição é predominante, pois afinal os sons nos atingem através desse canal. Porém, os outros sentidos estão presentes, pelo menos enquanto recursos para a ação e para a interação. Para a complexidade da ação instrumental na relação músico/instrumento importam o tato, a visão, a noção de corpo, de fisicalidade e, para a interação propriamente dita (nas relações entre as ações de cada músico no ambiente), importa o olhar, além da escuta, obviamente. Trata-se, por isso, de um espaço háptico[24], integral, indissolúvel.

Cabe também ressaltar que esse é um espaço peculiar de criação, uma vez que a Orquestra não toca "músicas" (reprodução). Ela produz música (produção, invenção). Porém, esse

---

24 Pode-se ler uma definição interessante de sistema háptico em Mauerberg para quem "o sistema háptico vai além do tato e é um dos mais complexos meios de comunicação entre o mundo interno e externo do homem. O sistema háptico está relacionado com a percepção de textura, movimento e forças através da coordenação de esforços dos receptores do tato, visão, audição e propriocepção". E. Mauerberg-Decastro, disponível em: <http://conversando-com-a-lilian.blogspot.com.br/2010/06/sentido-haptico-e-pesquisa-e.html>.

ambiente de produção é diferente do ambiente da composição, já que nele a criação se dá sempre de forma colaborativa, coletiva, compartilhada em tempo real e irrepetível. O que se repete é apenas o aspecto geral do ambiente, seus componentes: vontades, engajamento, ação instrumental, desejo, escuta intensificada, interação, ludicidade. Há exceções: a Orquestra pode eventualmente tocar composições ou "comprovisações", como foi o caso da peça *Saturação*, de Mário Del Nunzio, apresentada em 2010 durante o evento artístico multimídia Por Trás das Coisas, promovido pelo grupo de pesquisa Mobile: Processos Musicais Interativos, da USP, no Teatro da Unesp, em São Paulo. Mas essa não é a sua vocação primeira. O que a Orquestra produz, em geral é resultante de um composto de forças simultâneas e interagentes ativadas, principalmente, pelo desejo de cada um dos músicos, agenciado eventualmente por alguma proposta musical, extramusical, roteiro ou palavra geradora (podem ser citadas, por exemplo, as palavras "erosão", "disfunção" e "amálgama" que ativaram[25] algumas das performances).

Como já foi dito, tudo se dá através da interação. Mas para isso as condições devem ser propícias à criação de fluxos sonoros interativos. As interações se dão em todos os sentidos – horizontal, vertical e diagonal – já que os fluxos são superpostos e justapostos. O que eu ouço – o todo, camadas, partes, trechos – me influencia agora mesmo, ao mesmo tempo que ouço e também depois de ter ouvido. Tudo é sempre novo, a todo momento. Nada se sabe antes do acontecimento. Só durante. O ambiente não é previamente hierarquizado: todos os sons têm direitos iguais. O mesmo se pode dizer a respeito dos instrumentistas. A potência de cada som emitido se estabelece "em pleno voo": é quando elementos se acoplam ou não, somando forças ou se extinguindo. É só no contexto da

---

25 Manuel Falleiros – saxofonista e integrante da Orquestra Errante entre os anos de 2010 a 2011 – desenvolveu, em seu doutorado sob a minha orientação, uma detalhada investigação sobre as potencialidades da utilização de palavras como ponto de partida para performances de livre improvisação coletiva. Para essa pesquisa, a OE funcionou como uma espécie de laboratório. As três palavras citadas foram utilizadas em diversas performances da OE, inclusive em concertos. Algumas dessas gravações podem ser encontradas no *site* <www.rogeriocosta.mus.br>, e foram realizadas em 2010 no estúdio do Departamento de Música da ECA/USP, o Laboratório de Acústica Musical e Informática (LAMI).

performance que determinados sons se tornam eventualmente mais importantes que outros. E estes se tornam mais importantes na medida em que estabelecem conexões produtivas. Eventualmente, alguns sons caem no vazio, não "vingam" e não se desdobram.

Outro aspecto que fundamenta a prática da Orquestra é a complexa rede de relações que se pode estabelecer entre a escuta e os processos de produção sonora implementados pelos instrumentistas durante a performance. Essas relações incluem as dimensões físicas, corporais e emocionais do gesto instrumental. Numa dimensão "microscópica", podemos dizer que, a cada som (que tem uma história energética singular) produzido em uma performance, corresponde um gesto instrumental. Ou seja, o tempo e a qualidade do gesto instrumental estão intimamente ligados à "história energética" do som. Assim, poderíamos dizer que cada performance tem, num certo sentido, uma dimensão "coreográfica" específica.

Por isso, é possível dizer que a prática da Orquestra Errante pode ser pensada como uma espécie de "música concreta instrumental"[26], pois nela os relacionamentos entre os músicos se dão, predominantemente, através de uma escuta que privilegia a concretização da execução realizada e as qualidades gerais de sonoridades. O valor – que é o que é ou se torna, estrutural e "musical" – emerge da audição dessas mesmas sonoridades concretas produzidas na performance. Portanto, na livre improvisação, o abstrato (a estrutura, a musicalidade) e o concreto (a sonoridade) são totalmente imbricados e coexistentes. A estruturação se dá durante a performance e resulta de uma atividade com sonoridades concretas. Na livre improvisação,

---

26 Para Lachenmann, a ideia de uma música concreta instrumental implica numa prática musical que abrange todo o universo sonoro, o qual se torna acessível através de técnicas instrumentais não convencionais. Segundo o compositor, nessa música os eventos sonoros são escolhidos e organizados de modo que a maneira pela qual eles são produzidos é pelo menos tão importante quanto as qualidades acústicas resultantes. Consequentemente, essas qualidades, tais como timbre, volume etc., não somente produzem os sons, mas descrevem ou designam uma situação concreta: ao escutar, ouve-se as condições em que um som ou ruído é produzido, que materiais e energias estão envolvidos e que resistência é encontrada. Trata-se de uma ênfase no gesto energético instrumental.

a musicalidade se expressa ou está contida na sonoridade. A sonoridade se "musicaliza".

Alguém poderia perguntar: o resultado não é caótico? Eu diria que não porque os movimentos de consistência (estratificação) se alternam com os movimentos de desestratificação. Ao mesmo tempo que se deseja sempre criar algo novo, a todo momento existe a vontade de se estabelecer conexões. Todos esperam que a sua atuação crie ressonâncias no todo, seja se somando a algo que se consolida, seja trazendo elementos novos que contribuirão para mudanças de rumos e transformações no fluxo da performance. De qualquer forma, o "caos" permanece como uma espécie de reservatório virtual de materiais e procedimentos. Uma condição para que haja consistência é que a "fala" de cada instrumento seja ouvida e passe a fazer parte do jogo. Um dos elementos mais importantes é o prazer: o prazer da emanação vital, individual, de ouvir o som de sua própria "fala" (instrumental), prazer de ser ouvido, prazer de ouvir o resultado geral, prazer da ludicidade, prazer de fazer parte de um todo em movimento, do mergulho na sensação, prazer estético. Nesse ambiente, o tempo é sempre intensificado, pois as múltiplas conexões entre as ações de cada músico se dão em tempo real.

Para isso é preciso uma série de cuidados, já que os músicos trazem ao ambiente da prática os seus "rostos" particulares. Para o ambiente funcionar, é preciso estabelecer algumas condições para o jogo. Não se trata propriamente de regras que permitam o funcionamento do jogo: trata-se mais de uma antirregra. A prática da Orquestra não se submete a nenhum idioma (particular, coletivo, tribal, social, histórico, geográfico) embora com eles dialogue, pois fazem parte da história de cada um. É preciso que desde o início se estabeleça o primado do som e não da nota e de seus sistemas molares: tonal, modal, atonal, dodecafônico etc. O som puro e energético é a matéria-prima dos músicos da Orquestra. A ideia é partir do mínimo, do molecular que é comum a qualquer música: o som. Este pode se transformar em qualquer coisa: motivo, tema, figura, melodia, textura, ruído, grito, traço, desenho, gesto etc. Nesse sentido, vale dizer que a Orquestra Errante acolhe rostos diversificados. Isto é: diferentes e complexas biografias musicais convivem e cooperam nesse ambiente aberto e não hierarquizado. E isso não é simples, pois é necessário que cada um abra mão de seu mundo sonoro particular em favor de um novo mundo coletivo, inédito, inesperado e imprevisível. É preciso mergulhar nos níveis mais profundos dos idiomas e buscar seus elementos mínimos e moleculares. É nesse nível – o nível do som puro e do gesto instrumental – que se estabelece um devir produtivo entre músicos de formação específica e diversificada: pianistas românticos, guitarristas de jazz e de rock, violinistas clássicos, flautistas andinos e barrocos, bateristas de samba e reggae, saxofonistas de blues e de bebop, percussionistas exóticos entre outros. Durante as performances, essas especificações se diluem e se amalgamam.

Por isso a técnica não deve ser um empecilho. Mas é importante saber que ela não é neutra, já que nela se escondem os idiomas. Isso porque as técnicas em geral se desenvolvem em íntima relação com algum tipo de música, sistema e/ou idioma. Por outro lado, a boa técnica – em qualquer idioma – propicia um domínio de certas possibilidades dos instrumentos. Isso traz certa intimidade. E é bom ter intimidade com um instrumento. O músico tem um tipo de prazer corporal nessa relação. Portanto, a questão técnica tem dois aspectos: por um lado, ela pode ser uma prisão, por outro, uma possibilidade de expressão e, por isso, de libertação. Na Orquestra Errante, os instrumentos são tocados das formas mais diversas: com alguma técnica tradicional (recontextualizada), com as chamadas "técnicas estendidas", com técnicas inventadas na hora (impensadas, improvisadas, inusitadas) e com misturas de técnicas. O importante é que o instrumento se torne uma espécie de extensão do corpo e da voz do músico, que o acoplamento músico-instrumento habilite o músico para o devir da performance.

O tempo também tem múltiplas dimensões nas performances, por isso é possível imaginar o fluxo sonoro das performances da Orquestra Errante enquanto texturas complexas, multidirecionais e não lineares (pois não há um princípio unificador, teleológico). As várias camadas das texturas se relacionam de múltiplas formas. As conexões se dão em tempo real, passo a passo: o que acabou de ocorrer necessariamente influi nos eventos que se seguirão. Predomina uma memória de curto prazo. A expectativa é um sentimento sempre presente: *o que virá a seguir?* Porém, a música não vai só para frente, mas também para trás e para os lados. A simultaneidade de acontecimentos de tempos disparatados garante uma pluralidade de tempos coexistentes: uns mais lentos, outros mais rápidos, outros parados, uns densos, outros mais rarefeitos, uns lineares, outros circulares. Cada músico tem seus tempos internos e a intervenção de cada um, pensada enquanto uma camada da textura geral, estabelece conexões ao mesmo tempo com o todo e com as outras camadas. É possível dizer que a performance se dá num presente contraído composto pela convergência de vários passados que o produzem e o futuro em potência que não para de se atualizar.

Sobre a interação com o público pode-se dizer que a performance não é exibicionismo. Pelo contrário. Para haver intensidade expressiva e sinceridade na improvisação livre, o ideal é que haja despojamento. A interação com o público pode ser um alimento, um incentivo para os músicos. Mas também pode ser uma armadilha na medida em que surge a tentação do uso de clichês e fórmulas de efeito para se conseguir a empatia. O certo é que o público é uma linha de força importante que estabelece um ritmo com o plano de improvisação.

Esse tipo de dinâmica descrito acima tem ocorrido em nossas inúmeras apresentações e concertos. Por exemplo, no auditório da Unesp (São Paulo, 2010); nos auditórios da ECA e da FFLCH, ambos na USP (2012); no auditório do Itaú Cultural durante a programação do IV Seminário de Música, Ciência e Tecnologia (julho de 2012), promovido pelo grupo de pesquisa Mobile: Processos Musicais Interativos; no espaço Serralheria (São Paulo, maio de 2013); na Unicamp (Campinas, novembro de 2013); no espaço Wald (São Paulo, agosto de 2014); e em Ribeirão Preto, durante o Festival Música Nova (2014).

O GRUPO MUSICAFICTA E OS INSTRUMENTOS COMPLEXOS

O grupo MusicaFicta foi criado em 2008 pelos pesquisadores e músicos Cesar Villavicencio (flauta doce e *live electronics*),

Fernando Iazzetta (percussão e *live electronics*) e por mim (saxofone e *live electronics*) com a finalidade de desenvolver investigações práticas e teóricas sobre a improvisação e o uso de novas tecnologias para interação e performance. O MusicaFicta funcionou inicialmente como um grupo residente do projeto de pesquisa Mobile (2010-2013). Desenvolvido no Departamento de Música da Universidade de São Paulo, o Mobile foi um projeto multidisciplinar que contou com apoio da Fapesp e que tinha, entre seus objetivos, o estudo e o desenvolvimento de processos interativos na criação de música mediada pelo uso da tecnologia. Posteriormente o Musicaficta passou a intergrar o projeto de pesquisa NuSom que, com os mesmos objetivos e com apoio da Pró-Reitoria de Pesquisa da USP, sucedeu o projeto Mobile[27].

Nas performances do grupo, cada um dos músicos atua de forma singular, buscando ampliar as possibilidades expressivas e sonoras de instrumentos expandidos eletronicamente. Cesar Villavicencio atua com uma flauta doce baixo equipada com sensores, acelerômetros e interfaces, conectada a um *patch* em Max MSP. Fernando Iazzetta utiliza um dispositivo eletrônico que emula um *set* de percussão como interface para controlar diversos *patches* em Max MSP ou, em algumas performances, atua de forma similar à do grupo Akronon, em que um dos músicos opera os processamentos eletrônicos a partir do som produzido pelos instrumentos acústicos, "vampirizando" o som produzido pelos outros músicos. Eu toco o saxofone acoplado a um aparato eletrônico interativo: microfone + interface analógico-digital + pedal midi controlador + *patch* em PD no computador. Tenho utilizado esse mesmo sistema (que será detalhado abaixo) em performances solo.

Se, por um lado, o grupo não se vale das regras implícitas dos idiomas musicais estabelecidos, por outro, não deixa de adotar certas estratégias para a estruturação das performances que serão explicitadas mais à frente. O grupo tem se apresentado em vários eventos dedicados à música contemporânea experimental e eletroacústica, tais como o Seminário USP-SARC Irlanda (Belfast, 2008); o XIX Congresso da Anppom (Curitiba,

---

27 Há alguns registros em áudio e vídeo de algumas performances do grupo no *site* <www.rogeriocosta.mus.br>.

2009); o Performa 11 (Aveiro, Portugal, 2010); o 45º Festival Música Nova (São Paulo, 2010); e o Festival Klem Kuraia (Bilbao, Espanha, 2012). Além disso, conforme explicitado acima, o grupo produziu alguns textos de reflexão teórica sobre os temas relacionados.

Técnicas Estendidas, Música Contemporânea e Livre Improvisação: A Ideia de Controle e Descontrole[28]

Na prática criativa e interativa do Musicaficta há uma busca consciente e consistente por novas formas de produzir sons. Por um lado, temos a utilização das já citadas técnicas instrumentais estendidas, por outro, a incorporação de sons sintetizados a partir da interação com as interfaces eletrônicas.

É importante atentar para a relatividade da expressão "técnicas estendidas". Na música contemporânea, a ideia de técnica estendida está fortemente relacionada à expansão das possibilidades de produção sonora. Nesse contexto, as técnicas estendidas se sobrepõem às técnicas instrumentais tradicionais, principalmente àquelas relacionadas ao repertório orquestral clássico e romântico. De maneira geral, as formas musicais tradicionais basearam-se na estabilidade dos sistemas de notas (escalas, modos, acordes) que, por sua vez, eram regulados por regimes também estáveis de organização (contraponto, harmonia, condução melódica etc.). Para manter essa estabilidade, os instrumentos musicais foram sendo regulados de modo a possibilitar o maior controle possível na emissão dos sons. Esse controle não se restringiu apenas às alturas das notas, mas também à sua articulação, ao seu timbre e à sua dinâmica temporal. Esse processo se deu a partir de uma transformação contínua dos instrumentos musicais, com o refinamento das técnicas de fabricação, a utilização de novos materiais, o aperfeiçoamento dos aspectos ergonômicos e com a consequente ampliação dos recursos técnicos (aumento de tessitura, agilidade de

---

28 Esse texto se baseia num artigo produzido em parceria com os professores Cesar Villavicencio e Fernando Iazzetta, e foi originalmente publicado na revista *Sonic Ideas* (México) em 2013 com o título *Fundamentos Técnicos e Conceituais da Livre Improvisação*.

articulação etc.). Essa história inclui também a invenção de novos instrumentos e o desaparecimento de outros.

Há certamente toda uma complexa rede de causas (sociais, musicais, expressivas) que condicionam os rumos dessa história. No entanto, no âmbito da música ocidental europeia, durante muito tempo essas alterações ocorreram dentro dos limites de ampliação das potencialidades de uma prática musical cujo material sonoro esteve circunscrito a um domínio voltado para a ideia de tom e de nota, ou seja, de sons cuja estrutura frequencial é estável, garantindo uma sensação de altura tonal tão clara quanto possível, bem como o seu controle articulatório e estabilidade tímbrica por parte do intérprete.

A partir do final do século XIX, mesmo ainda dentro do âmbito do sistema tonal, é possível perceber um consistente processo de valorização do timbre nas obras de compositores como Wagner, Richard Strauss, Mahler e Debussy. Esse longo processo gradativo se consolida ainda mais no século XX com a obra de compositores como Schoenberg, Webern, Varèse, entre outros, e mais tarde com o advento da música eletroacústica. A partir de então, na produção de grande parte dos compositores do ocidente, ocorre uma reorganização dos elementos tradicionais da música (nota, melodia, harmonia e contraponto) e o estabelecimento de um novo foco sobre as qualidades do som em si, com o consequente surgimento de novas formas de elaboração formal e de organização do fluxo musical.

Nesse novo contexto, é possível dizer que o trabalho criativo está predominantemente focado na composição de novos materiais sonoros e que a linearidade discursiva própria do sistema tonal (baseada no paradigma abstrato da nota musical) é substituída por outros tipos de lógica de articulação (relacionados às qualidades dinâmicas, acústicas e perceptivas do som), pensadas sob a forma de linhas, blocos, planos, massas, agregados sonoros etc. Sob o ponto de vista temporal, trata-se, cada vez mais, de criar fluxos sonoros processuais derivados de análises (assistidas ou não por computador) dos desdobramentos energéticos do som. A partir de então, a invenção e a utilização das técnicas estendidas para os instrumentos tradicionais se torna uma necessidade e se amplia cada vez mais, conduzindo a abordagens que podem ser definidas como experimentais, tanto com relação à produção de novos sons quanto em relação à escrita adequada para trabalhar com esses novos sons. Em meio a essa expansão técnica, a interação com os meios eletrônicos provou ser uma fonte rica de possibilidades.

O grupo MusicaFicta tem utilizado, desde o início de suas atividades, os processos de mediação tecnológica na forma de processamentos eletrônicos ao vivo em combinação com instrumentos acústicos. As possibilidades criativas para o improvisador são muito ampliadas nesse ambiente. É como se, na prática, lidássemos com super instrumentos cujas técnicas não foram totalmente descobertas, mapeadas e sistematizadas.

Do ponto de vista do grupo, a oportunidade de criar e usar novos sons a qualquer momento durante a performance configura um ambiente propício para a improvisação livre. Por outro lado, pode-se afirmar que nesse tipo de ambiente é necessário um empenho específico para lidar com os novos recursos dos instrumentos. Tocar um instrumento híbrido – um instrumento acústico com uma extensão eletrônica – é certamente, mais complexo do que tocar um instrumento acústico. Uma vez que a atividade de criação na improvisação livre é um processo emergente e generativo, que depende fortemente da interação em performances coletivas, é possível afirmar que a técnica instrumental deve ser maleável e desenvolvida por meio de descobertas empíricas. Aliás, muitas vezes a invenção de técnicas estendidas ou a descoberta de novos recursos instrumentais (tanto acústicos quanto decorrentes da interação eletrônica) ocorre em plena performance, sem que os músicos tenham tempo de se exercitar para incorporá-los de forma fluente em seu repertório de procedimentos. Esse fato condiciona em grande parte o fluxo das performances, uma vez que o músico deve lidar de forma produtiva (isto é, integrando, no fluxo da performance, os acontecimentos sonoros e gestuais decorrentes desses novos recursos) com a surpresa, o acaso, o inesperado e, consequentemente, com o incontrolável. Trata-se, portanto, de se relacionar com o incontrolável, assumindo-o enquanto um fator de risco que atua como uma energia que alimenta de maneira produtiva o processo musical criativo.

Tendo em vista essa situação, é necessário manter um equilíbrio produtivo nessa equação entre a técnica instrumental e a tecnologia uma vez que a invenção contínua de novas ferramentas tecnológicas para performance pode ter consequências nem sempre positivas. Nesses casos, conforme relatado anteriormente, o músico não tem tempo de se adaptar minimamente, não consegue dar conta de estabelecer um patamar mínimo de controle sobre o seu instrumento e a técnica instrumental não se estabiliza, permanecendo em contínua transformação. Pode-se configurar assim um tipo de exploração fetichista da tecnologia que acaba impossibilitando um desenvolvimento mais arrojado da prática artística e em que o uso de dispositivos tecnológicos torna-se um fim em si mesmo, um fetichismo desconectado dos resultados estéticos que pode produzir.

Desse modo torna-se necessário algum equilíbrio entre a exploração de recursos inovadores ou não usuais e o domínio desses recursos. Um exemplo dessa situação pode ocorrer quando *patches* em Max ou PD são utilizados para modificar a produção sonora de instrumentos acústicos. Nesses casos, o *performer* vai aos poucos adquirindo familiaridade com os novos recursos: que tipo de processamento é possível, que parâmetros são modificados, quais tipos de interfaces são utilizadas e como elas operam, em que medida é possível controlar os resultados etc. Se, por algum motivo, o *patch* sofre modificações, é adequado e necessário um período de adaptação às novas funcionalidades.

O DUO MILLER PUCKETTE E ROGÉRIO COSTA: A MÁQUINA SENSÍVEL E O COMPUTADOR AGENTE

Descrevo em seguida – quase improvisando, na forma de uma espécie de diário com muitas perguntas e poucas respostas – as atividades práticas desenvolvidas por mim em parceria com o pesquisador e professor Miller Puckette durante uma visita de aperfeiçoamento científico realizada nos meses de maio e junho de 2009 à University of California San Diego (UCSD), com apoio da Fapesp. Para esse trabalho, propus ao professor

Puckette que ele criasse um *patch* em PD que favorecesse um ambiente computacional interativo e criativo[29].

Nesse ambiente, além de interagirmos com o dispositivo eletrônico em tempo real, também atuamos enquanto instrumentistas (guitarra e sax). Esse aspecto da proposta visava enfatizar a dimensão da fisicalidade na atuação dos improvisadores uma vez que é evidente que uma performance realizada no teclado do *laptop* é pouco corporal e pouco se assemelha à atuação de um instrumentista no sentido tradicional do termo. Em nosso dueto, a ideia era utilizar a guitarra enquanto controlador dos processamentos digitais e também como instrumento produtor de sons, garantindo assim a conexão corporal do músico com o instrumento.

Uma das ideias fundamentais foi refletir sobre a relação dos músicos com os dispositivos eletrônicos no que diz respeito ao grau de imprevisibilidade e controle, na medida em que as diferentes proporções entre essas duas dimensões se configuram enquanto um componente importante dos ambientes de improvisação. Nesse sentido, um ambiente pode ser mais ou menos controlável e, portanto, previsível, dependendo do tipo de relação que se estabelece entre os músicos e os sistemas eletrônicos.

Ideias Antes do Primeiro Ensaio

A ideia inicial é de que a guitarra funcione como um controlador para os processamentos disponíveis nos *patches* em PD ou como um outro instrumento que interage com o saxofone. No primeiro caso, tratar-se-ia da ideia do "vampiro musical", em que a guitarra não produz sons próprios mas controla as variáveis dos processamentos previstas no *patch* e que são aplicadas aos sons produzidos pelo saxofone. No caso de os dois atuarem como instrumentos produtores de som, seria adequado que ambos fossem pensados como instrumentos expandidos (computador, *patch*, interface, pedal) e que os músicos pudessem controlar a interação entre eles e com o sistema.

---

29 Alguns registros audiovisuais desta pesquisa estão disponíveis em: <www.rogeriocosta.mus.br>.

Reflexões Após o Primeiro Encontro Com Miller Puckette: A Respeito da Interação Entre Máquinas e Improvisadores (a Partir de Henri Frisk)

Nesse ambiente de trabalho surgiram algumas questões importantes: como garantir uma relação criativa entre os músicos (incluindo quem opera o computador) numa situação de improvisação com interação eletrônica? Durante uma performance, é evidente que o instrumentista mantém uma forte conexão física e corporal com seu instrumento. E quanto ao músico que opera o computador? Como criar condições para que o computador funcione como uma espécie de instrumento e que, consequentemente, o seu operador se sinta como um instrumentista em pleno jogo musical interativo?

É interessante propiciar condições para que aquele que opera o computador consiga produzir e operar transformações em fluxos sonoros em tempo real. Por isso talvez seja importante que os programas (*patches*) emulem uma "inteligência" musical que torne possível manipulações maleáveis e em tempo real do material sonoro. A própria produção do *patch* já é um ato composicional ou ao menos parte dele. Se, por um lado, deve-se ter o cuidado de não se deixar capturar pelo pensamento composicional implícito no algoritmo do *patch*, por outro lado não é possível escapar do fato de que qualquer programa criado para a produção e interação musical expressa um tipo de pensamento musical. E esse fato deve ser evidenciado.

Sobre esse assunto, o improvisador, compositor e pesquisador sueco Henri Frisk, em sua tese de doutorado, afirma que "a ideia de que a programação é um meio de postular alguma parte de mim dentro do *software* não é muito diferente de pensar que escrever uma partitura musical é uma forma de se comunicar"[30]. Para que a dinâmica da interação entre os envolvidos seja tão produtiva quanto possível, é importante que essa operação seja totalmente explicitada.

De acordo com Frisk, há uma outra questão envolvida nessa relação entre sons instrumentais e máquinas: existe uma maneira de ultrapassar a barreira entre o contínuo e o discreto?

---

30 H. Frisk, *Improvisation, Computers and Interaction, Rethinking Human-Cumputer Interaction Through Music*, p. 8.

No computador, os algoritmos podem oferecer um modelo convincente para o que é tão variável, complexo e que, aparentemente, possui tantos aspectos não quantificáveis como o som produzido pelos seres humanos em seus instrumentos? Cito o trabalho de Frisk:

> meu projeto de pesquisa é em parte uma tentativa de resolver essa brecha em meu próprio trabalho, e esta é a que me referi acima, como a ambição de alcançar a unidade entre sons acústicos e eletrônicos. Na improvisação intitulada "Insanity" faço isso colocando uma restrição a mim mesmo, relacionada a que sons me permito produzir (sons percussivos apenas), e no programa de acompanhamento uso uma técnica de análise/re-síntese que sei trabalhar bem para essa classe de timbres. Na improvisação intitulada "I Call for Responses" uso uma análise/re-síntese técnica que funciona bem para multifônicos, e foco minha improvisação em uma série de multifônicos. Em ambos os exemplos, a conexão entre os timbres acústicos e os sons eletrônicos é preconcebida. Estes são codificados e estáticos e, caso eu desejasse criar durante a improvisação, repentinamente, um caminho diferente, a conexão pré-composta iria falhar [...] O programa *timbreMap* é uma tentativa geral para resolver esse problema e permitir uma ligação mais dinâmica entre os timbres acústicos realizados e os resultantes timbres eletrônicos[31].

Digressões Sobre o Mesmo Assunto

Surgiram ainda muitas outras perguntas. Por exemplo: o que significa interagir com um computador? Deveria a interação com o computador ser diferente da interação com um outro músico? Sob um ponto de vista mais técnico, em que medida algo "expressivo musicalmente", criado durante uma improvisação instrumental, pode ser transformado em dados significativos para serem lidos pelo computador? É importante criar algum tipo de continuidade entre o que é produzido acusticamente pelo *performer* e o que é produzido pelo computador? O que significa exatamente continuidade? Trata-se de coerência no uso dos materiais sonoros? Como criar interfaces que funcionem como intermediários entre os *performers* e os computadores e que tornem possível essa continuidade?

---

31   Ibidem, p. 23.

Para Frisk, é igualmente importante abordar as diferenças entre a ideia de influência (que ocorre entre os participantes de uma situação humana interativa) e de resposta (que ocorre numa relação interativa entre homem e computador). No segundo caso, espera-se que a máquina simplesmente responda em tempo real e da forma mais adequada (correta) possível. Trata-se do que se convencionou chamar de interação enquanto controle. Para Frisk, na livre improvisação com interação eletrônica, geralmente é possível observar estes dois tipos de interação: entre os músicos (que interagem e se influenciam mutuamente) e entre os músicos e a máquina (que geralmente responde num fluxo previsível de *input* e *output*).

É diferente quando se quer que o computador atue "como um ser humano", surpreendendo, influenciando e sendo influenciado. Os chamados "agentes inteligentes" ou *learning machines* – por exemplo, o Voyager3 de George Lewis e o omax desenvolvido no IRCAM – tentam de alguma maneira lidar com essa questão. Nesse caso, supõe-se que o usuário humano, durante um certo tempo e de maneira consciente, abra mão de seu controle em favor do computador. Citando novamente o trabalho de Frisk: "dispor-se a entregar o controle é o começo de um entendimento da interação humano-computador (IHC) enquanto algo que inclui elementos normalmente pertencentes ao domínio da interação social"[32].

Outros importantes aspectos da interação entre músicos e computadores dizem respeito à ideia de tempo real (latência) relacionado à resposta imediata ou não por parte da máquina e também à ideia de espaço. Dependendo das formas pelas quais essas relações acontecem, é possível pensar no computador enquanto uma extensão do corpo do instrumentista. Mesmo assim, há várias possibilidades para esse tipo de conexão. No caso do instrumento estendido (como no grupo MusicaFicta), a ideia de controle é almejada e razoavelmente resolvida. Existem também os ambientes mais "incontroláveis", imprevisíveis ou parcialmente controlados, como é o caso do duo Miller-Costa.

---

32 Ibidem, p. 76.

Ainda Sobre a Questão do Controle: o Computador Player

Frisk diferencia duas situações: uma em que se almeja a interação-controle, na qual o computador é pensado enquanto um instrumento que deve responder em tempo real a todas as instruções transmitidas via interface pelo músico, e outra em que o que se almeja é a interação-diferença, na qual o computador é pensado enquanto um *player*, uma vez que ele traz contribuições ao ambiente de formas inesperadas, não controladas como um outro músico.

Em certa medida, é essa última situação que ocorre no duo Miller-Costa, em que a interface cria a interação. Invocando a filosofia de Deleuze e Guattari, é possível dizer que a interface serve a um devir ou a um acoplamento entre os diversos componentes do ambiente. O que se propõe, nesse caso, é que se pense nos polos dessa relação enquanto energias abstratas intercambiáveis: digital/analógico, formal-binário, atual-natural. Isto é, nem sempre o humano é o analógico e o computador é o digital. A situação pode se inverter e pode haver gradações. A interação é sempre uma extensão ou uma amputação. A interação e os acoplamentos são formas de abertura para o fora: criam zonas de intersecção entre os meios.

A Simbiose Interativa e o Acolhimento do Erro

Com base nessas considerações, Frisk propõe que num sistema cibernético realmente interativo não pode haver uma parte que tem controle unilateral sobre o todo. As características mentais seriam imanentes ao sistema como um todo. Estes seriam os sistemas simbióticos em que há reciprocidade: a energia de um estímulo interage com a energia independente de uma resposta, diferente de um sistema não simbiótico, no qual há uma lógica causal rigidamente organizada e preestabelecida.

Um outro ponto interessante de sua argumentação é a necessidade de se abrir – em parte – mão do *self* e, consequentemente, resgatar o papel da catarse (incorporação positiva do corpo e do inconsciente) na prática musical interativa. Para finalizar seu trabalho, Frisk contesta a ideia ocidental de aprendizado enquanto aquisição de conhecimento (desenvolver uma habilidade, dominar uma técnica e controlá-la igual a maestria para evitar erros), e afirma a positividade do erro quando este ocorre num contexto de um certo controle, quando se "acolhe o erro". Nesse sentido, afirma que o computador introduz novas resistências na prática musical (assim como alguém toca um instrumento que não domina). A ideia seria esquecer os condicionamentos e adotar uma atitude experimental, empírica. Então ele se propõe a "aprender o computador para poder esquecer". Nessa proposta, não querer controlar completamente é uma forma de interação que privilegia a improvisação.

Ensaio: 11 de Maio

Hoje tivemos um ensaio produtivo. A ideia foi criar um ambiente onde tanto eu quanto Miller pudéssemos atuar enquanto instrumentistas-improvisadores e em que houvesse um verdadeiro diálogo. Para isso, Miller preparou um *patch* que grava continuamente amostras da minha performance e através do qual ele pode interagir com a guitarra, ativando trechos dessas amostras. Assim que ele aciona na guitarra um som similar a algum que está presente na amostra (definido no programa enquanto uma frequência ou uma nota), o *patch*, que utiliza um *pitch tracker*, procura e toca esse som e o que vem imediatamente depois dele na amostra. Dessa forma, cada toque da guitarra dispara nos alto-falantes um trecho das amostras gravadas pelo saxofone. O guitarrista, no entanto, transforma as amostras, dependendo da forma como ele toca. Assim, cada gesto instrumental na guitarra gera um resultado sonoro diferente. Metaforicamente, pode-se dizer que se trata de uma "guitarra em devir saxofone". O timbre é do saxofone, mas a energia da fatura é da guitarra (modos de ataque, tempo de duração, envelope dinâmico etc.). Cada nota da guitarra pode emitir um gesto sonoro "completo" do saxofone ou apenas parte dele.

Trata-se de uma variação da ideia do vampiro musical, uma vez que um dos músicos trabalha a partir do som que o outro produz. Porém, nesse caso, o primeiro pode organizar os materiais no tempo de uma forma livre e controlá-los (em certa medida) através de seus gestos instrumentais na guitarra. Dessa forma, aos poucos ele vai criando uma "técnica" compatível com o novo "instrumento".

Quanto a mim, posso interagir de diversas formas com os sons produzidos a partir das intervenções da guitarra. Aos poucos surgem texturas mais ou menos homogêneas que resultam da soma dos meus improvisos com o que a guitarra dispara. Como, em geral, o que a guitarra produz é uma transformação do meu material recente, a tendência foi (ao menos no ensaio de hoje) produzir essas texturas derivando-as sempre de um mesmo tipo de material. Pode-se também mudar radicalmente o material de modo a induzir mudanças gradativas no material geral em jogo. Gradativas porque, à medida em que esses novos materiais são introduzidos (e que são gravados pelo *patch*) a guitarra pode continuar ativando materiais antigos que ficaram armazenados na memória do *patch*. Trata-se de uma interessante utilização da ideia de memória. Todos os materiais assim resgatados sofrem transformação, em maior ou menor grau.

Miller ainda reclama que não possui o controle efetivo do que ele toca. O *patch* decide, com base em sua arquitetura, a forma de processamento das amostras e mesmo a quantidade de material armazenado em cada nota. Hoje trabalhei principalmente a partir da ideia de notas com alturas definidas emitidas de várias formas: longas e espaçadas, com variações de dinâmica, às vezes variando a afinação com *bends* e *glissandos*, sequências de notas curtas ligadas utilizando microtons e *bisbigliando*, cantando dentro, frases melódicas mais bem definidas, usando fragmentos de escalas e modos ou baseadas em material mais anguloso, superagudos e harmônicos.

Perguntas Feitas a Miller Após a Performance

Quais são os tipos de processamento aplicados às amostras gravadas? Em que medida a maneira de tocar a guitarra (dinâmica, modos de ataque, duração da nota) influencia o processamento das amostras? De que forma o guitarrista pode atuar para controlar o processamento para que a sua atuação se aproxime o mais possível daquela de um instrumentista? Como funciona o *patch* em todas as suas fases: *input*, processamentos e *output*? Será que é interessante incorporar como um valor, ao menos em parte, o acaso? Isso porque, nem mesmo um instrumentista super virtuoso tem controle absoluto sobre o seu instrumento. E, mesmo que tivesse, o imponderável estaria sempre à espreita devido ao fato de que é impossível adivinhar o gesto do outro numa improvisação. É possível criar um algoritmo que dê conta de mapear as variáveis do timbre?

Ensaio: 12 de Maio

Hoje trabalhamos a situação inversa, isto é, as notas tocadas no saxofone ativam as amostras improvisadas na guitarra. Diferentemente da situação relatada no ensaio anterior, aqui temos três camadas simultâneas: o som produzido pela guitarra, o som produzido pelo sax e o som da guitarra processado e ativado pelas notas tocadas no sax. A complexidade adicional desse ambiente traz, obviamente, maior dificuldade para o desenvolvimento de uma "técnica" instrumental. Particularmente, no meu caso, é difícil distinguir o que é o som da guitarra e o que é o som produzido pelo processamento. É necessário fazer mais ensaios para que possamos nos familiarizar com as diversas possibilidades de interação entre os eventos produzidos. Depois de experimentarmos esse dispositivo durante certo tempo, voltamos à situação anterior. Ficou claro que, nesse ambiente de apenas duas camadas é mais simples dar fluência e consistência à performance. Ouvem-se texturas em movimento elaboradas a partir de gestos instrumentais introduzidos e modificados gradativamente. Essas texturas apresentam diferentes configurações (regiões da tessitura, espessura, densidade rítmica, harmonicidade, granulosidade etc.) dependendo do tipo de amostra que está em jogo e a partir de sua colocação no espaço temporal. É possível perceber um processo de contínua transformação das texturas. A velocidade dessas transformações depende do grau de insistência de utilização de um determinado gesto instrumental, mas também das possíveis variações paramétricas introduzidas nesses mesmos gestos pelos improvisadores no decorrer da performance. Se, por exemplo, o saxofone de súbito muda completamente o tipo de material sonoro utilizado, a guitarra ainda pode continuar ativando amostras do "passado", o que acaba gerando claramente um momento de transição. Miller deixou claro que a forma pela qual ele toca a guitarra condiciona o tipo de processamento realizado na amostra ativada.

Ensaio: 14 de Maio

Hoje o ensaio foi filmado[33]. Praticamos com as duas versões do *patch* que Miller preparou. É realmente mais fácil trabalhar com a primeira, pois eu me sinto mais à vontade para tocar. É como se eu estivesse interagindo com um outro saxofone que está produzindo sons similares aos meus. O que Miller produz na sua atuação é claramente derivado do meu material. A matriz é uma só, mas o resultado pode ser percebido como uma espécie de micropolifonia de figuras similares ou, sob uma lente mais global, como uma série de texturas em movimento compostas por pequenos gestos e/ou figuras.

Na segunda versão do *patch*, é um pouco mais difícil de se situar, uma vez que o resultado do processamento das ações instrumentais nem sempre é suficientemente claro para o improvisador. Segundo Miller, o *patch* às vezes "erra" ao "ouvir" o som do sax e aí nem sempre é possível saber o que é resultado da minha ação e o que eu posso controlar. No entanto, aos poucos estamos nos acostumando e desenvolvendo técnicas condizentes com o ambiente. Vale mencionar que essa sensação de "descontrole" com relação ao segundo *patch* não necessariamente implica em um resultado sonoro menos interessante. Trata-se apenas de um ambiente em que os improvisadores se sentem menos "no comando" das ações. Dependendo da proposta, essa pode ser uma situação almejada.

---

33 Ver, no YouTube, vídeo intitulado "miller puckette rogério costa 1". Ver também <www.rogeriocosta.mus.br>.

Ensaio: 18 de Maio

Hoje Miller tentou utilizar um pedal para controlar a velocidade das amostras ativadas pela guitarra. Ficamos ensaiando para adquirir mais técnica. O pedal trouxe maior dificuldade para a performance de Miller. É interessante perceber que algumas tentativas de aperfeiçoamento nos *patchs* acabam, eventualmente, atrapalhando a estabilização de uma técnica para o "instrumento"[34]. Nesse caso, o *set up* guitarra-computador é um instrumento em constante mudança e, por isso, o "instrumentista" não consegue desenvolver e estabilizar uma técnica. Durante a performance, Miller está constantemente tentando reparar algo que não está funcionando ou que poderia ser melhorado. Por essa razão, até agora ele não conseguiu se sentir à vontade para entrar no jogo da improvisação de uma forma plena. De qualquer forma, temos melhorado o nosso entrosamento. Tenho tentado criar mais espaços para que ele atue um pouco mais com a guitarra e eu não seja sempre o "solista". Uma vez que produzo os sons e ele os "armazena" em sua memória eletrônica, é importante que ele tenha oportunidade de manipular esses sons. Decidimos que os dois próximos ensaios serão dedicados a esse aperfeiçoamento técnico – com o *patch* estabilizado – e que tentaremos criar ambientes musicalmente mais consistentes. É importante ressaltar, no entanto, que o levantamento de problemas é, às vezes, mais relevante do que a resolução dos mesmos. Principalmente no que diz respeito ao desenvolvimento de interfaces e *patches* mais maleáveis e efetivos.

Ensaio: 21 de Maio

Semelhante ao ensaio de ontem: tentando desenvolver e consolidar uma "técnica" para a performance no ambiente guitarra + *patch* + sax. Usando o pedal e as duas formas de interação: o sax ativando amostras da guitarra e usando o pedal para controlar a velocidade e vice-versa. Conforme já mencionado, a segunda

---

[34] Esse assunto foi discutido de forma mais sistemática no item "O Grupo MusicaFicta e os Instrumentos Complexos".

situação é mais fácil para mim, pois atuo mais como um instrumentista "normal" em estreito contato físico com o instrumento. Para Miller também é uma situação mais ou menos tranquila, uma vez que ele não tem que lidar com a situação de conviver com o som acústico (que, nesse caso, não existe na guitarra) e o processado. O controle que ele está aos poucos adquirindo possibilita que ele participe de forma ativa e criativa do "jogo" da livre improvisação. Praticamos bastante na situação inversa e acredito que melhoramos nosso entrosamento. Apesar disso, tenho que descobrir quais atitudes e gestos sonoros funcionam melhor: notas longas, notas curtas, oscilação microtonal etc. Outra coisa a considerar também é qual a melhor forma de interação: esperar pelas frases de Miller e tentar ativá-las de alguma forma ou atuar de forma independente? Misturar as duas atitudes? Em que medida? De qualquer forma, a performance exige muita concentração e às vezes parece que se está controlando adequadamente o ambiente, mas às vezes, não. Estamos sempre "andando sobre o fio da navalha", desestabilizados. Isso é bom e ruim ao mesmo tempo. A busca por coerência e consistência é uma necessidade constante e a tensão resultante da situação descrita acima nos coloca em estado de alerta constante. O nível de energia é alto. Mas os riscos de fracasso também.

Ensaio: 25 de Maio

Hoje improvisamos bastante pensando em adquirir mais fluência e técnica. Do meu ponto de vista, continuamos tateando bastante, principalmente quando controlo os processamentos com o sax e o pedal. Às vezes me sinto atuando de forma exageradamente empírica. É possível perceber que a minha atuação tem efeitos no ambiente, mas o grau de controle e previsibilidade é pequeno, variável. Às vezes tenho a impressão de que estou entendendo perfeitamente o funcionamento da máquina. Nesses momentos, a ideia de construção de um ambiente sonoro consistente ganha mais corpo. Às vezes a sensação é de ficar tateando no escuro, procurando e encontrando formas e objetos que rapidamente se desmancham no ar. Porém, há outras variáveis nesse ambiente, que é configurado essencialmente por atos intencionados de escuta e observação. Por exemplo, quando dirijo a minha atenção aos sons e gestos produzidos por Miller, deixo de me importar com o processamento eletrônico e passo a interagir como se ele não existisse, embora ele se imponha no ambiente através de acontecimentos sonoros imprevistos. Eu diria que a "máquina" ainda surpreende e desestabiliza os improvisadores. Mas, por outro lado, é interessante manter certo grau de imprevisibilidade (acolher o erro e o acaso). Com relação à continuidade "estilística" e timbrística das performances, parece não haver tanto problema. Há uma predominância de sons de sax + sax processado (quando Miller está ativando as amostras do sax) e uma polifonia timbrística (guitarra + sax + guitarra processada) na situação inversa. Penso que esse é o aspecto mais interessante do ambiente, apesar do *patch* só trabalhar rastreando as alturas (e não os timbres). Combinamos para amanhã um ensaio mais silencioso, menos ansioso. Menos sons jogados fora. Embora Miller tenha ponderado que ainda estamos em fase experimental.

Ensaio: 26 de Maio

Esse foi um ensaio particularmente produtivo. Foram duas performances bem consistentes em 1 hora de ensaio. Pela primeira vez senti que controlava melhor o ambiente. A minha atuação ativando as amostras criadas por Miller na guitarra com ou sem o recurso do pedal foi mais consistente. Concluímos que talvez o programa pudesse ser ligeiramente modificado para que ele tivesse mais estabilidade. A ideia seria que cada nota emitida pelo sax pudesse ficar associada durante mais tempo a determinadas amostras gravadas da guitarra e não fossem substituídas tão rapidamente por materiais novos introduzidos na performance pela atuação de Miller. Isso traria mais estabilidade relativa ao ambiente sonoro[35]. O objetivo seria equilibrar os aspectos de repetição e diferença (estados provisórios). Na

---

35 Isso demonstra a necessidade de um certo grau de homogeneidade e permanência dos materiais no fluxo sonoro da performance. Trata-se da ideia de equilíbrio entre redundância e informação que permanece como um fator importante em qualquer trabalho artístico criativo.

situação atual, os materiais ativados permanecem muito pouco tempo no ambiente, o que faz com que este seja muito informativo, porém pouco consistente. Fizemos algumas experiências para entender durante quanto tempo e como é possível trabalhar com os materiais introduzidos: Miller tocava algo e ficava em silêncio. Aí, eu atuava sobre os materiais existentes. O resultado foi muito interessante. Deu para perceber perfeitamente o papel do pedal: quando ele está na posição zero há um congelamento do início da amostra ativada. Às vezes utilizo esse recurso para atuar mais livremente como um instrumentista já que, nessa situação, o que resulta é um "uníssono" do som do sax + o som da guitarra processada. Já na posição oposta, a amostra aparece inteira. Há graus intermediários entre essas duas situações em que partes da amostra (que acaba muitas vezes se consolidando enquanto um gesto) de diferentes tamanhos vão sendo introduzidas no ambiente.

Ensaio: 1 de Junho

Já estamos nos sentindo à vontade nos dois ambientes. É possível "jogar" com a relativa imprevisibilidade do sistema. É possível prever em parte o que virá como resposta (*output*) às nossas ações (*input*). Então, dependendo dos sons que vêm do processamento, a minha atitude tem sido de tratá-los empiricamente repetindo, variando os demais parâmetros (lembrando que cada frequência é uma espécie de comando) para sentir os desdobramentos. Às vezes o sistema se comporta de uma maneira aparentemente "lógica", respondendo aos comandos de maneira previsível. Em outros momentos, o *output* é totalmente imprevisível. De qualquer forma, a consolidação de uma "técnica básica" e a ideia de jogo já tornam a improvisação coletiva muito prazerosa.

Ensaio: 8 de junho

Criamos uma espécie de ritual: em cada ensaio realizamos sempre duas performances de mais ou menos 15 minutos cada. Cada uma com um *set* diferente (o sax toca a guitarra e vice-versa). Enquanto participantes da performance já estamos bem ambientados: todas as variáveis em jogo já são bem conhecidas (o que não significa que sejam controláveis). O computador funciona mais como um *player*, alimentando o ambiente sonoro com materiais, em certa medida, inesperados. Isto é, o controle que temos sobre ele é relativo. Podemos cessar a sua atividade ao parar de alimentá-lo com materiais originais, mas o que ele faz com as amostras armazenadas é, em grande parte, inesperado, segundo Miller, devido a um certo grau de "errância" (intencional) do *patch*. O nosso papel enquanto instrumentistas (saxofonista e guitarrista) é diferente em cada um dos *sets*. Quando o sax toca a guitarra, eu me sinto dividido entre pensar no saxofone como um instrumento tradicional (e que, por conta disso, é mais "incorporado", a partir das minhas vivências idiomáticas) e pensá-lo como um "controlador", um *trigger* das amostras gravadas no *patch*. Na verdade, trata-se sempre de uma atuação híbrida: a fisicalidade é preservada e, ao mesmo tempo, o papel de controlador se insinua. Há diferentes equações combinando esses dois aspectos.

Por exemplo: num determinado momento me dou conta de que, ao emitir um som x (*input*), obtenho uma interessante resposta y por parte do *patch* (*output*). Vamos dizer que essa resposta seja uma figura rítmico-melódica complexa. Eventualmente, nos momentos subsequentes a esse acontecimento, a minha atitude será de repetir e variar ligeiramente o meu *input* para tentar trabalhar sobre a figura gerada. Trata-se de uma ideia de transformação aplicada sobre uma espécie de objeto sonoro. E, apesar do *output* se realizar na forma de transformações implementadas a partir de uma figura complexa, o *input* que o desencadeia é algo relacionado a atos físicos típicos do instrumentista: produção de notas em alturas próximas, variação de dinâmica, articulação, variação timbrística etc. Tudo isso, de certa forma, é calibrado pela utilização do pedal, que pode controlar a quantidade e a velocidade de amostra que é ativada por uma nota emitida pelo sax (o domínio desse recurso ainda é algo almejado, mas não atingido).

Controle e Imprevisibilidade

Há ainda um outro elemento importante a considerar no ambiente – consequência do tipo de *input* utilizado –, que é o fato de o som acústico do sax inevitavelmente ocupar o ambiente e se somar às duas camadas de acontecimentos já em jogo (o som da guitarra e o som processado e ativado pelo saxofone). Com essa possibilidade presente no ambiente, o que acontece é que, às vezes, a minha vontade de atuar como um instrumentista "normal" me leva a utilizar o pedal no zero, tentando congelar as amostras para tratá-las como notas ou objetos sonoros acústicos manipuláveis. A partir desse tipo de ação eu posso interagir com a guitarra de uma forma mais controlada. A intenção nesses momentos é expulsar parte da imprevisibilidade do ambiente. Mesmo assim, isso nem sempre é possível, pois o *patch* não se comporta exatamente como se espera. Às vezes chego até a pensar que o pedal está tendo o efeito inverso. Na situação inversa, quando a guitarra toca o saxofone, a minha atuação é mais confortável: o sax é somente um instrumento e, enquanto tal, gerador dos materiais (tanto os que vão fluir na minha performance, quanto os que serão utilizados e transformados pela ação da guitarra). O resultado é bem mais controlável, apesar da instabilidade de ambiente no que diz respeito à atuação de Miller. De qualquer forma, a sonoridade já é, de antemão, mais homogênea, devido ao fato de que só há o timbre do sax e do sax processado. Durante a performance, às vezes me concentro na intenção de gerar materiais que sejam interessantes para a transformação, às vezes almejo a instalação de um tipo de textura específica. Sinto que tenho maior poder com relação a esse aspecto, uma vez que é o meu som que alimenta todo o sistema.

Com relação especificamente à minha atitude geral enquanto improvisador: no último ensaio procurei me concentrar o máximo possível para tomar atitudes mais conscientes e menos automáticas, mais controladas e menos intuitivas. Às vezes posso até decidir tocar de forma automática (não premeditada), mas se isso ocorrer será a partir de uma "decisão". Não significa que eu sempre premeditei em detalhes todos os meus gestos, mas sim que procurei me ouvir atentamente e sentir o fluxo sonoro que eu produzia dentro do ambiente complexo da performance. Talvez eu pudesse descrever alguns pensamentos que me ocorriam: "fazer figuras irregulares, angulosas... produzir uma textura a partir dessa ideia de *glissando*... atenção, ouvir o outro... estou distraído... experimentar variar esse som/gesto para tentar manipular o som produzido pelo *patch*... não esquecer de ouvir o outro... puxa! não era esse o resultado que eu esperava". Às vezes, mais de um pensamento ao mesmo tempo.

Realmente, trata-se de um fluxo polifônico incessante de pensamentos e sensações. O que acontece é que esse fluxo tem velocidades e densidades variadas. Assim, quando se está menos concentrado, pode-se dizer que a densidade desse fluxo é menor. Também, com relação a esse fluxo e ao tempo, pode-se dizer que ele se desenvolve tanto para a frente como para trás. Isto é, a todo o tempo somos atravessados pelo que acabou de ser e continua (memória de curto prazo) e pela nossa vontade de potência de futuro. O presente da performance é uma contração de "agoras" passados e futuros. Nesse ambiente há também espaço para o inesperado e o inconsciente, o "racional" e o "corporal".

DUO ALEXANDRE PORRES E ROGÉRIO COSTA: UM PROJETO COLABORATIVO

O projeto desenvolvido com Alexandre Torres Porres[36] iniciou-se em 2011 durante o seu curso de doutorado na USP e incluiu, inicialmente, a constituição de um duo de saxofone e guitarra em que cada um operava com seu sistema eletrônico interativo. O duo estabeleceu uma rotina de ensaios, gravou algumas performances e chegou a se apresentar no Ibrasotope (2011) e durante o EIMAS (Encontro Internacional de Música e Arte Sonora), em 2011, na Universidade Federal de Juiz de Fora[37].

---

36 Alexandre Porres é músico, compositor e pesquisador. Possui mestrado em Composição/Processos Criativos pela Unicamp (2008) e doutorado na área de Sonologia/Computação Musical pela USP, com estágio de pesquisador no Centre for Interdisciplinary Research in Music Media and Technology (CIRMMT) da McGill University em 2010.

37 Buscar, no YouTube, pelo vídeo "Concerto de Rogério Costa e Alexandre Porres – EIMAS/2011".

Porém, os resultados mais importantes dessa parceria estão relacionados à elaboração e utilização de aplicativos computacionais especialmente projetados para interação em tempo real em performances de improvisação solista. Esses aplicativos foram implementados em PD por Alexandre Porres – que se especializou na utilização e desenvolvimento desse *software* durante seu doutorado – a partir de nossas discussões e pesquisas a respeito dos aspectos composicionais, sonoros (relacionados aos materiais, procedimentos e processamentos eletrônicos almejados) e performáticos/ergonômicos (relacionados às interfaces e à dimensão da fisicalidade) relevantes em práticas de livre improvisação. Através desses aplicativos, tenho procurado realizar o projeto da "máquina de improvisação"[38].

O dispositivo tem sido utilizado não só em performances solistas, mas também em trabalhos coletivos, em vários eventos artísticos, por exemplo, durante a turnê do espetáculo *Transparences* realizada pelo grupo Mobile em cinco cidades da Europa (Belfast, Seia, Aveiro, Bilbao e Barcelona; abril e maio de 2013); no espetáculo *Rushed Murmurs,* realizado pelo grupo Fernando Iazzetta + Lílian Campesato + Rogério Costa no espaço AckerStadtPalast (Berlim, outubro de 2013); no congresso Composition in the 21st Century (Dublin, março de 2014); e no concerto *Luftstrom IV* realizado em parceria com os saxofonistas e improvisadores Nikola Lutz e Mark Kysela, (Stuttgart, abril de 2014).

Passo em seguida a descrever esses aplicativos e as questões, problemas e possibilidades que se apresentam a partir de sua utilização em performances.

LPVOC, a Improvisação Solitária ou o Super Saxofone

O dispositivo completo é composto por: saxofone + microfone + placa de som (interface) + computador/PD/*patch* (Pvoc.pd) + pedal midi (Behringer). Conforme Henri Frisk, citado acima

---

38 Nesse projeto, pesquiso várias questões relacionadas à utilização de dispositivos eletrônicos e à criação de novas formas de interação que, ao mesmo tempo que enriquecem o ambiente da performance, também aumentam o seu grau de imprevisibilidade devido às complexas formas de relacionamento entre o *performer* e a máquina.

no texto sobre Miller-Costa, trata-se de um dispositivo que apenas responde aos comandos do improvisador. Por isso, não pode ser considerado um *player*, pois não interage de forma ativa e independente (no sentido de propor caminhos ou materiais). O *patch* LPVOC tem uma interface gráfica que possibilita ao improvisador visualizar, na parte de baixo, duas linhas de tempo de cores diferentes (Real e PVOC), uma sobre a outra, dentro de uma caixa em que estão desenhados outros controles.

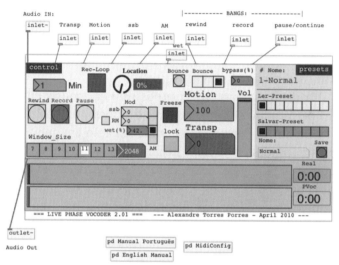

FIGURA 1. *Patch* LPVOC – *desenvolvido em* PD *por Alexandre Porres*

A linha de cima corresponde ao gravador. Nele o material sonoro improvisado é gravado e fica armazenado. A linha de baixo corresponde ao *player*[39], que reproduz as amostras armazenadas. Estas podem, durante a reprodução, ser submetidas ou não a processamentos eletrônicos. O resultado sonoro do processamento é como um "rastro" do material acústico, uma vez que ele vai sendo difundido a distâncias de tempo variadas, dependendo das escolhas efetuadas pelo *performer* através do pedal midi e das configurações específicas do *patch* a cada momento. O *patch* pode realizar processamentos eletrônicos em duas dimensões: a transposição (transp) do material e sua velocidade (motion), ambos controlados também pelo pedal midi (com os dois pedais de volume). Nas palavras de

---

39 Não no sentido estabelecido por Frisk.

Alexandre Porres, "quando falamos de *Phase Vocoder*, estamos falando normalmente de uma técnica de comprimir e expandir o tempo de um som (*Time Stretch/Compress*), alterar a sua altura (*Pitch Shift*), ou ainda ambos de forma independente"[40]. Há ainda quatro controles que podem ser acionados pelo *performer* através do pedal: *rewind, record, pause* (para a gravação) e *freeze*[41] (para o *player*). Assim, à medida que o *performer* improvisa, o *patch* pode gravar e ao mesmo tempo processar as amostras. O que o improvisador controla, além do próprio acionamento do gravador e do *player*, são justamente as configurações dos processamentos, ou seja, a transposição e a velocidade de reprodução do material que soa nos alto-falantes, simultaneamente ou não ao som acústico.

Há ainda algumas variações possíveis que podem enriquecer a performance e dão margem a decisões "composicionais" em tempo real. Por exemplo, numa situação em que as duas funcionalidades principais estejam ativas (gravador e *player*), o cursor do *player* vai "perseguindo" (com velocidades controladas por um dos pedais de volume) o cursor do gravador. Se a velocidade do *player* for maior, ele alcança, "bate" no cursor do gravador e volta no sentido contrário, tocando a amostra de trás para diante (retrógrado) na mesma velocidade em que ele se movimentava para a frente. Da mesma forma, nesse percurso de volta ele "bate" no limite da caixa e retoma o movimento para a frente. O improvisador pode também acionar o pedal correspondente à pausa no gravador, se manter tocando e "dialogando" com o que vem sendo tocado pelo *player* ou mesmo parar de tocar reservando um espaço para que os resultados do processamento sejam ouvidos. Durante esse tempo, ele pode ir modificando os parâmetros do processamento em tempo real, usando os recursos dos pedais de volume. A qualquer momento ele pode retomar a gravação com um toque no pedal. Outra possibilidade é acionar o *freeze* no *player* e se manter tocando e gravando, tocando e não gravando ou mesmo pausando sua execução para dar espaço ao som processado veiculado pelo *player* (em *freeze*).

---

40 *Modelos Psicoacústicos de Dissonância Para Eletrônica ao Vivo*, p. 136.
41 Trata-se de um recurso que permite o congelamento da amostra de áudio no ponto em que estiver.

Todas essas possibilidades de atuação devem ser aprendidas e incorporadas como técnicas estendidas do instrumento durante as performances ou através de exercícios específicos. Nesse processo são utilizadas, além das técnicas tradicionais e estendidas do próprio instrumento, movimentos dos pés e eventuais toques rápidos no teclado do computador. A escuta da complexa textura de sons produzidos (acústicos, gravados e processados) somada à leitura da interface gráfica do *patch* e sua interpretação auxilia na tomada de decisões em tempo real. Dessa forma, a improvisação coloca em jogo três tipos de materiais: a produção acústica original do saxofone (ou de qualquer outro instrumento), o processamento desse material e as diversas formas de repetição/memória dos materiais anteriores. Esses materiais se interpenetram na situação de performance. Por exemplo: um material original gravado pode ter seus parâmetros total ou parcialmente transformados nas sucessivas difusões que ele possa vir a sofrer. Além de todos os recursos descritos, o dispositivo apresenta grande potencialidade de expansão, na medida em que o *performer* vai descobrindo e inventando novas formas de utilização.

MIROIR I - AMBIENTES HÍBRIDOS DE CRIAÇÃO COLETIVA: COMPOSIÇÃO, IMPROVISAÇÃO E ELETRÔNICA EM TEMPO REAL

Esse projeto, desenvolvido coletivamente por mim, Felipe Merker e Alessandra Bochio[42], incorpora ideias de composição, improvisação e interação eletrônica (audio e vídeo) ao vivo. Durante a performance, agem e interagem dois músicos (eu ao saxofone e Felipe operando os dispositivos eletrônicos). A partir de um roteiro previamente preparado numa fase de composição coletiva, são preestabelecidos os ambientes eletrônicos de processamento que serão usados sucessivamente durante a performance e os tipos de materiais sonoros mais apropriados para cada um desses ambientes, bem como as transições entre eles.

---

42 O pianista e improvisador Alexandre Zamith passou a fazer parte do grupo no início de 2015. Desde então o grupo, que já se apresentou em vários eventos dedicados à música experimental, passou a se chamar Entremeios.

Através desse trabalho discutimos quais são as questões envolvidas no uso de sistemas híbridos e em que medida esse tipo de ambiente favorece ou dificulta a imersão sonora, a consistência sintática do fluxo de som e a performance dos músicos (especialmente do ponto de vista da fisicalidade).

A improvisação é o meu comportamento de base já que, a partir dos diversos tipos de materiais sonoros preestabelecidos coletivamento, crio, em tempo real, a minha intervenção. O aspecto sonoro geral do fluxo da performance resulta da soma dos sons criados por mim ao saxofone e das transformações processadas em tempo real por Felipe em um intenso processo interativo de influências mútuas.

Aparentemente, o desempenho depende por inteiro do som do saxofone, uma vez que Felipe Merker, operador dos dispositivos eletrônicos, baseia a sua performance no processamento dos sons produzidos pelo instrumento acústico. No entanto, a preparação do ambiente também inclui amostras sonoras pré-gravados e preparadas antes da performance, o que dá ao músico "digital", em certa medida, a possibilidade de agir "fisicamente", manipulando e emitindo sons, como se estes viessem do seu "instrumento digital".

O uso de uma única fonte de som – o saxofone – tem como objetivo assegurar "familiaridade" morfológica para as várias seções da performance. Porém, além dos materiais sonoros pré-gravados, analisados, categorizados e processados, existem outros elementos presentes no ambiente complexo de criação coletiva que garantem a consistência da proposta. Como a maioria dos ambientes preparados para interação eletrônica ao vivo, o utilizado aqui traz ideias de composição implícitas, por exemplo, a ideia de extensão imediata (atraso e granulação) e distorção (*pitch-shifters*) do material sonoro produzido pelo instrumento acústico. Ao final do processo, revela-se a ideia de uma criação coletiva, na forma de um percurso, pleno de irreversibilidades. Embora esse percurso não possa ser definido de modo linear, define-se, ocasionalmente, de forma "errática", como um "móbile processual" no qual os parâmetros musicais tradicionais dão origem a outros, tais como a energia, gesto e direção.

6. A Livre Improvisação, o Corpo, a Fisicalidade e os Processos Mentais

> *Se admitirmos que há, grosso modo, duas espécies de práticas discursivas, uma que chamaremos, para simplificar, de poética, e uma outra, a diferença entre elas consiste em que o poético tem profunda e fundamental necessidade – para ser percebido em sua qualidade e para gerar seus efeitos – da presença ativa de um corpo.*
>
> PAUL ZUMTHOR, *Performance, Recepção, Leitura*

A IDEIA DE CORPO E A CONFIGURAÇÃO DO AMBIENTE DA IMPROVISAÇÃO MUSICAL

Como compreender a questão da fisicalidade no contexto da livre improvisação?

Paul Zumthor problematiza a ideia de corpo em seus estudos sobre a performance e a leitura: "é ele que eu sinto reagir, ao contato saboroso dos textos que amo; ele que vibra em mim, uma presença que chega à opressão. O corpo é o peso sentido na experiência que faço dos textos. Meu corpo é a materialização daquilo que me é próprio"[1]. Mais à frente no mesmo texto pode-se ler que:

A retórica da Antiguidade [...] ensinava [...] que para ir ao sentido de um discurso cuja intenção suponho naquele que me fala, era preciso atravessar as palavras; mas que as palavras resistem, elas têm uma espessura, e sua existência densa exige, para que elas sejam compreendidas, uma intervenção corporal, sob a forma de uma operação vocal [...] É nesse sentido que se diz que se pensa sempre com o corpo [...] em uma semântica que abarca o mundo (é eminentemente o caso da

---

1 P. Zumthor, *Performance, Recepção, Leitura*, p. 22-23.

semântica poética), o corpo é ao mesmo tempo o ponto de partida, o ponto de origem e o referente do discurso [...] O texto poético significa o mundo [...] O mundo que me significa o texto poético é necessariamente dessa ordem; ele é muito mais do que o objeto de um discurso informativo. O texto provoca em mim essa consciência confusa de estar no mundo [...] Ora, não somente o conhecimento se faz pelo corpo mas ele é, em princípio, conhecimento do corpo [...] trata-se de uma acumulação de conhecimentos que são da ordem da sensação e que, por motivos quaisquer, não afloram no nível da racionalidade, mas constituem um fundo de saber sobre o qual o resto se constrói [...] É por isso que o sentido que percebe o leitor no texto poético não pode se reduzir à decodificação de signos analisáveis; provém de um processo indecomponível em movimentos particulares.[2]

Conforme já afirmado anteriormente, é importante definir o ambiente da improvisação e o músico enquanto parte desse ambiente. Nesse caso, o músico, enquanto meio aqui referido, é seu próprio corpo. Quando se fala de improvisação musical, também se pode afirmar que o corpo é, ao mesmo tempo, o ponto de partida, o ponto de origem e o referente. E, numa prática musical dessa natureza, é adequado afirmar, como Zumthor, "que não somente o conhecimento se faz pelo corpo mas ele é, em princípio, conhecimento do corpo [...] trata-se de uma acumulação de conhecimentos que são da ordem da sensação e que [...] não afloram no nível da racionalidade, mas constituem um fundo de saber sobre o qual o resto se constrói".

O POÉTICO SE IMPRIME NO CORPO

Além disso, para Zumthor, o reconhecimento de um "texto" como poético ou não depende da sensação causada por ele em nosso corpo. Essa ideia é explicitada no seguinte trecho:

Se admitirmos que há, *grosso modo*, duas espécies de práticas discursivas, uma que chamaremos, para simplificar, de poética, e uma outra; a diferença entre elas consiste em que o poético tem profunda e fundamental necessidade – para ser percebido em sua qualidade e para gerar seus efeitos – da presença ativa de um corpo.[3]

2 Ibidem, p.77-79.
3 Ibidem, p. 35.

Essa ideia dialoga com o conceito de bloco de sensações formulado por Deleuze para definir a arte. Para ele, enquanto a ciência cria funtivos e a filosofia cria conceitos, é próprio da arte criar sensações e perceptos ou blocos de sensação. No livro *O Que É a Filosofia* pode-se ler que:

O que se conserva, a coisa ou a obra de arte, é um bloco de sensações, isto é, um composto de perceptos e afectos [...] é um ser de sensação, e nada mais: ela existe em si [...] as sensações, como perceptos, não são percepções que remeteriam a um objeto (referência) [...] a sensação só remete a seu material mesmo: o sorriso de óleo, o gesto de terra cozida, o élan do metal [...] E, todavia, a sensação não é idêntica ao material[...], o que se conserva [...] não é o material, que constitui somente a condição de fato [...], o que se conserva é o percepto ou o afecto. O objetivo da arte, com os meios do material, é arrancar o percepto das percepções do objeto e dos estados de um sujeito percepiente, arrancar o afecto das afecções [...] Extrair um bloco de sensações [...] toda obra de arte é um monumento... não o que comemora o passado. É um bloco de sensações presentes que só devem a si mesmas a sua própria conservação, e dão ao acontecimento o composto que o celebra [...] Os afectos são precisamente esses devires não humanos do homem [...] Como tornar um momento do mundo durável ou fazê-lo existir por si? [...] saturar o átomo [...], eliminar tudo o que é resto, morte e superfluidade. As afecções e as percepções são vividas, os afetos e os perceptos são criados. Metamorfoses do corpo. O devir sensível é o ato pelo qual algo ao alguém não para de devir-outro (continuando a ser o que é) [...] a alteridade empenhada numa matéria de expressão [...] O ser da sensação, o bloco do percepto e do afecto, aparecerá como a unidade ou a reversibilidade daquele que sente e do sentido, seu íntimo entrelaçamento.[4]

O CORPO PRESENTE NO ATO DA PERFORMANCE

Outra questão importante a ressaltar é o conjunto de fatores que cercam o momento mesmo da performance e que trazem necessariamente a questão da presença do corpo. Pode-se ler em Zumthor que: "as regras da performance – com efeito regendo simultaneamente o tempo, o lugar, a finalidade da transmissão, a ação do locutor e, em ampla medida,

4 G. Deleuze, *O Que É Filosofia*, p. 213, 217, 223, 253- 254.

a resposta do público – importam para a comunicação tanto ou ainda mais do que as regras textuais postas na sequência das frases"[5].

Zumthor se refere aqui a performances de outra natureza, que envolvem textos poéticos e literários. Porém o mesmo se dá com a improvisação musical, que envolve uma dimensão performática explícita apoiada integralmente na presença do instrumentista e na materialidade do som que ele produz. Na improvisação musical, as "regras textuais postas na sequência das frases" não chegam a se estabelecer, e qualquer suposta semanticidade do "discurso" é subjugada por um mergulho na sensação pura proporcionada pelo som em movimento.

Mais adiante, Zumthor afirma que a performance implica em uma competência que é algo que "comanda uma presença e uma conduta [...], comportando coordenadas espaço-temporais e fisiopsíquicas concretas, uma ordem de valores encarnada em um corpo vivo"[6]. Assim, analogamente ao que se pode afirmar em relação à improvisação,

performance é reconhecimento [...] realiza, concretiza, faz passar algo que eu reconheço, da virtualidade à atualidade [...] a performance se situa num contexto ao mesmo tempo cultural e situacional: nesse contexto, ela aparece como uma emergência, um fenômeno que sai desse contexto ao mesmo tempo que nele encontra lugar[7].

Mais adiante, Zumthor afirma que a performance implica obrigatoriamente no comprometimento empírico, agora e nesse momento, da integridade de um ser particular numa situação dada[8].

O CORPO E O PRAZER DA PERFORMANCE

O desejo vai delinear aos poucos um ambiente onde ocorrerá a performance. Nesse ambiente serão realizadas as conexões entre os diversos fluxos, velocidades, linhas e partículas a serem

5 P. Zumthor, op. cit., p. 30.
6 Ibidem, p. 31.
7 Ibidem.
8 Ibidem, p. 39.

atualizadas numa performance. Essas linhas e fluxos disparatados, que passam inevitavelmente pelo corpo dos improvisadores (daí a ideia do "músico enquanto meio"), incluem desde os idiomas (biografias musicais) que se constituem enquanto repertório de cada um dos músicos, as habilidades pessoais com os respectivos instrumentos, a quantidade relativa de engajamento pessoal, as disponibilidades emocionais para o diálogo, a atenção que cada um, a cada momento, dirige ao processo em seu devir, até a acuidade perceptiva e a intenção de escuta de cada um, necessária e suficiente para esse diálogo. Há também as conexões imprevistas, os reencontros com materiais e substâncias resultantes no devir da performance, o susto, a surpresa, o erro, os acontecimentos aleatórios, o jogo entre o premeditado (a ideia de composição e de controle) e o automatizado (os padrões e os clichês pessoais) e a interação com um possível público.

É importante completar esse cenário de definições a respeito do ambiente da improvisação enfatizando outras questões relacionadas ao corpo. Quando falamos anteriormente sobre "os efeitos da performance em tempo real no próprio corpo dos músicos e as afetividades ativadas antes e durante a performance", pensamos em algo muito forte, ligado à noção de prazer físico e lúdico que percorre, como um vetor de vital importância, toda prática de improvisação. A relação com o instrumento, seja qual for, a gestualidade, o prazer motor, a escuta do som produzido, a possibilidade de manipulação, o prazer da enunciação, da expressão, tudo isso gera uma espécie de "gozo". Obviamente, não se está aqui descartando o prazer que qualquer instrumentista, improvisador ou não, sente ao tocar seu instrumento, mas simplesmente apontando para um diferente tipo de prazer que ocorre durante a improvisação. Na livre improvisação, quando se constrói um fazer lúdico a partir de uma manipulação experimental com os sons, de um mergulho nos dinamismos internos dos sons, num jogo pleno de gestualidade (que remete ao gesto instrumental) e invenção, é possível usufruir de uma sensação intensa, talvez próxima daquela que goza uma criança quando brinca com a argila e modela formas improváveis, imprevistas, provisórias e expressivas.

POR QUE É TÃO BOM TOCAR BEM UM INSTRUMENTO PARA PODER IMPROVISAR?

Nesse contexto, parece evidente que quanto mais se domina a técnica de um determinado instrumento mais condições se tem de participar de performances de improvisação. As razões são várias: os dedos deslizam com rapidez e igualdade sobre as teclas ou chaves, o que possibilita um "fraseado" homogêneo, sutil e controlado; a respiração funciona de maneira equilibrada para que se obtenha as nuances de sonoridade desejadas (timbres, dinâmicas, articulações etc.); conhece-se o repertório fundamental do instrumento e a técnica que se desenvolveu e evoluiu em estreito contato com as inúmeras peças que o constituem, o que contribui para que se obtenha uma concepção sólida e consistente do que é musical e do que não é. Nesse contexto, a relação com o instrumento gera uma espécie de máquina musical. É um tipo de acoplamento: homem-instrumento. É muito prazeroso participar de orquestras, grupos de música de câmara, conjuntos de música popular, performances solistas etc. Se se é chamado a improvisar num ambiente específico, idiomático, em que se conhece bem as regras do jogo, é possível fazer com que o instrumento se torne uma espécie de prolongamento de voz (se é que eu não trata aqui de um cantor). Os dedos quase "vão sozinhos".

Claro que antes é necessário um intenso e rigoroso treinamento pois, ao contrário do que imagina o senso comum, no jazz, por exemplo, a improvisação não é uma performance sem preparação. De fato haveria, segundo Paul Berliner, "uma vida inteira de preparação e conhecimento por traz de toda e qualquer ideia realizada por um improvisador"[9]. O prazer lúdico que se obtém ao participar desse jogo é semelhante ao de uma celebração comunitária: todos se integram, todos têm o que dizer nessa conversa. Nesse caso, todo aquele aprendizado "físico" do instrumento habilita alguém a participar, habilita uma "voz a se expressar "num ambiente comunitário de "conversa" coletiva.

De qualquer maneira, participar desse jogo de forma intensa nos coloca – enquanto instrumentistas – diante da

---

[9] P.F. Berliner, *The Infinite Art of Improvisation*, p. 17.

possibilidade de criar nosso próprio "discurso", "dizer nosso próprio texto". Isso nos remete para o campo dos perceptos e dos afetos que se relacionam diretamente com nossos sistemas corporais de configuração da realidade que propiciam a produção poética dentro de uma linguagem compartilhada. O instrumentista cria seu improviso pensando em melodias, harmonias e ritmos, eventualmente enriquecidos com detalhamentos sonoros/timbrísticos expressivos (*vibratos*, portamentos, *glissandos*, deslocamentos temporais, acentuações inesperadas etc.). A possibilidade de "dizer" coisas dentro de certa linguagem (como uma espécie de repentista que improvisa a poesia) traz um prazer evidente para aquele que improvisa. Porém, essa linguagem, dentro da qual se diz algo, estabelece seus limites[10].

Na improvisação idiomática, esses limites estão claramente desenhados. Os improvisadores – que podem nunca ter se encontrado antes – têm um sistema comum sobre o qual construirão suas intervenções, interações e "falas". Cada um terá seu "sotaque", mas a "língua" será sempre a mesma. Mesmo as "falas ou textos" estão, em certa medida, previstos como possibilidades dentro do sistema. Os padrões rítmico-melódicos (clichês) são como um depósito de frases articuláveis, uma "hiperpartitura". A linguagem/sistema de referência se realiza a cada performance. A linguagem fala através daqueles que a realizam. E a linguagem está gravada no corpo, o constrói e é construída por ele.

Num modelo desse tipo existe um sistema ou uma sistematização que delineia um território fechado e limitado dentro do qual se dão as intervenções dos músicos. Há intervenções possíveis e outras impossíveis. Nesse sentido, ele é um campo de possibilidades e não de virtualidades, pois estas explodiriam o campo, seus modelos, julgamentos e leis. Cada improvisação é a realização de uma possibilidade prevista no plano.

---

10 Obviamente, as linguagens não são estáticas. Há sempre a possibilidade de transformação e de superação dos limites. Pode-se ler em Morin que "toda a linguagem comporta a possibilidade de negar [...] Embora a regra social sacralize a sua própria prescrição e faça tabu da sua interdição, a própria natureza da linguagem introduziu uma possibilidade de negação que o espírito individual rebelde ou desviante é virtualmente capaz de apreender, e vimos que há condições socioculturais não proibitivas que permitem a expressão dessas virtualidades". E. Morin, *O Método* IV, p. 45.

As realizações são, paradoxalmente, infinitas (pois não é possível prever todas elas em suas minúsculas nuances), mas são limitadas pelas leis implícitas do sistema. E é evidente que o instrumentista que "toca bem" o seu instrumento, "toca bem" dentro de um determinado território (ou idioma), e seu corpo se compraz na repetição do que é conhecido. A repetição confirma o "formato" do seu corpo, suas densidades, seus condicionamentos. A repetição traz o corpo para dentro de si e o deixa confortável. Repetição que nunca é igual mas que põe em movimento a linguagem.

Por essas e outras razões, é evidente que os processos educacionais, que incluem a improvisação como estratégia, podem atingir um resultado altamente estimulante em termos de envolvimento efetivo e qualificado do instrumentista com a música. Quando o instrumentista improvisa, ele entra em contato direto, criativo e corporal com os elementos sonoros e musicais constituintes das "linguagens" em que ele atua.

POR QUE NÃO É TÃO BOM TOCAR BEM UM INSTRUMENTO PARA PODER IMPROVISAR?

Podemos ler em Morin que:

> uma cultura abre e fecha as potencialidades de conhecimento. Abre-as e atualiza-as fornecendo aos indivíduos o seu saber acumulado, a sua linguagem, os seu paradigmas, a sua lógica, os seus esquemas, os seu métodos de aprendizagem, de investigação, de verificação etc., mas, ao mesmo tempo, fecha-os e inibe-os com as suas normas, regras e proibições, tabus, com o seu etnocentrismo, a sua autossacralização, com a ignorância de sua ignorância. Também aqui, o que abre o conhecimento é o que fecha o conhecimento[11].

As ideias de corpo (em Zumthor), de idioma, de "território" e de "rosto" (em Deleuze e Guattari) se relacionam com essa formulação de Morin a respeito do conhecimento: na improvisação idiomática, se manifestam os traços de "rostidade"[12] daquele que improvisa. Seu corpo está marcado por todas essas delimitações

---
11 Ibidem, p. 18.
12 Esse conceito criado por Deleuze e Guattari foi detalhado no capítulo 2.

inevitáveis, complexas e diversificadas. Os dedos de quem toca um instrumento estão ativados pelas vivências que moldam as atuações e os gestos possíveis. A expressividade acontece no âmbito das linguagens sistematizadas. Por isso podemos dizer que talvez não seja tão bom tocar bem um instrumento se queremos escapar dos territórios idiomáticos e se queremos uma improvisação livre voltada para as virtualidades imprevisíveis ausentes dos sistemas devido à sua própria estabilidade. Embora mesmo nesses sistemas haja sempre, como nos dizem Deleuze e Guattari (e Morin), as "linhas de fuga", enraizadas na materialidade primordial pré-significante e ativadas pelo desejo e pelas potências do corpo, aqui é que surge a possibilidade de uma improvisação "livre": essas linhas de fuga que podem apontar para o poético e propor uma política de sensações, criando novos perceptos virtuais. Para Morin,

o corpo tem alguma coisa de indomável; de inapreensível [...] Da mesma forma, a sociologia estuda os comportamentos corporais impostos pelo contexto cultural; não impede que haja um resto não socializado. A socialização do corpo tem limites, para além dos quais se estende uma zona de individuação propriamente impenetrável [...] Daí o lado selvagem da leitura, o lado de descoberta, de aventura, o aspecto necessariamente incompleto dessa leitura, como de todo prazer[13]. A percepção é profundamente presença. Perceber lendo poesia é suscitar uma presença em mim, leitor. Mas nenhuma presença é plena [...] Toda presença é precária, ameaçada [...] A presença se move em um espaço ordenado para o corpo, e, no corpo [...] Toda poesia atravessa, e integra mais ou menos imperfeitamente, a cadeia epistemológica sensação-percepção-conhecimento-domínio do mundo: a sensorialidade se conquista no sensível para permitir, em última instância, a busca do objeto [...] Minha leitura poética (e minha performance de improvisador) me "coloca no mundo" no sentido mais literal da expressão. Descubro que existe um objeto fora de mim [...] e se produz no curso da existência de um ser humano uma acumulação memorial, de origem corporal, engendrando o que Mikel Dufrenne denomina o virtual. Fundado sobre essa acumulação de lembranças do corpo, o virtual, como um imaginário imanente, a rápida percepção. O que eu percebo recebe disso um peso complementar. O virtual é da ordem do

---

13 Associamos essa ideia de prazer em Morin aos conceitos de percepto, afeto e bloco de sensações em Deleuze. O bloco de sensações que atinge os sentidos nos agenciamentos da arte afeta os sentidos do "receptor" produzindo talvez o prazer (ou mesmo a dor).

pressentir, que vem associar-se ao sentido, e às vezes identifica-se com ele. Só é concebível em relação a um sujeito para o qual há "o impercebido perdurado no percebido". Percebo esse objeto; mas minha percepção se encontra carregada de alguma coisa que não percebo nesse instante, alguma coisa que está inscrita na minha memória corporal [...] Nossa percepção do real é frequentada pelo conhecimento virtual, resultante da acumulação memorial do corpo[14].

A VOZ QUE SAI DO CORPO DO IMPROVISADOR

Para fortalecer essa imagem do corpo que existe por trás de todo gesto de improvisação, pode-se partir das propostas de Zumthor sobre a oralidade e tratar da questão da materialidade do som do instrumentista e sua relação com a voz.

O instrumento musical, enquanto produtor de sonoridade (incluída aí a voz enquanto um instrumento de música), ou mais propriamente o som produzido pelos instrumentos, na prática da livre improvisação pode ser pensado como a voz, que é definida por Zumthor enquanto uma coisa. Para ele, a voz é uma aptidão para a linguagem. Ela tem substância e tactilidade. A linguagem se serve dela mas não se confunde com ela. A linguagem é abstrata, a voz é concreta. Assim também o som que sai de um instrumento é uma aptidão para a linguagem musical (ou idioma). Ele pode ser pensado como uma extensão da voz do músico.

Ora, é claro que essa aptidão é construída em árduos estudos técnicos que a condicionam em linguagens – no caso da improvisação idiomática ou na tradição do estudo de instrumento na música erudita – e assim a voz/instrumento não é como a voz natural, que em sua origem se apresenta enquanto uma espécie de manifesto da existência pré-linguística. Para Zumthor, "a voz jaz no silêncio do corpo"[15]. De qualquer forma, é promissor desenvolver esse paralelo entre voz e instrumento. Por um lado, porque, enquanto a voz constitui inicialmente uma imagem primordial no inconsciente humano, estruturadora de experiências primeiras, por isso mesmo, logo ela cresce

---
14 Ibidem, p. 80-82.
15 P. Zumthor, *A Letra e a Voz*, p. 12.

na linguagem e na palavra, e seu aspecto material, de substância, é deixado de lado em favor de seu papel de representação e linguagem. Por outro lado, o instrumento musical (ou mesmo a voz pensada enquanto instrumento musical) nunca adentra totalmente o terreno da representação. Seu papel de produtor de sonoridade/substância nunca perde sua força, especialmente no momento mesmo da performance. O som que sai do instrumento dificilmente perde sua tactilidade; sua espessura é sempre evidente em sua ligação corporal com aquele que o pronuncia. Assim, a habilidade num instrumento é uma possibilidade de expressão e de simbolização. Mas, assim como para Zumthor "a voz ultrapassa a palavra [pois] a linguagem nela transita sem deixar traço"[16], também o som do instrumentista pode se tornar uma voz maleável e ultrapassar as linguagens que nele transitam. Tocar um instrumento pode ser, assim como usar a voz, um ato de enunciação vital, ato de vontade, "alegria de emanação". Essa situação pode ser atingida no ambiente da livre improvisação. É ali que o instrumento se aproxima desse potencial da voz: "voz plena, negação de toda redundância, explosão do ser em direção à origem perdida – ao tempo da voz sem palavra"[17].

Numa proposta de fazer musical não idiomática, as *palavras* não existem. Só o que importa é a voz, o som do instrumentista e sua pronúncia. E quando o instrumentista *diz um som* ele está, nas palavras de Zumthor, rompendo uma clausura.

A IMPROVISAÇÃO SOLISTA: UM PERCURSO SINGULAR

Na improvisação solista, perde-se a dimensão da imprevisibilidade decorrente da interação com outros músicos. O fator surpresa se limita aqui a eventuais "erros" na execução de determinada ideia ou no deslize físico do improvisador (os dedos

---

16 Ibidem, p. 13.
17 Ibidem. No que diz respeito à utilização da própria voz como instrumento musical experimental, vale a pena conferir o trabalho de Janete El Haouli sobre Demetrius Stratos (*Demetrius Stratos, em Busca da Voz-Música*) e a dissertação de mestrado de Susie Becker (*A Voz Contemporânea*).

que vão, sem querer, para um lugar inesperado). Em geral, busca-se criar uma performance que mantenha continuidade e ímpeto a partir da utilização de um amplo repertório de materiais e procedimentos agenciados pela imaginação e pela invenção constante. Trata-se de um fluxo de pensamento. Há também – ou pode haver – a interação com o público.

A improvisação solista pode se desenvolver plenamente dentro de um idioma ou pode se abrir para as amplas possibilidades da improvisação livre. Para isso, o improvisador busca um material molecular, não idiomático ou faz "raspagens" de materiais molares idiomáticos. Evidentemente, é difícil que o solista se desvencilhe dos condicionamentos idiomáticos ("físicos e mentais") armazenados em sua memória. Mas ele pode, intencionalmente, se aproximar do molecular fazendo de sua performance uma constante sequência de descobertas. E nesse processo não há separação entre materiais e procedimentos. O improvisador australiano Jim Denley, citado por Bailey, afirma que:

> para o improvisador, a fisicalidade de produzir sons (*hardware*) não é uma atividade separada dos pensamentos e ideias musicais (*software*). No ato da criação, há um constante intercâmbio na hierarquia dos fatores envolvidos no processo. Meus pulmões, lábios, dedos, voz e seu funcionamento conjunto com o potencial dos sons estão dialogando com outros níveis que eu posso chamar de mente e percepção. Os pensamentos e decisões são sustentados e modificados pelos meus potenciais físicos e vice-versa [...] É inútil tentar separar esses elementos uma vez que é o entrelaçamento dos níveis de percepção, consciência e fisicalidade que constrói a improvisação[18].

Pode-se, assim, tentar definir as linhas de força do plano de consistência da improvisação solista: biografia musical (o músico enquanto meio: idiomas, condicionamentos físicos ligados às possibilidades naturais e ao aprendizado do instrumento, energias do passado), percepção, consciência (do e no momento mesmo da improvisação a partir de uma avaliação do processo em tempo real, intensificação do presente), invenção e imaginação (ligados a uma vontade de acontecimento,

---

18 J. Denley apud D. Bailey, *Improvisation, Its Nature and Practice in Music*, p. 108.

desejo do novo e do expressivo, potências do futuro), acaso (surpresas, o imprevisível), interação (com o público), possibilidades do instrumento, condicionamentos do bloco espaço/tempo específico da performance. Num certo sentido, através da performance há uma demarcação de território. A forma, como em Varèse, é inventada a cada performance e é um "sintoma" específico e preciso das forças complexas que entram em jogo e que direcionam a improvisação. O músico que é capaz de se engajar numa prática de tamanha complexidade e exigência está mais apto a participar de uma performance de livre improvisação coletiva em que a complexidade aumenta.

PROCESSOS MENTAIS: A ABORDAGEM DAS CIÊNCIAS COGNITIVAS[19]

Em um artigo célebre publicado em 1974, o etnomusicólogo Bruno Nettl propõe considerar o estudo da improvisação musical a partir de uma nova perspectiva que se coloca contra algumas das abordagens claramente eurocêntricas que prevaleciam naquela época[20]. Nesse texto, a partir da perspectiva ampla que seu conhecimento de uma variedade de práticas musicais de todo o mundo lhe proporcionava, ele atacava a noção de que a improvisação e a composição ocupavam dois campos essencialmente distintos e propunha, em vez disso, um quadro a partir do qual uma abordagem mais universal e comparativa do assunto poderia ser desenvolvida.

Um elemento central desse quadro é fornecido pela observação de que "o improvisador [...] sempre tem algo dado a partir do que ele trabalha – certos elementos que estão na base da performance e que ele usa como fundamento sobre o qual desenvolve sua construção"[21]. Esse "algo dado" é o que Nettl chama de "modelo" do improvisador. Há muitos tipos diferentes de modelos utilizados na improvisação: podem ser

---

19 Esse texto é baseado no artigo intitulado "Expanding the Concepts of Knowledge Base and Referent in the Context of Collective Free Improvisation", escrito em parceria com o pesquisador Stéphan Chaub e publicado nos *Anais do XXIII Congresso da Anppom* em 2013.
20 Cf. B. Nettl, Thoughts on Improvisation, *The Musical Quaterly*, v. LX, n. 1.
21 Ibidem, p. 11.

construções teóricas, conjuntos de convenções formais, características estilísticas, frases ou motivos retirados de um determinado repertório etc. Os modelos não só representam corpos de informações (possivelmente, implícitas) sobre determinadas práticas de improvisação, mas também proporcionam a cada uma de suas manifestações "pontos de referência" que, de acordo com a tradição, vão ser mais ou menos estritamente desdobrados no tempo e vão exercer uma influência mais ou menos previsível no resultado musical.

O estudo dos "modelos" ativos em qualquer cultura é central para a abordagem de Nettl. Mas foi levando essa noção a um nível mais abstrato – comparando suas características temporais e o seu grau de comunhão com o público envolvido – que ele obteve uma ferramenta através da qual fez emergir traços comuns e diferenças entre os modelos, além de tornar possível comparações interculturais.

Quando o músico e psicólogo cognitivista Jeff Pressing começou a se dedicar à descrição da improvisação sob o ponto de vista dos processos psicológicos envolvidos, ele desenvolveu dois conceitos centrais que podem ser considerados como reformulações e extensões da noção de modelo de Nettl. De forma rigorosa e de acordo com a perspectiva cognitiva, Pressing descreve esses dois conceitos como "ferramentas" que o improvisador utiliza para superar as restrições de processamento de informação e ação que condicionam as capacidades humanas durante as atividades de improvisação[22]. O primeiro desses conceitos foi denominado como referente (*referent*): "um conjunto de estruturas cognitivas, perceptivas ou emocionais (restrições) que guiam e auxiliam na produção de material

---

22 Parece promissor relacionar as dimensões temporais desses dois conceitos no âmbito da improvisação, com as três categorias de tempo formuladas por Xenakis. A categoria *hors-temp* se relacionaria com *knowledge base*, na medida em que ambos se referem àquilo que existe (para o compositor, no caso de Xenakis) abstratamente, fora do tempo, enquanto repertório de materiais e procedimentos (uma escala, um modo, uma série, uma estrutura etc.). A categoria *en-temp* se relacionaria com o *referent* na medida em que ambos se referem aos materiais estruturados em alguma proposta musical específica (um tema ou uma composição). Já a performance de improvisação propriamente dita, enquanto uma atualização do *referent*, se daria na dimensão *temporelle*. Agradeço a Valéria Bonafé pelos diálogos produtivos que conduziram a essas considerações.

musical"²³. O segundo, que ele considerava associado ao primeiro, é a base de conhecimento (*knowledge base*): de âmbito mais amplo, inclui "materiais, fragmentos, repertório, habilidades, estratégias perceptivas, rotinas de resolução de problemas, estruturas e esquemas hierárquicos de memória, programas motores generalizados" construídos na "memória de longo prazo dos *performers*"²⁴.

O fato de Pressing utilizar dois conceitos em que Nettl necessitou de apenas um pode ser explicado pelas diferentes direções que ele tomou para a aplicação de cada um deles. De fato, o referente poderia ser um "tema musical, um motivo", mas também "um clima, uma figura, uma emoção, um processo físico, uma estória [...] virtualmente qualquer imagem coerente que fornece ao improvisador um sentido de engajamento e continuidade"²⁵. A base de conhecimento por sua vez é ampliada para incluir não somente o que um *performer* pode saber a respeito de um estilo particular, mas também toda "a história de escolhas composicionais e predileções que definem o seu [do *performer*] estilo pessoal"²⁶.

Apesar dessas duas direções diferentes, o que distingue exatamente o *knowledge base* do *referent* não é claro. Os dois pesquisadores concordam que a proficiência individual é adquirida através de repetição e familiarização com aspectos de um modelo ou com um conjunto de referentes. Uma vez que Pressing considera a base de conhecimento como a codificação de tal proficiência, conclui-se que qualquer referente poderia ser incorporado em seu domínio. Uma distinção baseada na dicotomia interno/externo é, porém, muito instável: o referente (externo) de hoje poderia de fato se tornar parte da base de conhecimento (interno) de amanhã. O que, então, permite distinguir entre os dois conceitos?

Uma resposta preliminar a essa questão é dada por Pressing quando ele afirma que "o referente é específico de uma peça particular"²⁷, o que consequentemente implica que ele possa

---

23 J. Pressing, Psychological Constraints on Improvisational Expertise and Communication, em B. Nettl; M. Russel (eds.), *In the Course of Performance*, p. 52.
24 Ibidem, p. 53.
25 Ibidem, p. 346.
26 Ibidem, p. 54.
27 Ibidem, p. 346.

ser específico de uma performance particular. De qualquer forma, ele serviria como um guia para o desdobramento no tempo, não só da produção individual do improvisador, mas também – no caso de performances coletivas – para a coordenação das várias partes numa produção coletiva. Além de incorporar informações que poderiam ser expressas nos termos de um referente, a base de conhecimento também inclui os meios para acioná-los criativamente. No que diz respeito a essa característica, a *knowledge base* pode ser remetida a um corpo de conhecimentos explícitos e transmissíveis que caracterizam certos estilos e tradições, mas pode também ser estendida além delas e corresponder a capacidades mais "difusas" e a um *know how* a respeito de improvisação.

O AMBIENTE DA LIVRE IMPROVISAÇÃO

Imaginemos uma performance de livre improvisação: no início, aparentemente não existe nada. Num ambiente espaço/temporal específico estão os músicos com seus instrumentos, prontos para começar uma prática musical interativa. Alguns deles podem se conhecer, ter praticado ou compartilhado o palco antes em ambientes idiomáticos ou mais ou menos livres. Nenhum deles sabe, porém, o que está para acontecer musicalmente.

O fato de os músicos não saberem nada sobre o que está para acontecer não se dá porque eles tenham esquecido, mas porque conscientemente decidiram que a nova regra do jogo é justamente esquecer. Conhecidos improvisadores como Eddie Prevost e Derek Bailey dizem quase a mesma coisa em outras palavras. Assim, segundo Prevost: "Nada é mais morto do que a improvisação de ontem."[28] E, de acordo com Bailey: "Durante a maior parte do tempo [...], penso que a improvisação deve ser realizada e esquecida."[29] No texto de Gary Peters a respeito da origem do ato criativo, é possível perceber essa ênfase no esquecimento:

O engenho de origem deve encontrar maneiras de apagar ou esquecer a presença do dado anterior, a fim de evitar a imitação e, ao mesmo

28 Apud G. Peters, *The Philosophy of Improvisation*, p. 37-38.
29 Ibidem.

tempo, abrir os novos caminhos a serem seguidos [...] Como um tipo ideal a esse respeito, a livre improvisação é capaz de atingir, ou pelo menos se esforça para alcançar, um grau superior nesse ato de "supressão estética", fora do alcance de outras formas de arte, precisamente porque seu objetivo principal não é produzir obras. O seu principal objetivo é a produção de inícios.[30]

E então, em nossa performance imaginária, alguma coisa acontece: um músico enuncia uma ideia sonora/musical preliminar, não relacionada diretamente a qualquer idioma. A partir desse momento começa o jogo interativo. De agora em diante, as intervenções de cada músico têm o sentido de manter a energia do fluxo sonoro. Obviamente, cada performance vai se desdobrar de uma maneira específica, criando uma identidade (de fluxo) e um caminho sonoro singular.

Nesse sentido, é possível dizer que a livre improvisação, aparentemente, almeja colocar a *knowledge base*, com seus componentes explícitos (repertório, estruturas musicais, gramáticas, sintaxes, características estilísticas etc.), e a ideia de *referent* em cheque, na medida em que uma das regras do jogo é exatamente evitar modelos, repetição e uso de sistemas conhecidos. E essa regra não inclui somente repetições literais de materiais sonoros ou sucessões melódicas, mas também se estende às formas de estruturar o "discurso" musical baseadas em idiomas conhecidos, características estilísticas, temas etc.

IMPROVISAÇÃO LIVRE E REFERENTE (*REFERENT*)

Uma interpretação superficial negaria a relevância do referente para a livre improvisação. Isso poderia acontecer se, por exemplo, identificássemos o referente de uma forma restrita, com um tema melódico ou com uma sequência de acordes. Porém, numa definição mais abrangente, o referente pode ser entendido como qualquer estratégia específica local que é estabelecida pelos músicos durante ou no começo de uma performance. Nesse contexto, o referente pode estabelecer diferentes tipos de relação com a dimensão temporal (cronológica,

---

30 G. Peters, op. cit., p. 37.

sequencial, sincronizada etc.). Notações gráficas, como aquelas utilizadas por Vinko Globokar ou Earle Brown, poderiam ser usadas como referente para um tipo específico de improvisação livre (ou não idiomática). O conjunto de regras utilizadas durante a "peça-jogo" (que inclui a improvisação) *Cobra*, de John Zorn, também pode ser pensada como uma espécie de referente. Palavras e imagens podem funcionar como referente, tanto para guiar o fluxo temporal da improvisação quanto para desviar a atenção dos músicos de qualquer forma de pensamento musical existente. E por que não pensar a respeito dos olhares e sinais corporais (implícitos ou explícitos) que são trocados entre os músicos como uma espécie de referente?

De qualquer maneira, vale ressaltar que, em suas formas mais radicais, a livre improvisação não utiliza nenhum referente explícito. Mesmo nos casos descritos acima nos quais há algum tipo de instrução prévia, a natureza do referente é radicalmente diferente daquela que se encontra em um *corpus* musical estabelecido tal qual uma canção, um tema ou uma sequência de acordes (todos baseados na ideia de nota e, muitas vezes, no âmbito do sistema tonal). Como podemos então, nessas formas radicais de livre improvisação, redefinir e expandir a ideia de referente?

Considerando que o referente é algo que é compartilhado por todos os *performers* e serve para guiar a performance em seu desdobramento temporal, na livre improvisação o passado da própria performance (envolvendo toda memória coletiva de curta ou longa duração) poderia ser considerada como o único referente para aquela performance específica.

A imagem de andar de costas rumo ao futuro poderia ser usada para evocar essa ideia: todos os músicos compartilham a experiência do passado sonoro daquela performance particular, que vai sendo construído gradativa e coletivamente. Aos poucos, durante o fluxo contínuo da performance, o passado vai se tornando uma espécie de reservatório de recursos, formas, figuras, gestos, sons, texturas, procedimentos etc., prontos para serem usados como material para criação, recriação, transformação, variação, desenvolvimento etc. A partir desse ponto de vista, a performance atual, de acordo com Peters, "possibilita a interpenetração produtiva das ideias de origem e renovação na medida em que o novo e o velho estão envolvidos simultaneamente"[31].

IMPROVISAÇÃO LIVRE E BASE DE CONHECIMENTO (*KNOWLEDGE BASE*)

Por outro lado, apesar de suas ligações dialéticas com o referente, em seu significado original, a *knowledge base* é algo de natureza mais geral e global. No contexto da improvisação idiomática, refere-se primeiramente a uma dimensão teórica (um sistema abstrato, que inclui certas regras de sintaxe e materiais musicais, como escalas, acordes, sonoridades etc.) e uma dimensão prática baseada em todas as experiências significativas dos músicos com esse idioma particular. Para a improvisação livre, é necessário ampliar esse conceito que deveria, então, envolver todo o *background* musical dos improvisadores. Nesse sentido, pode-se dizer que, para a improvisação livre, a base de conhecimento não é delimitada por uma (ou mais) linguagem musical específica, mas é constituída por todas as experiências sonoras e musicais dos improvisadores e por aquilo que está "antes e além" dessas linguagens, isto é, o "som puro", sua natureza, seus atributos e suas potências de futuro (suas virtualidades). Além disso, essa redefinição da *knowledge base* teria de incluir também a ideia de *know-how* para lidar com o tempo (passado e presente), para interagir com os outros, e para ouvir o som como um material essencial e ilimitado para a prática musical.

Em relação a essa questão (ouvir o som como um material essencial), é possível dizer que na improvisação livre ocorre um mergulho na dinâmica molecular de som pré-musical. Portanto, o conhecimento de base do improvisador livre é baseado no som pré-musical pensado como matéria-prima.

Assim, a base de conhecimento da improvisação livre compreende um *know-how* que não se expressa em um idioma ou referente particular. Com relação ao improvisador livre, poderíamos dizer que a *knowledge base* é composta por todas as

---

31 Ibidem, p. 2.

memórias musicais pessoais de longa duração armazenadas na forma de um *know-how* (habilidades de percepção emocionais e motoras), e de um *know-what* (do ilimitado universo de materiais sonoros, que precede o musical e que possibilita infinitas ampliações).

A CONTRIBUIÇÃO DE PRESSING

Portanto, apesar do fato de que em sua forma ideal a livre improvisação coletiva coloca a *knowledge base* e o *referent* em cheque, é possível rever ambos os conceitos, ampliando-os para incluir as características específicas da improvisação livre. De acordo com Pressing, o *referent* é o que permite a coordenação do coletivo e, no contexto da improvisação livre, o que se torna coletivo é o passado e o presente da performance atual. Nesse sentido, o referente, construído durante o fluxo contínuo da performance, permite, no presente, o próprio ato da criatividade musical coletiva. Por outro lado, a parte da *knowledge base*, que poderia ser considerada essencial para a improvisação livre, é a capacidade de tornar o passado e o presente coletivos daquela performance específica em um referente gradualmente definido. Assim, para a improvisação livre, o passado que se acumula pode ser considerado como uma forma possível de referente e, além disso, pode-se pensar em um conceito expandido de base de conhecimento que habilita os músicos a participar nesse tipo de prática.

Vale a pena ressaltar que um dinamismo semelhante aplica-se à improvisação idiomática em que essa relação dialética entre base de conhecimento e referente é o que mantém a vitalidade desse tipo de prática. A diferença é que para a improvisação idiomática é necessário permanecer dentro das fronteiras de um sistema. Além disso, o passado e o presente coletivos estão relacionados de forma mais rigorosa a um referente explícito.

Poderíamos, de forma complementar, pensar na improvisação livre em termos de uma interpolação dos dois tipos de memória. O primeiro tipo de memória – fundamentada na base de conhecimento – relaciona-se com a biografia de cada músico. O segundo, que dialoga intensamente com essa *knowledge base*, é uma memória coletiva criada de forma interativa e que se relaciona com a sucessão de estados sonoros provisórios que se desdobram de forma contínua durante a performance, pensada como um referente virtual que se especifica a cada momento no presente. Então, em certo sentido, é possível dizer que esses dois conceitos – base de conhecimento e referente – correspondem a diferentes momentos no tempo: o primeiro refere-se a qualquer habilidade e perícia adquirida antes do início da sessão, enquanto o segundo orienta o fazer musical durante aquela sessão específica que se desdobra.

Em resumo, pode-se dizer que o referente é produzido no presente da improvisação livre e permanece como uma linha de força que orienta o desenvolvimento da performance. E a base de conhecimento pode ser definida como a capacidade de transformar o passado coletivo específico e presente da performance em um referente gradualmente definido, que, como uma linha de força original e vital, permite, no presente, a continuidade do próprio ato de criatividade musical coletiva.

7. A Estética da Sonoridade e as Novas Tecnologias:

a improvisação em novas perspectivas

> *Mesmo a tecnologia realiza um erro ao conceber as ferramentas de uma forma isolada: as ferramentas existem somente em relação aos entrelaçamentos que elas possiblitam ou que as tornam possíveis. O estribo agencia uma nova simbiose homem-cavalo que, ao mesmo tempo, possibilita o surgimento de novas armas e instrumentos. As ferramentas são inseparáveis de simbioses ou amálgamas e definem um agenciamento máquinico Natureza-Sociedade.*
>
> DELEUZE E GUATTARI, *Mil Platôs 2*

Neste capítulo, descrevo o projeto que foi desenvolvido por mim entre agosto de 2013 e julho de 2014 na Universidade Paris 8 a partir do qual aprofundei as reflexões a respeito de alguns assuntos anteriormente tratados e investiguei novas abordagens e perspectivas para a pesquisa sobre a improvisação, particularmente aquelas ligadas à utilização das novas tecnologias durante as performances e relações entre a prática da livre improvisação e o estabelecimento de novos paradigmas para a música contemporânea definidos enquanto uma "estética da sonoridade". No final do capítulo, estão anexados os dois principais trabalhos teóricos que resultaram dessa pesquisa.

UMA MÚSICA BASEADA EM SONS?

> *O tema é o som, mas o som não esteve sempre na música? Poderíamos dizer que sim, mas foi necessário que mudássemos o lugar de ouvir. Que, assim como Copérnico, nos colocássemos fora da nota musical para finalmente enxergar o som que a carregava.*
>
> S. FERRAZ apud P. Zuben, *Ouvir o Som*

Nesta pesquisa, focalizei meus estudos na utilização de novas tecnologias nas performances de livre improvisação. Além disso, a partir de uma perspectiva estética e musicológica inseri estes estudos no âmbito da discussão sobre as formas de pensamento musical baseadas na "sonoridade".

Como já mencionado anteriormente, durante séculos a música no ocidente se baseou numa lógica de organização abstrata das alturas relacionada à ideia de nota. Hoje percebe-se uma significativa mudança de paradigma que desloca, da ideia de nota para a ideia de som, grande parte do pensamento composicional contemporâneo. Com base nesse paradigma, apresenta-se um novo cenário definido por alguns pesquisadores como a "estética da sonoridade"[1].

De um um ponto de vista mais geral, através de uma abordagem predominantemente filosófica e musicológica, investiguei de que forma as práticas de livre improvisação se relacionam com essa estética da sonoridade. Procurei demonstrar que a livre improvisação é, ao mesmo tempo, um sintoma e também um fator que contribuiu para o estabelecimento desse novo paradigma. Para isso, foi necessário examinar de que forma a livre improvisação se relaciona com as diversas formas de escuta e de pensamento composicional contemporâneos.

Num âmbito mais específico, à luz da reflexão musicológica, porém incorporando uma dimensão mais prática e laboratorial à pesquisa, refleti sobre a questão do controle *versus* não controle nos ambientes de improvisação livre que utilizam processamentos eletrônicos. Tratei de investigar – em situações em que o computador funciona como uma espécie de extensão do instrumento – em que medida o músico é capaz de desenvolver uma técnica através da qual ele preveja e controle suas ações instrumentais em vista de um resultado sonoro específico. Em outras palavras, procurei responder às seguintes perguntas: é possível pensar na utilização dos processamentos eletrônicos como uma espécie de técnica estendida? Quais são as problemáticas implicadas?

Outra dimensão da pesquisa – que subjaz os objetivos anteriores – consistiu em examinar o ambiente da improvisação

---

1 Cf. D. Guigue, *Estética da Sonoridade*; M. Solomos, *De la musique au son*.

com interação eletrônica, com a intenção de criar estratégias para otimizar o potencial criativo e estético desse tipo de prática. Tratou-se, por um lado, de pensar na preparação técnica e auditiva dos músicos que se envolvem nessa prática (através da elaboração e proposição de uma "pedagogia" que favoreça o desenvolvimento de uma nova forma de escuta e a incorporação das técnicas estendidas) e, ao mesmo tempo, de pensar num possível aperfeiçoamento dos dispositivos computacionais elaborados para a interação que facilitem a geração de ambientes criativos para a improvisação livre (solista ou coletiva).

DIMENSÃO PRÁTICA

Para realizar a pesquisa no âmbito das dinâmicas dos processos de improvisação e interação coletiva, e de suas relações com as técnicas estendidas e as novas tecnologias, me apoiei nas reflexões advindas de práticas laboratoriais. Estas foram desenvolvidas individualmente por mim – e, nesse caso, trabalhei com o meu saxofone e os *patches* em PD que foram desenvolvidos especialmente para essa pesquisa pelo pesquisador associado Alexandre Porres – e pelo grupo de criação e improvisação coletiva constituído em parceria com o doutorando Felipe Merker Castellani na Universidade Paris 8.

A IMPROVISAÇÃO LIVRE, A CONSTRUÇÃO DO SOM E A UTILIZAÇÃO DAS NOVAS TECNOLOGIAS

Improvisação Livre: Definições

A emancipação do som, representado acusticamente e que tinha tradicionalmente uma função subordinada em música, constitui uma das aquisições essenciais da evolução da música de nosso século. Ao substituir a antiga concepção sonora, ligada à referência tonal, das consonâncias e dissonâncias, a experiência empírica e imediata do som se tornou, hoje, não necessariamente o ponto central da experiência musical, mas ocupa certamente uma posição fundamental.[2]

2   H. Lachenmann, Typologie sonore de la musique contemporaine, *Écrits et entretiens*, p. 36.

Para começar, é preciso reafirmar que a improvisação livre não é um "estilo" ou uma tendência composicional. Trata-se de uma prática musical que não se submete diretamente a nenhuma tendência estética específica, mas que dialoga com várias práticas musicais contemporâneas. Vale ainda salientar que a livre improvisação não é uma manifestação musical geograficamente delimitada e que é possível encontrar músicos dedicados a esse tipo de prática em vários países da Europa, nos Estados Unidos e em vários países da América Latina, incluindo o Brasil, que apresenta atualmente uma cena bastante diversificada e ativa.

Mergulho no Som ou Construção do Som?

Vida interior do som: alguém que se concentre no som em si, muitas vezes em detrimento das relações entre os sons, ou então por se interessar por suas relações internas, pode se ver tentado a tomá-lo como um "sujeito". Ele não seria, nesse caso, um objeto, uma entidade fechada que se realizaria diante de nós e que seria manipulada a partir do exterior: nós seríamos trabalhados por ele. Nesse sentido, o foco no som que se pode observar na música recente prolonga a metáfora organicista – a música enquanto planta que cresce – que domina uma parte do século XIX, e lhe fornece uma dimensão inesperada: o som possuiria uma "interioridade". Estar no som, imergir no som, ser envolvido pelo som, viajar ao centro do som, afundar no abismo do som etc., se tornam as novas metáforas que inspiram tanto compositores quanto ouvintes.[3]

Na improvisação livre, o som não é nem objeto nem sujeito. Ou é, ao mesmo tempo, os dois. Se, por um lado, o som não existe previamente e, durante uma performance, ele é gerado, manipulado e moldado num processo de criação empírico e interativo, por outro, durante esse mesmo processo, o som revela sua materialidade, suas tendências, potencialidades e energias internas que acabam por condicionar o processo criativo. Trata-se, portanto, de um processo complexo de configuração: o som é criado e cria seus caminhos em um agenciamento dialético com o músico que o produz.

---

3   M. Solomos, Deux visions de la "vie intérieur du son"; Scelsi et Xenakis, *Filigrane, Revue de Musique, Esthétique, Science et Société*, v. 15. Disponível em: <http://revues.mshparisnord.org>.

Ainda com relação a esse assunto, mais a frente, no mesmo texto, Solomos afirma que:

> Desde Debussy, que nos mergulha no microtempo sonoro, até as músicas "microssonoras" ou microtonais de hoje, numerosos compositores ilustraram a metáfora da vida interior do som: Anton Webern, Varèse já citado, Alois Haba, Luigi Nono, Karheinz Stockhausen, Pierre Henry, François Bayle, Gerard Grisey, Tristan Murail, Jonathan Harvey, Horacio Vaggione, Barry Truax, Luca Francesconi, Pascale Criton, a música ambiente [...] Mas dois músicos, Scelsi e Xenakis, permanecem entre aqueles que concretizaram a metáfora com mais potência e convicção.[4]

Nessa citação, Solomos se refere aos compositores que se guiaram, em certa medida, por essa metáfora do mergulho no sonoro. Scelsi, por exemplo, menciona explicitamente sua "viagem ao centro do som", e as suas composições (escritas e fixadas em partituras com a ajuda de seus alunos) resultam, em geral, de suas improvisações. Já Xenakis, através da síntese granular, almeja construir e manipular os sons e os fluxos sonoros a partir de suas partículas mínimas. Assim, para realizar seus projetos composicionais, ele utiliza, entre outros recursos, cálculos numéricos probabilísticos e operações matemáticas complexas.

Na improvisação livre, a construção e a manipulação do som é decorrente de atos instrumentais intencionais, empíricos e, em geral, interativos. Nela, a sensação de imersão sonora é simultânea à sensação de produção sonora. O grau de detalhamento desse processo é muito variado. Isto é, os músicos envolvidos na performance podem tanto se engajar em processos minuciosos, que os aproximam de um som "puro", molecularizado, quanto em processos mais molares que colocam em jogo sons mais complexos, definidos e identificáveis, figuras, gestos ou fragmentos de idiomas. Nesse contexto, quando são utilizados processamentos eletrônicos em tempo real, o grau de complexidade do ambiente da performance aumenta e também as possibilidades de um mergulho mais profundo no som "puro" e desterritorializado.

Nesse sentido, é possível dizer que a improvisação livre é um processo complexo que pode incorporar vários níveis de

---

4   Ibidem.

elaboração, no que diz respeito aos materiais utilizados. Mas o fato de que numa performance os músicos estão sempre em contato direto com a fatura do som, em toda a sua complexidade, dá a essa prática um caráter específico relacionado à ideia de fisicalidade que nos remete, por exemplo, ao conceito de *musique concrète instrumentale* de H. Lachenmann, principalmente quando ele afirma que o ato de compor passa pela ideia de "construir o som" a partir de uma ênfase nas possíveis relações do músico com seu instrumento e que, na música contemporânea, "a experiência empírica e imediata do som [...] ocupa certamente uma posição fundamental"[5].

A Tecnologia e as Novas Formas de Escuta

desde alguns anos, a eletrônica nos permite uma escuta microfônica do som. O próprio interior do som, esse que estava oculto por muitos séculos de práticas musicais essencialmente macrofônicas, está finalmente livre para nossa admiração. Por outro lado, o computador nos permite abordar campos de timbres até hoje inéditos e analisar muito detalhadamente a composição. A apreensão desse novo campo acústico ainda virgem atualizou e determinou novas formas para a escuta: é possível, finalmente, explorar o interior de um som, ao se alongar a sua duração, e viajar do macrofônico ao microfônico em velocidades variáveis[6].

Grisey se refere aqui especificamente à síntese eletrônica, própria da música eletroacústica, e à síntese instrumental, que é um dos procedimentos da música espectral (na medida em que ela toma o espectro do som enquanto modelo principal para a composição). A improvisação livre não passa explicitamente por nenhum desses modelos ou procedimentos. No entanto, a ideia de uma escuta intencional, microfônica do som em contraposição à escuta macrofônica numa analogia com a oposição molecular/molar é perfeitamente adequada para se referir à livre improvisação em oposição à improvisação idiomática, e remete às ideias já expostas anteriormente, de emancipação do som e de imersão sonora.

5   H. Lachennmann, op. cit., p. 36.
6   G. Grisey, Structuration des timbres dans la musique instrumental, em J.-B. Barrière (org.), *Le Timbre*, p. 352.

Um aspecto particularmente interessante relacionado às reflexões de Grisey sobre a música espectral diz respeito à "construção sintética de timbres". A abordagem de Grisey está claramente explicitada no seguinte texto:

> É importante concluir, desses múltiplos tratamentos (da síntese instrumental), que a fonte instrumental desaparece em proveito de um timbre sintético totalmente inventado e não dado *a priori* pelos instrumentos. O timbre e a altura são, portanto, compostos simultaneamente, e a instrumentação, no sentido tradicional, é letra morta.[7]

Assim como os procedimentos utilizados por Xenakis na síntese granular, esse tipo de processo composicional descrito por Grisey (a síntese instrumental) próprio da música espectral, depende de análises e planejamentos minuciosos e rigorosos. Nesse caso, os timbres sintetizados através de combinações instrumentais resultam de um meticuloso cálculo baseado nas análises espectrais e nos projetos formais específicos de cada compositor. Já no caso da música eletroacústica, a obtenção dos timbres sintéticos através da síntese aditiva ou subtrativa depende também do tipo de *software* utilizado, do tipo de amostragem etc.

Com relação ao uso das novas tecnologias, outro aspecto a ser considerado é que, diferentemente da improvisação livre com processamento eletrônico em tempo real, na música eletroacústica "pura", devido à utilização da composição em tempo diferido (tanto nos processamentos de sons quanto nos processos de síntese), o mergulho no sonoro pode ser considerado mais profundo (no sentido do detalhamento). Isso porque os *softwares* utilizados na improvisação livre que trabalham com processamento em tempo real (Max, PD e outros) não conseguem (ainda) a qualidade técnica (de amostragem, velocidade etc.) de um programa de síntese ou processamento em tempo diferido. Por isso, na música eletroacústica composta é possível abordar os detalhes moleculares do som (tanto os preexistentes, concretos, quanto os sintetizados) de uma forma mais profunda. No caso da livre improvisação, isso não afeta, no entanto, a mudança fundamental que se opera no paradigma

7   Ibidem, p. 353.

da escuta descrito por Grisey no início do seu texto: "O próprio interior do som, esse que estava oculto por muitos séculos de práticas musicais essencialmente macrofônicas, está finalmente livre para nossa admiração."[8]

Construindo o Som: A Síntese Instrumental Empírica da Livre Improvisação

Na livre improvisação, uma espécie de síntese instrumental é obtida, eventualmente, por meios empíricos durante a performance. E nisso, como vimos, a improvisação livre é semelhante à música espectral. Porém, na livre improvisação, o timbre "sintético" é sempre uma descoberta, um resultado da interação empírica entre os *performers*. Isso porque o agenciamento da performance se dá, em geral, de forma não programada, controlada ou calculada. E, além disso, os resultados são imprevisíveis na medida em que, na performance coletiva, o surpreendente, o inesperado e o incontrolável fazem parte do ambiente.

A livre improvisação, no entanto, não se limita a esse tipo de procedimento baseado no som "microfônico", uma vez que o material gestual e figural que permeia as performances é, muitas vezes, por sua natureza, macrofônico. Isto é, na livre improvisação, conforme já explicitado anteriormente, não se trabalha apenas com materiais microscópicos, moleculares, essenciais (como é o caso da síntese que parte das ondas senoidais ou da síntese granular), mas também a partir de materiais molares que são, durante a performance, retrabalhados, fragmentados e transformados em vários níveis (às vezes, até o nível quase molecular). Isso porque o som dos instrumentos acústicos é muito complexo para ser considerado molecular (por mais que esse nível seja almejado nas performances), e a combinação empírica dos vários instrumentos numa performance de improvisação pode resultar, tanto em fluxos relativamente homogêneos, compactos e coesos, em que os sons individuais dos instrumentos se anulam em favor de "um novo timbre" – aí sim, numa verdadeira síntese instrumental, na qual, como

---

8 Ibidem, p. 352.

diria Grisey, "a fonte instrumental desaparece em proveito de um 'timbre sintético' totalmente inventado e não dado *a priori* pelos instrumentos"[9] –, quanto em texturas heterogêneas, claramente segmentadas, em que os timbres dos instrumentos permanecem identificados evocando suas molaridades e territorialidades específicas. Na realidade, esses dois extremos representam limites ideais de uma gradação que vai do molar ao molecular.

Por isso, o fato de os instrumentos serem territorializados não é necessariamente problemático para a livre improvisação, já que nela se constrói um ambiente de ação e pensamento musical em que o que importa é a continuidade do fluxo interativo baseado metaforicamente nas ideias de jogo e de conversa. Evidentemente, a superação do idiomático, molar, macrofônico e a busca do som molecularizado – implementado através das técnicas estendidas e de uma escuta profunda, reduzida e microfônica – pode ser uma estratégia importante para a manutenção da potência e da consistência do fluxo sonoro interativo. Mas é possível atingir esse mesmo resultado através de outras estratégias de desterritorialização, reterritorialização, colagem e bricolagem apoiadas em material claramente macrofônico (molar, territorializado). Assim, mesmo quando os timbres dos instrumentos permanecem identificados e relacionados às suas territorialidades, o resultado dinâmico do fluxo sonoro pode se desdobrar de forma potente.

Vale a pena abrir um parêntesis sobre a questão da territorialização dos instrumentos. É evidente que os instrumentos trazem, em maior ou menor grau, marcas das suas diversas territorializações. No caso de instrumentos tradicionais, "folclóricos" – como, por exemplo, a gaita de fole escocesa, a cítara indiana, as flautas andinas e o berimbau brasileiro –, o som remete imediatamente a um território original e restrito, com seus sistemas, idiomas e formas de organização. Mas mesmo um instrumento versátil como o piano, que aparece em contextos estilísticos, idiomáticos, históricos e geográficos muito diversificados, traz suas marcas territoriais. Assim é que, principalmente através dele (e dos instrumentos de teclado em geral),

---

9 Ibidem, p. 353.

se estabelece na música ocidental um padrão de temperamento que possibilita o desenvolvimento da música tonal (baseada na estabilidade da nota). E o sistema tonal é um amplo território. Na orquestra sinfônica clássico-romântica, por exemplo, os instrumentos têm suas funções claramente definidas em função de um tipo de fluxo musical que se organiza em torno da ideia discursiva de melodia acompanhada e harmonia. Os violinos, por exemplo, assumem o papel de cantores principais do conjunto, enquanto as percussões se incumbem de enfatizar pontos de articulação do fluxo musical organizado na forma de discurso e assim por diante. No entanto, com o passar dos anos, esses limites vão sendo aos poucos flexibilizados. E numa prática musical que se fundamenta no som e almeja a desterritorialização e a molecularização, mesmo os instrumentos mais fortemente territorializados (como é o caso dos instrumentos tradicionais, folclóricos) podem ser abordados de uma forma renovada. Sobre esse meticuloso trabalho de desconstrução e reconstrução do som habitual dos instrumentos, vale a pena remeter novamente ao compositor H. Lachenmann, citado por Didier Guigue:

Eu falo, por vezes, de uma nova virgindade do som: o som como experiência convencional, como elemento conhecido, já vem sempre maculado, carregado de convenções e, finalmente, impuro. O trabalho do compositor consiste em criar um contexto que possa torná-lo novamente intato; intato sob um novo aspecto. Desembaraçar o que ficou exposto à superfície para trazer à luz o que estava escondido, permitindo assim uma experiência mais pura. E isso nunca significa apenas fazer, mas, sim, evitar e sempre resistir.[10]

Ainda a respeito dessa ideia de desterritorialização do som, é preciso esclarecer que a ideia de molecularização e de escuta microfônica não necessariamente produz uma música de texturas homogêneas ou baseada em metáforas do fenômeno sonoro (como no caso da música espectral), tais como a ideia de envelope dinâmico ou espectral etc. A escuta microfônica simplesmente abre caminho para uma música que se baseia na construção, manipulação e transformação do som, não submetida à lógica abstrata da nota. Nesse contexto surge,

10 H. Lachenmann apud D. Guigue, Serynade e o Mundo Sonoro de Helmut Lachenmann, *Revista Opus*, v. 13, n. 2, p. 94.

por exemplo, o fascínio pelas qualidades dos sons concretos e/ou o desejo de criar novos sons e juntá-los a objetos, texturas e estruturas inéditas. Nesse contexto é que é possível utilizar materiais originalmente molares (fragmentos de gestos idiomáticos) numa improvisação livre, desde que estes sejam submetidos a processos de desterritorialização e de molecularização.

Portanto, é preciso enfatizar que a improvisação livre não se apoia integralmente ou exclusivamente na ideia de sonoridade mas que, com certeza, ela supera os idiomas, integrando, eventualmente, fragmentos de seus materiais e procedimentos como uma entre as suas possibilidades de agenciamento. Na improvisação livre, o "vocabulário" (materiais sonoros) e a "sintaxe" (procedimentos de organização) são imanentes, e esses materiais sonoros podem ser mais ou menos microscópicos (moleculares). É importante ressaltar também a dimensão processual e dinâmica desses agenciamentos. De qualquer forma, a improvisação contribui para os processos de tomada de consciência da noção de material e da possibilidade de este ser criado, manipulado e controlado:

> É por isso que o material prolifera ou, mais exatamente, tudo tem a tendência a se tornar material. A música tonal concebia o controle como dominação, e é por isso que seu material, "vigiado de perto", era muito limitado. No século XX, ao contrário, o controle do material é sinônimo de sua proliferação. "Com a liberação do material", escreve Adorno, "aumenta ao mesmo tempo a possibilidade de o controlar tecnicamente." Essa proposta é reversível: o recentramento no material, a riqueza dos materiais da música do século XX não surgiram a partir de uma simples pesquisa de renovação em que os materiais continuariam a ser tratados como no passado (por meio de uma língua ou de sintaxe, isto é, de uma dominação); esse recentramento resulta de uma consciência aguda do conceito de material e da possibilidade de controlá-lo.[11]

Sobre a Construção do Material, da Forma e da "Linguagem"

Ainda com relação à questão do material, é possível afirmar que, tanto quanto em outras manifestações musicais da mesma época, na improvisação livre o

11 M. Solomos, *De la musique au son*, p. 285.

material não é mais matéria sonora: ele não é mais dado pela natureza; ele tende a ser integralmente composto, construído. Esse é o caso, evidentemente, da música eletrônica que faz uso da síntese do som. Mas é também o caso das "músicas instrumentais avançadas", em que a matéria sonora (natural, acústica), que é produzida pelos instrumentos, não constitui um material, mas um simples ponto de partida que este último (o material) transmuta[12].

Isso é exatamente o que ocorre na improvisação livre: o som – matéria sonora – produzido pelos instrumentos (desde o mais territorializado até o mais molecularizado, desde o mais inarmônico, ruidoso e complexo até o mais "limpo", harmônico, quase senoidal) é transmutado em material durante a performance. Nesse caso, como afirma Solomos,

o material não é mais a base do edifício musical. Integralmente composto, ele não se distingue mais necessariamente dos outros estágios, da linguagem e da forma, aos quais a música tonal reconhecia um caráter de construção [...] o recentramento sobre o *material*, sua proliferação, não significam que a *linguagem* ou a *forma* desapareçam, mas que eles pouco a pouco deixam de se distinguir do nível do material[13].

Assim, nesse sentido, a ideia de que a forma se forma de dentro para fora numa metáfora biomórfica é adequada para descrever tanto as composições às quais Solomos se refere como "avançadas", quanto às performances de improvisação. Na improvisação livre, a situação é ainda mais radical porque o material não existe enquanto tal (isto é, não existem materiais pré-elaborados). Ele é construído e composto a partir das intervenções dos *performers* em tempo real. Além disso, é o processo interativo e empírico que põe em jogo esses materiais que, aí sim, vão dando forma ao fluxo sonoro. Assim, qualquer matéria sonora que o músico produza (seja ela um som, uma figura, uma textura ou um gesto), só adquire seu "sentido" musical no fluxo interativo da performance que delineia uma forma em pleno devir. E é nesse sentido que se pode afirmar mais uma vez que na improvisação livre o "vocabulário" (materiais sonoros) e a "sintaxe" (procedimentos de organização) são imanentes.

12 Ibidem.
13 Ibidem. (Grifo nosso.)

A Improvisação Livre e as Novas Tecnologias: As Máquinas Híbridas

No contexto da utilização de processamentos eletrônicos em tempo real em performances de livre improvisação, um músico que utiliza ao mesmo tempo um instrumento acústico e processamentos eletrônicos em tempo real é o agenciador de uma espécie de máquina híbrida (acústica e digital) de performance criativa que pode ser sintetizada na seguinte fórmula:

músico + instrumento acústico + instrumento digital (microfone + interfaces + computador + *patch* + *speakers*) + ambiente da performance = ...

Nessa "máquina" há um acoplamento complexo, pois, se no caso do instrumento acústico "o instrumento se torna uma extensão do corpo, onde músicos treinados são capazes de se expressar através de conhecimentos incorporados que são, em princípio, não conceituais e tácitos"[14], no caso do instrumento digital há um outro tipo de relação que poderia ser designada como hermenêutica:

> relacionamentos hermenêuticos são diferentes na medida em que aqui o instrumento não é uma extensão do corpo, mas sim uma ferramenta externa ao corpo cujas características devemos interpretar (portanto, hermenêutico). Esse instrumento pode ser visto como um texto ou como algo que devemos ler para utilizar [...] Em oposição ao corpo do instrumento acústico, o instrumento digital não tem ressonância, e por isso, contém poucos mistérios latentes, ou potenciais expressivos escondidos que, tipicamente, podem ser derivados da materialidade de instrumentos acústicos[15].

Com o objetivo de refletir sobre as questões expostas acima a partir de uma experiência prática, passo a descrever, comentar e analisar um ambiente preparado para performances de improvisação livre solista que incorpora processamentos eletrônicos em tempo real. Aqui encontram-se também reflexões sobre o funcionamento desse acoplamento acústico-digital, tanto num nível mais especializado, no que diz respeito às

---

14 Cf. Edens apud T. Magnussen, Of Epistemic Tools, *Organized Sound*, v. 12, n. 2, p 168.
15 Ibidem.

tecnologias envolvidas, quanto no nível da fisicalidade, no que diz respeito à elaboração de uma técnica "instrumental" específica e adequada ao agenciamento desta "máquina híbrida de performance".

Brane~: Características Técnicas

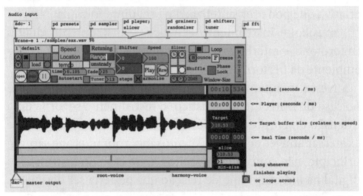

FIGURA 2: *Brane~ na tela do computador*

Brane~ é o nome de um *patch* desenvolvido em PD por Alexandre Porres (resultado de um aperfeiçoamento do PVOC mencionado e descrito no capítulo 5) e que tenho utilizado em minhas performances de livre improvisação solo. Seguem algumas anotações informais sobre as funcionalidades do *patch* que são controladas através de um pedal midi como este:

FIGURA 3. *Pedal midi: 1. Reset total dos processamentos; 2. Gravar; 3. Parar gravação; 4. Reproduzir/parar de reproduzir; 5. Voltar a reprodução para o início do buffer; 6. Reset dos processamentos (quase idêntico ao pedal 1 com a seguinte diferença: depois que ele é acionado, a reprodução vai em frente sem parar no limite do buffer); 7. Inverte o sentido da reprodução; 8. Freeze da reprodução; 9. Harmonize 1; 10. Harmonize 2.*

Outros recursos que se somam aos descritos acima e que são operacionalizados pelos pedais de expressão (do lado direito do equipamento), e que podem ser aplicados à reprodução das amostras são: 1. transposições e *glissandos*; e 2. mudanças de velocidade e direção. Há também muitas possibilidades de combinação dos processamentos, tais como: 1. acionar o *freeze* (congelar a reprodução) num ponto da amostra e aplicar *glissandos* e/ou transposições; 2. reproduzir a amostra a partir de um determinado ponto e aplicar processamentos diversos durante a reprodução (*glissandos*, transposições, mudanças de velocidade, harmonizações etc.); 3. criar um *loop* em qualquer ponto da amostra gravada (para isso, o músico deve parar de tocar para atuar diretamente, com o *mouse*, na barra cinza localizada na parte inferior do *patch*). É possível também criar uma textura contrapontística com material gravado e reproduzido + performance ao vivo ou apagar a amostra e começar a gravar novamente.

Técnicas Para a Performance com Live Electronics

É evidente que o *performer* precisa desenvolver uma técnica específica que incorpore a utilização do pedal e que o habilite a controlar os processamentos durante a performance. E essa técnica só se desenvolve de uma forma prática, através de ensaios e performances. Por isso, é necessário estudar esse novo instrumento híbrido para lidar, ao mesmo tempo, com a técnica tradicional e estendida do instrumento acústico – ligada à fisicalidade – e com a relação hermenêutica com o instrumento digital. Nesse último caso, é necessário o entendimento dos processamentos eletrônicos implementados pelo *patch* em PD através de ações físicas com o pedal.

Esse aprendizado inclui – além do entendimento dos processamentos eletrônicos implementados pelo *patch* – desde conhecimentos muito elementares, tais como saber as funções de cada um dos botões do pedal e conseguir controlá-los de forma segura com os pés, até conseguir combinar de forma criativa os vários comandos do pedal e as ações instrumentais. O controle dos processamentos eletrônicos com o pedal gera uma nova dimensão corporal que se soma à fisicalidade presente na atuação instrumental propriamente dita. Na minha experiência com essa "máquina híbrida de performance", tenho me empenhado em criar uma técnica específica que me permita aprofundar os processos de construção do fluxo sonoro através da interação entre as técnicas instrumentais com os aparatos eletrônicos. Uma vez que posso gravar e transformar os sons do saxofone em tempo real (em certa medida), invento, construo e combino empiricamente os sons, num processo interativo, de dentro para fora, molecularmente. Assim, posso expandir o meu repertório sonoro a partir do universo limitado de sons que podem ser produzidos pelo saxofone. Tenho então à mão uma espécie de super-saxofone sintetizador.

Sobre o Fluxo da Performance

Durante a performance, é possível dialogar com a gravação numa espécie de duo com a memória (transformada ou não). E para esse tipo de operação criativa, em que se utiliza uma memória de curta duração, o *performer* pode se basear, por exemplo, nas propostas de procedimentos (já mencionadas anteriormente) apresentadas por Vinko Globokar (imitar, contrastar, se integrar, hesitar, fazer algo diferente) para se relacionar com os materiais sonoros que vão sendo criados. Outra possibilidade interessante é o diálogo com o sonograma que, estando à vista do intérprete na tela do computador, pode funcionar como uma espécie de partitura que vai sendo construída aos poucos e que pode sugerir percursos, antecipações etc. Com base na "leitura" dessa "partitura", somada à escuta atenta dos eventos, é possível categorizar, numa espécie de solfejo, os aspectos globais do fluxo da performance através, por exemplo, das categorias de figura, gesto e textura.

Em termos gerais, a performance se desenvolve sempre com base na memória. O que é produzido agora permanece gravado no *buffer*[16] para ser reutilizado. É importante salientar

---

16 Trata-se de uma região da memória física do computador utilizada para armazenar dados temporariamente. Nesse caso, as amostras de som executadas pelo saxofone são armazenadas no *buffer* como se este fosse uma espécie de gravador.

que o *buffer* tem uma limitação de armazenamento evidente na interface gráfica: quando o cursor chega ao final, à direita, não se grava mais nada. Nesse caso, ou se trabalha com o material anteriormente gravado ou se grava um novo material (deletando o material anterior). O material que está no *buffer* pode ser reproduzido (transformado ou não) a partir de várias distâncias de tempo. Se a reprodução chega no final do *buffer*, ela recomeça do início, automaticamente. Pode-se criar "cânones" deformados (basicamente, a "duas vozes") com o som que é produzido em tempo real pelo instrumentista. O som armazenado pode ser também reproduzido solo.

Em termos de quantidade de camadas, há então três possibilidades: solo acústico, solo eletrônico (transformado ou não), duo acústico + eletrônico. É possível ainda, em algumas configurações específicas, criar a sensação de três ou mais vozes, por exemplo, com a utilização do *harmonizer*[17] ou numa textura composta por um "duo" (sax ao vivo + *buffer*), utilizando o registro altíssimo do saxofone, criando assim uma camada a mais de sons diferenciais. É possível criar texturas homogêneas (mantendo-se a unidade dos materiais sonoros acústicos + eletrônicos) ou heterogêneas (no máximo com dois tipos de materiais diferentes: um na camada acústica, outro na eletrônica).

Em termos microscópicos, pode-se descrever os materiais sonoros produzidos pelo saxofone e utilizados nas performances como sendo constituídos por: 1. sons longos, bem definidos em termos de frequência (tônicos), nas várias regiões e com vários graus de dinâmicas e comportamento (*vibrato*, *non vibrato*, oscilando muito ou pouco etc.); 2. ruídos inarmônicos variados: sons de ar (contínuos e modulados por variações de dinâmica), percussão nas chaves (sons curtos, com pouca ressonância, com dinâmicas variadas, com ou sem definição de frequência); 3. variações timbrísticas e notas "sujas": super agudos, falas + sons tônicos, *frulatos*, *bisbigliandos*, *slap tongue*, *tongue ram* (dois tipos de ataques ruidosos com a língua na palheta); 4. harmonia: multifônicos; 5. polifonia ou combinações dos anteriores, por exemplo: nota + ruídos de chave +

---

17 Trata-se de um dispositivo que cria, automaticamente, algum tipo de harmonização a partir de amostras de áudio. É possível implementar vários tipos de processos de harmonização.

sopro. Em termos mais macroscópicos, pode-se dizer que há materiais mais territorializados, molares (fragmentos de idiomas, na forma de gestos ou figuras rítmico-melódicas) e materiais mais moleculares e desterritorializados (ruídos, texturas, "sons puros"). Sobretudo com o auxílio dos processamentos eletrônicos, é possível "desnaturar", mesmo os sons mais territorializados, criando contextos sempre novos.

Um problema que se evidencia na performance diz respeito à fusão e às diferenças que, por vezes, são muito evidentes entre o material acústico e o material processado. Este último, em algumas situações, soa como uma caricatura do som real, uma vez que os tipos de processamentos ficam muito evidentes nas transposições, alargamentos ou *acelerandos* temporais etc. Por isso, pode ser adequado atuar com cuidado para mascarar essas diferenças, fazendo com que os sons se relacionem e se misturem de forma consistente. Uma estratégia utilizada para esse fim é trabalhar com sons acústicos homogêneos que têm uma qualidade próxima à dos sons processados (por exemplo, multifônicos, superagudos, "jatos contínuos" de notas curtas, sons de chaves etc.), agenciados através de um pensamento mais textural.

Outro cuidado deve ser tomado com as transições entre diferentes tipos de materiais, quando se quer interromper o fluxo da reprodução e começar uma nova gravação. É importante preparar essa transição de alguma forma, por exemplo, gravando no final do *buffer* em *pianíssimo* e somando o mesmo tipo de evento sonoro acusticamente, de modo que, quando se retoma uma nova gravação, não se perceba o corte eletroacústico. Uma outra estratégia é preencher o *buffer* com um material sonoro específico até um certo trecho e parar de gravar (mantendo, enquanto isso, a reprodução desse material). Então, começa-se a gravar um novo material que vai preencher o resto do *buffer*. Haverá então três situações sucessivas: duas camadas (acústico e eletrônico) com o mesmo tipo de material, a convivência do antigo + o novo material e, finalmente, uma nova textura composta por duas camadas do novo material.

A possibilidade de lidar com materiais criados anteriormente (utilizando inclusive o recurso de visualizar as representações gráficas) faz com que o *performer* possa ouvir e modificar antigas ideias sonoras em tempo real. É como se ele estivesse moldando ou esculpindo os sons. E esse é um fator que favorece a consistência dos processos. Claro que as ferramentas são limitadas aos recursos implementados no *patch*. Mesmo assim, as ideias do presente estão sempre sendo alimentadas pela memória das ações anteriores, e o som pode ser pensado como algo "sólido" semelhante a um material plástico que pode ser moldado de inúmeras formas. Aqui novamente tem-se a ideia anteriormente explicitada de integração entre material, forma e "linguagem" num processo imanente.

Uma Experiência Prática de Improvisação Preparada

Trato agora de descrever e analisar a performance *Hidden Music*, que utiliza o *patch* acima descrito. A performance está baseada numa poesia de minha autoria (que funciona como uma espécie de referente aberto):

Música escondida

Quase não se ouve...
A música escondida nas coisas,
Nos cantos da casa, na poeira dos móveis,
desgastada pelo ruído fino e intermitente dos acontecimentos.
Fica, no entanto, impressa na memória como marca d'água.
Indício, palimpsesto.

Certamente é possível rastrear no labirinto transparente das
    lembranças,
imagens borradas,
E esboçar músicas contemporâneas,
Recuperando epifanias.

Eu me empenho em arrancar dos recônditos das lembranças,
as essências ínfimas.
Escuto através das finas camadas de resquícios embolorados,
as figuras fragmentadas com as quais erijo estruturas,
Extraio músicas secretas, magnéticas.

(Nas roupas de cama esparramadas pelo chão, nos dejetos da lata de lixo, nos cantos da sala vazia)

Nessa performance, há uma configuração interessante em que dialogam as ideias de controle e não controle de maneiras variadas. Em primeiro lugar, existe o ambiente do saxofone estendido pelo equipamento eletrônico. Em segundo lugar, existe a poesia enquanto um evento gerador inicial. Em terceiro lugar, a poesia se desdobra em três pequenos versos descritivos (entre parêntesis no final da poesia) associados a imagens projetadas durante a performance, que evocam a temática explicitada na poesia (a música escondida nas coisas). Em cada um desses três "movimentos", se estabelece uma operação metafórica diferente, aberta e condicionada à leitura do improvisador a cada performance. Há ainda uma restrição temporal não controlada pelo improvisador: cada movimento deve durar no mínimo dois e no máximo quatro minutos. Numa performance dessa proposta em Berlim, no espaço AckerStadtPalatz, em outubro de 2013, o resultado foi muito interessante, na medida em que várias linhas de força convergiam para, ao mesmo tempo, estimular e restringir a minha atuação criativa: as técnicas instrumentais (tradicionais e estendidas) de saxofone, o dispositivo eletrônico completo, a poesia inicial, os versos "ilustrados" a ela relacionados e o tempo estabelecido e controlado externamente por um outro músico (através da mudança de *slides* projetados a cada quatro minutos).

Para a improvisação livre, o som "molecular", "virgem", "desnaturado" de seus eventuais condicionamentos molares (territoriais, idiomáticos, sociais, estilísticos, instrumentais, históricos, geográficos etc.), pronto para ser construído e moldado a partir da ação instrumental dos músicos durante o fluxo dinâmico em uma performance interativa (solista ou coletiva), é um horizonte utópico almejado. Uma das estratégias utilizadas para se aproximar desse objetivo é a intensificação da escuta com o objetivo de focar intencionalmente nas qualidades acústicas dos sons, considerados como materiais pré-musicais e descontextualizados. A utilização das novas tecnologias propicia um maior conhecimento sobre as propriedades moleculares do som (envelope, espectro etc.) e sobre os procedimentos de manipulação do som. Como diria Gerard Grisey, citado acima: "a eletrônica nos permite uma escuta microfônica do som. O próprio interior do som, esse que estava oculto por muitos séculos de práticas musicais essencialmente macrofônicas, está finalmente livre para nossa admiração"[18].

Mas isso tudo não exclui o trabalho de desterritorialização do som molar num ato pelo qual, segundo Lachenmann, se pode "criar um contexto que possa torná-lo novamente intato; intato sob um novo aspecto"[19]. Isso porque, assim como Deleuze e Guattari, imagino

poder pensar a livre improvisação enquanto possibilidade para uma pragmática musical aberta à variação infinita em que os sistemas e as linguagens deixam de impor suas gramáticas abstratas e se rendem a um fazer fecundo, a um *tempo em estado puro*, não causal, não hierarquizado, não linear. Pensamos poder, através da livre improvisação, alcançar "essa língua neutra, secreta, sem constantes, toda em discurso indireto, em que o sintetizador e o instrumento falam tanto quanto a voz, e a voz toca tanto quanto um instrumento"[20].

LIVRE IMPROVISAÇÃO E ECOLOGIA SONORA: UMA APROXIMAÇÃO A PARTIR DA ESTÉTICA DA SONORIDADE

Proponho aqui uma aproximação entre a prática da livre improvisação e a noção de ecologia sonora, conforme esta é proposta na obra *De la music au son* pelo musicólogo Makis Solomos no âmbito de sua pesquisa sobre a "emergência do som na música dos séculos XX e XXI". Para ele,

De Debussy à música contemporânea deste início de século XXI, do rock à eletrônica, dos objetos sonoros da primeira música concreta à eletroacústica atual, do *Poéme Életronique* às mais recentes tentativas interartísticas, o "som" tornou-se uma das apostas centrais da música (e das artes). Reler a história da música desde o século passado significa, em parte, ler a história movimentada da emergência do som, uma história plural, pois composta de várias evoluções paralelas, as quais, todas, levam de uma civilização do tom para uma civilização do som[21].

---

18 G. Grisey, Structuration des timbres dans la musique instrumental, em J.-B. Barrière (org.), *Le Timbre*, p. 352.
19 H. Lachenmann apud D. Guigue, Serynade e o Mundo Sonoro de Helmut Lachenmann, *Revista Opus*, v. 13, n. 2, p. 94.
20 G. Deleuze; F. Guattari, *Mil Platôs 2*, p. 16.
21 M. Solomos apud D. Guigue, *Estética da Sonoridade*, p. 19.

É importante ressaltar que a abordagem de Solomos difere substancialmente daquela de Murray Schafer sobre o mesmo tema na medida em que se fundamenta em pressupostos ligados à questão da "escuta" num contexto socialmente configurado e aos conceitos de "emergência" e "autopoiese". Em seu texto de 2012, "Entre musique et écologie sonore: quelques exemples", Solomos introduz a sua abordagem sobre esse tema a partir de uma citação de Roberto Barbanti:

> Eu gostaria de propor aqui uma reflexão a respeito da ecologia sonora pensada em suas relações com a "casa" – *oïkos* – isto é, o lugar do som na relação com a nossa morada comum, o mundo, e com a nossa maneira de apreendê-lo. Em outras palavras: a relação som-mundo. Na ecologia sonora, não se trata "simplesmente" de uma questão de incômodo ou de poluição, mas do lugar do som em relação a nós mesmos, ao outro e ao contexto global ao qual nós pertencemos. O mundo, precisamente.[22]

Já num outro texto mais recente, extraído de seu livro *De la musique au son,* Solomos explicita, de maneira mais clara, as diferenças entre a sua abordagem e a de Murray Schaeffer:

> Os pensadores que se interessam mais pelas ligações entre o som e o mundo do que pela noção – excessivamente naturalista – de paisagem sonora (*de Murray Schafer*), têm a tendência, à maneira de Roberto Barbanti, de preferir a expressão "ecologia sonora" à expressão "ecologia acústica", porque na noção de sonoro, é o sujeito que é enfaticamente colocado em causa e, em consequência, a questão da escuta.[23]

Alguns aspectos fundamentais dessa abordagem de Solomos são adequados para uma aproximação com a prática da livre improvisação, que seria – da mesma forma que a ecologia sonora – fundamentada nesse recentramento no som e indissociável de um espaço e de um tempo específicos.

Na livre improvisação, os músicos interagem em tempo real entre si e com o ambiente da improvisação. Na verdade, os músicos (com seus instrumentos, suas histórias pessoais, vontades e potências), tanto quanto o espaço e o tempo específicos de cada performance, constituem o ambiente complexo da

---

22 R. Barbanti apud M. Solomos, Entre musique et écologie sonore, *Rencontres Architecture Musique Ecologie*, n. 7, p. 168.
23 M. Solomos, *De la musique au son*, p. 488.

improvisação. Pode-se dizer que cada performance se configura de uma forma absolutamente singular ou, em outras palavras, que cada performance cria e é um ambiente específico. Nesse sentido, é possível dizer que a prática da livre improvisação se localiza – assim como as propostas de "ecossistemas audíveis" do compositor italiano Agostino Di Scipio mencionadas por Solomos – no campo intermediário entre a música, em seu sentido tradicional, e a ecologia sonora. Na introdução do seu texto de 2012, Solomos menciona a existência desse campo intermediário:

> Esse artigo enfoca a conjunção entre música e ecologia sonora. Depois de haver colocado a questão da possível ligação entre os dois, o texto aborda o campo intermediário, ou seja, certas práticas ligadas às instalações sonoras, à *field recording*, aos passeios sonoros, às músicas ambientais, ao paisagismo sonoro [...] Depois, ele se debruça sobre "os ecossistemas audíveis" tais como eles têm sido explorados por Agostino Di Scipio.[24]

A seguir são apresentados alguns dos aspectos que fundamentam essa aproximação entre a livre improvisação e a ecologia sonora.

Sobre a Noção de Emergência

Refletindo inicialmente sobre a noção de ecossistema audível, Solomos se propõe a pensar sobre a noção de "emergência". Segundo Solomos, de acordo com o compositor Agostino Di Scipio é possível operar quantitativamente (através da síntese granular) no nível da microforma para atingir resultados no nível qualitativo da macroforma:

> De Scipio constrói a hipótese de que a macroforma ela mesma poderia decorrer do granular, isto é, da microforma, por uma lógica de emergência. Nos seus escritos, ele elabora a "teoria da emergência sonológica" em que a forma é concebida como "formação do timbre" – "forma" sendo aqui sinônimo de macroforma e "timbre" de microforma.[25]

---

24 Idem, Entre musique et écologie sonore, *Rencontres Architecture Musique Ecologie*, n. 7, p. 167.
25 Ibidem, p. 176.

Desse ponto de vista, a forma seria concebida como um processo de formação do timbre. Assim, o timbre (nível macroscópico) deveria emergir da síntese granular que operaria num nível molecular, microscópico, do quantitativo ao qualitativo:

A passagem de um sistema ou de um processo de organização estrutural dado a um novo estado em função das suas propriedade qualitativas é o que chamamos aqui de fenômeno da emergência [...]. Fenômenos similares podem ser descritos segundo regras de morfostase (conservação da coerência ou da identidade) ou de morfogênese (comportamento dinâmico, transformação), que, juntos, dão conta da particularidade principal dos sistemas sociais e vivos: a auto-organização.[26]

Na improvisação livre também, em certa medida, é isso o que ocorre. Através da interação entre as ações instrumentais dos *performers* emerge o fluxo sonoro constituído por texturas sucessivas com graus diversificados de permanência, coerência e identidade, e que dão consistência ao ambiente processual e auto-organizativo da livre improvisação. Desse ponto de vista, os sons gerados nas ações instrumentais, pensados como o nível microscópico da performance (numa analogia com a ideia de granulação), acabam adquirindo consistência (num nível macroscópico, formal) no fluxo da performance. Todos os sons, suas combinações e configurações nascem (emergem) dentro do ambiente da performance.

Sobre a Questão da Interação

O conceito de emergência está intimamente ligado à ideia de interação. Sobre a noção de interação e seu papel para a constituição de sistemas no contexto da ecologia sonora, cito aqui mais uma vez o texto de Solomos:

Para garantir a auto-organização em um domínio onde essa ideia não é óbvia [...], o compositor italiano (Di Scipio) pratica uma "causalidade circular" (ou recursividade) [...] No modelo mais comum de interação ao vivo, a interação é entendida principalmente como um fluxo de informação: a fonte de som se transforma. De qualquer maneira, o

---

26 Ibidem.

sistema dispositivo + agente é pouco interativo! Ou, pode-se dizer que o paradigma musical subjacente é o do jogo instrumental; o agente sendo o músico e o dispositivo sendo o instrumento: o compositor cuidando apenas do resultado (sonoro). De acordo com Di Scipio, a composição poderia, ao contrário, consistir em compor as interações – sendo o resultado sonoro apenas o que é composto diretamente. Teríamos então um sistema verdadeiramente interativo: nesse tipo de sistema, "um objetivo primordial seria criar um sistema dinâmico com um comportamento adaptativo às condições externas circundantes, e capaz de interagir com essas mesmas condições externas [...] Uma espécie de auto-organização seria assim concebida". Aqui, a "interação" é um elemento estrutural necessário para que qualquer coisa como um "sistema" possa surgir [...] As interações do sistema só seriam implementadas de uma forma indireta, seriam os produtos secundários das interdependências cuidadosamente planejadas entre os componentes do sistema [...] Há aqui um afastamento substancial da composição musical interativa em direção à composição de interações musicais. Talvez pudéssemos falar, para ser mais precisos, da passagem da criação intencional de sons por meios interativos à criação de interações adequadas que deixam vestígios audíveis.[27]

Na livre improvisação, essa ideia de causalidade circular está presente o tempo todo, já que o sistema se mantém em funcionamento unicamente a partir das ações interativas dos instrumentistas que atuam e fazem parte do ambiente específico da performance. Não há nenhum compositor que comanda, de fora do ambiente, a ação criativa. Vale ainda ressaltar que a livre improvisação é um sistema cujo principal objetivo é preparar e possibilitar as interações que produzem resultados audíveis. Nesse sentido, o ambiente da improvisação livre é também uma composição de interações musicais.

Improvisação: Pensamento Musical em Ação

A livre improvisação parte do pressuposto de que a música é uma prática artística dinâmica, indissociável do contexto (histórico, social, pessoal etc.) e, consequentemente, do tempo presente. Por isso, a educação do músico deve habilitá-lo a pensar musicalmente, a exercer criativamente essa linguagem, a ser

27 Ibidem, p. 10.

um "produtor", e não um "reprodutor" do repertório tradicional existente. Nesse caso, a prática musical, enquanto forma de ação vital seria também uma forma de conhecimento. Nesse sentido, vale aqui citar novamente as hipóteses sobre os processos de cognição formuladas por Varela e Maturana:

> Para essa nova abordagem, os problemas não são preestabelecidos e sim configurados, ensejados a partir de um cenário (*background*) [...] sempre de maneira contextual. Para esse modelo, a representação não pode ter um papel central na cognição uma vez que o mundo não é preestabelecido e sim configurado. A configuração de nosso mundo de objetos requer o uso contínuo de nosso senso comum [...] A categorização (necessária para a abordagem cognitivista que procura delimitar o mundo em espaços e problemas) de nosso mundo natural não tem limites claramente definidos. O substrato filosófico do configurativismo: conhecimento enquanto um problema de estar em um mundo que é inseparável de nossos corpos, nossa linguagem e história social [...] O contexto e o senso comum não podem ser progressivamente descartados, eles são a essência da cognição criativa. O mundo que experimentamos não é independente do observador. O processo continuado de viver é que configura o nosso mundo (suas origens nos parecem definitivas). Por exemplo: Os mecanismos neuronais que subjazem à percepção das cores não são a solução de um problema (capturar as propriedades cromáticas preexistentes dos objetos), mas sim a emergência, em união, da percepção de cores e dos atributos cromáticos.[28]

A livre improvisação, pensada a partir dessa abordagem das ciências cognitivas, apresenta uma dimensão que a aproxima ainda mais da noção de ecologia sonora, na medida em que, em ambas, supõem-se que o "conhecimento [deve ser abordado] enquanto um problema de estar em um mundo que é inseparável de nossos corpos, nossa linguagem e história social"[29].

E aqui se colocam algumas questões complementares: como a livre improvisação se insere no processo continuado de viver? Como, na improvisação, se inaugura um processo vivo? Ou seja, como se pode pensar a improvisação – assim como a proposta de ecossistema audível – enquanto um sistema autopoiético que surge como resultado e expressão de um processo (autopoiético) que gera uma identidade, mantendo,

---

28 H. Maturana; F. Varela, *A Árvore do Conhecimento*, p. 132.
29 Ibidem.

em sua relação com o ambiente, constantes trocas sem perder essa identidade?

Nesse sentido, vale reafirmar a necessidade de uma preparação do ambiente da improvisação. Essa preparação pode ser pensada em termos análogos àqueles explicitados acima na proposta de Di Scipio para os ecossistemas audíveis: "um objetivo primordial seria criar um sistema dinâmico com um comportamento adaptativo às condições externas circundantes, e capaz de interagir com essas mesmas condições externas [...] Uma espécie de auto-organização seria assim concebida"[30].

A Incorporação do Ruído, a Escuta Reduzida e a Ideia de Molecularização

Ainda em Solomos, agora refletindo a respeito da incorporação do ruído nos ecossistemas audíveis, pode-se ler:

Isso faz com que uma função particular seja dada ao ruído. Para simplificar, pode-se dizer que o ruído não é mais uma perturbação (música tradicional) ou um novo material a ser transformado (música contemporânea). Ele se torna um dos agentes da interação, pois ele emana do espaço concreto – o lugar, o ambiente – que faz integralmente parte do sistema.[31]

Segundo Di Scipio, nos ecossistemas audíveis,

o papel do ruído é crucial [...]. O ruído é o próprio meio onde um sistema de geração sonora está situado, ele constitui, estritamente falando, o seu ambiente. Além disso, o ruído é a energia fornecida graças à qual um sistema auto-organizado pode se manter e se desenvolver[32].

Assim como na proposta ecológica de Di Scipio, na livre improvisação o ruído é parte integrante e essencial do ambiente, já que não há, de antemão, uma diferenciação entre o que pode ser considerado "som musical" e "ruído". Todos os sons e ruídos podem ser incorporados enquanto energias atuantes na

---

30 A. Di Scipio apud M. Solomos, Entre musique et écologie sonore, *Rencontres Architecture Musique Ecologie*, n. 7, p. 10.
31 M. Solomos, Entre musique et écologie sonore, op. cit., p. 13.
32 A. Di Scipio, "*Sound is the Interface*": From Interactive to Ecosystemic Signal Processing. Disponível em: <https://www.ak.tu-berlin.de/fileadmin/a0135/Unterrichtsmaterial/Di_Scipio/Sound_is_the_interface.PDF>.

performance. Pode-se mesmo afirmar que na livre improvisação é fundamental que haja, em certa medida, a invasão de elementos provenientes do caos (do mundo dos ruídos), que é o espaço onde as energias estão soltas, informes, ainda não se organizaram em sistemas e, por isso, não delimitaram fronteiras e territórios. Nesse sentido, a ideia de que "o ruído é a energia fornecida graças à qual um sistema auto-organizado pode se manter e se desenvolver" se aplica também ao ambiente da livre improvisação.

Mais à frente, no mesmo texto, Solomos cita a elaboração de uma estratégia sub-simbólica na música de Di Scipio, que tem por objetivo a eliminação dos vínculos simbólicos do som e a incorporação do ruído:

Um outro objetivo do trabalho sobre os processos e interações compostas reside na elaboração de uma estratégia sub-simbólica para a música. A "teoria da emergência sonológica" já se move nessa direção: Di Scipio aí almeja a emergência de um nível superior trabalhando precisamente sobre os grãos, amostras e elementos que não se constituem enquanto símbolos, porque eles se situam num nível inferior. O trabalho sobre os processos e sobre as interações compostas amplifica essa atitude.[33]

Também sob esse aspecto, é possível dizer que a improvisação livre se aproxima da ideia de campo intermediário entre a música e a ecologia sonora, já que a noção de escuta reduzida é uma das principais estratégias utilizadas pelos músicos durante o jogo interativo da performance. Sobre esse mesmo assunto, a partir do ponto de vista da semiótica, segundo a compositora e pesquisadora Denise Garcia, "o conceito schaefferiano de escuta reduzida, se lido em termos peirceanos, mostra-se uma tentativa de isolamento do signo sonoro em seu aspecto apenas qualitativo, ou seja, em seu aspecto icônico, eliminando toda referencialidade (aspecto indicial) e significação (convencionalidade simbólica)"[34].

Essa estratégia pode ser relacionada com o conceito de molecularização desenvolvido por Deleuze e Guattari. Esse conceito se conecta com todas as estratégias que visam desterritorializar o som de seus sistemas molares (idiomas). Com isso é possível

---

33 Entre musique et écologie sonore, op. cit., p. 13.
34 D.H.L. Garcia, *Modelos Perceptivos na Música Eletroacústica*, p. 30.

incorporar à criação e à prática musical todo e qualquer som em seu "estado puro", isento de referências e significações.

A partir de toda a argumentação anterior nos parece possível afirmar que a prática da livre improvisação, tanto quanto a proposta de ecossistema audível, pode ser pensada no âmbito da noção de ecologia sonora. Nela, assim como nas propostas de Di Scipio descritas por Solomos, também se combinam muitas práticas e tendências que surgiram na história da música após 1945: a ênfase no processo (autopoiético, coletivo, interativo e não hierarquizado) e a consequente desmistificação da ideia de obra, a ênfase no nível molecular (análogo ao nível sub-simbólico, "granular" de Di Scipio) a partir da utilização da escuta reduzida, a negação da ideia exclusiva de música enquanto linguagem (com sua estrutura simbólica dualista: símbolo *versus* significado) e "a abertura cagiana ao ambiente"[35] com a consequente incorporação do acaso e do ruído. Além disso, há também, na livre improvisação, implicitamente uma ideia de retorno à natureza, ao "estado original do som", pré-musical, agenciado principalmente através da ideia de molecularização.

Nesse sentido, pode-se afirmar que a livre improvisação pode ser percebida não só como sintoma, mas também enquanto uma decisiva linha de força que contribui, tanto quanto as outras vertentes criativas do século XX e XXI aqui citadas, para as importantes transformações nas práticas musicais atuais, decorrentes da ampliação e valorização da dimensão sonora, da superação dos limites entre som e ruído e das ideias de redimensionamento do tempo. Cabe ainda salientar o fato de que, no contexto histórico aqui delineado, a livre improvisação tem assumido um relevante significado social e cultural no Brasil na medida em que se constitui enquanto um território de educação e prática artística, livre, socializado, autônomo, libertário e democrático.

De qualquer forma, a hipótese de Di Scipio de que a própria música pode constituir uma "emergência" parece se adequar também às características da prática da livre improvisação:

---

35 M. Solomos, *De la Musique au son*, p. 480.

Para mim, a música é algo que não tem existência prévia, mas que finalmente ocorre, algo que ainda está por alcançar, por renovar a cada vez; ela não é jamais alguma coisa que está em vigor, já existente e delimitada de forma ideal ou virtual, que se presta a ser representada, reencarnada. Em suma, não componho a música em si, mas as condições favoráveis que podem dar origem à música [...] A responsabilidade pelas ações (de compor, tocar, ouvir) é tão importante quanto os objetos a serem feitos.[36]

---

36 A. Di Scipio apud M. Solomos, *De la musique au son*, p. 481.

8. Revisão Bibliográfica e Novas Perspectivas

> *Como pode o livro encontrar um exterior adequado com o qual se conjuga em heterogeneidade, ao invés de reproduzir um mundo? Um livro [...] é necessariamente um decalque: um decalque de si mesmo, um decalque do último livro do mesmo autor, um decalque de outros livros, por mais diferentes que sejam, um decalque infinito de conceitos e palavras estabelecidas, um decalque do mundo presente, passado e futuro.*
>
> DELEUZE E GUATTARI, *Mil Platôs 1*

Para finalizar este livro, é importante mencionar um fenômeno cultural contemporâneo paralelo ao crescente interesse pela improvisação e que se abre como uma nova perspectiva de atuação para os instrumentistas, nesse caso já assumindo definitivamente uma postura de *performers* criadores. Trata-se de uma parcela significativa da produção artística contemporânea (performances, instalações, obras multimidiáticas etc.) que se baseia em pressupostos de colaboração e criação coletiva e em processos de caráter experimental com ênfase na interação entre linguagens, na improvisação e no uso de ferramentas e de espaços alternativos para a criação artística. Um exemplo desse tipo de espaço, que geralmente envolve a pesquisa e a produção artística, é o grupo de pesquisas NuSom coordenado pelo professor Fernando Iazzetta e sediado no Departamento de Música da ECA/USP. No *website* do grupo, pode-se ler que:

O projeto do NuSom tem como meta principal viabilizar a convergência entre a pesquisa acadêmica e a criação artística, já que a conexão entre esses campos, especialmente no âmbito acadêmico, ainda apresenta desafios a serem vencidos. Por essa razão, esse projeto envolve em sua equipe pesquisadores cuja produção tem se destacado justamente por buscar essa convergência. Além disso, o grupo de pesquisas da USP que dá origem a esse projeto tem um histórico de ao menos dez anos de realização de projetos que se caracterizam pela integração entre a pesquisa científica e a produção artística. Ou seja, nesses projetos tivemos a possibilidade de desenvolver pesquisas, tanto de natureza reflexiva quanto aplicada, cujos resultados foram absorvidos em produções artísticas. Do mesmo modo, criamos um extenso repertório de obras e processos esteticamente consistentes que incorporaram os resultados da pesquisa acadêmica.[1]

Na realidade, o NuSom se originou de um trabalho anterior, do projeto de pesquisa temático Mobile, também coordenado pelo professor Iazzetta e que partia dos mesmos pressupostos: experimentação, pesquisa, trabalho coletivo e integrado e utilização de novas tecnologias. No programa do projeto, pode-se ler sobre a linha de pesquisa "Produção Artística Com Sistemas Interativos":

Refere-se aos processos de criação propriamente ditos, realizados por artistas ou grupos de artistas. As criações irão explorar conceitos e procedimentos interativos e utilizar os sistemas criados pelos membros do grupo. Essa produção deve abarcar dois polos principais:
1. Improvisação: ligada à exploração de processos livres de interação em que a realização musical ocorre por meio de processos abertos e que envolvem a tomada de decisão dos músicos em função de uma cadeia de eventos.
2. Interação Homem-Máquina: envolvendo o estudo e desenvolvimento de processos de interação entre artistas e dispositivos tecnológicos.
A ideia de gesto, especialmente de gesto musical, servirá como elemento condutor para a realização dos processos interativos. Deve-se notar que será privilegiada a busca por produções em que elementos plásticos e visuais façam parte do processo criativo e possibilitem a exploração de conexões entre informação sonora e informação visual. Tanto o desenvolvimento de sistemas interativos quanto os trabalhos de caráter reflexivo a serem realizados neste projeto deverão buscar conexão com a criação de produtos artísticos correlacionados, tirando proveito da formação múltipla de boa parte dos integrantes da equipe que têm produção relevante tanto como pesquisadores quanto como artistas. Essa integração entre investigação e criação é uma das preocupações centrais deste projeto.
Como não poderia deixar de ser, haverá ênfase nas produções que envolvam a utilização dos sistemas desenvolvidos pela equipe e que

[1] Disponível em: <http://www2.eca.usp.br/nusom/>.

explorem aspectos interativos. Boa parte dos pesquisadores tem uma atividade regular de produção artística e muitos deles têm inclusive realizado trabalhos de criação coletiva. Desse modo, entendemos a realização da parte artística deste projeto como uma decorrência natural do trabalho a ser desenvolvido. O sistema MOBILE será constituído como plataforma experimental de criação a ser explorada nas obras artísticas. Três aspectos serão particularmente explorados:

1. Estratégias de improvisação: essas estratégias são fundamentais para os sistemas interativos. O grupo tem vários integrantes que têm desenvolvido trabalhos experimentais no campo da improvisação. A coordenação dessa área ficará a cargo do prof. Rogério Costa, que atualmente desenvolve projeto sobre o tema com auxílio Fapesp com a colaboração do pesquisador e instrumentista César Villavicencio que realiza seu pós-doutorado no âmbito deste projeto.

2. Sensoreamento e captura de informação: a captura de movimentos e extração de informação do ambiente será um ponto de referência a ser implementado no sistema MOBILE. Esse tipo de procedimento é largamente utilizado no controle de sistemas interativos [...].

3. Multimídia: a equipe multidisciplinar deste projeto conta com artistas de formação diversificada, e que trabalham em nichos diferentes da criação artística. A potencialidade colaborativa entre esses artistas será explorada buscando a integração de meios e linguagens utilizando-se a mediação do sistema MOBILE.[2]

Ainda, nos últimos anos, como resultado do crescente interesse pelo assunto, foram publicados muitos trabalhos que abordam a improvisação e suas conexões. Neste capítulo farei uma revisão bibliográfica dos trabalhos mais importantes e mais recentes publicados em livros, teses, dissertações, artigos, revistas científicas, números especiais, *sites* etc.

LIVROS

1.

NETTL, Bruno; RUSSEL, Melinda (eds.). *In the Course of Performance, Studies in the World of Musical Improvisation*. Chicago: The University of Chicago Press, 1998.

Esse livro, organizado pelo pesquisador Bruno Nettl (que desde a década de 1960 vem se dedicando aos estudos sobre

2 Disponível em: < http://www2.eca.usp.br/nusom/pesquisa-producao-artistica>.

a improvisação), aborda o improviso a partir de vários pontos de vista. Após um capítulo introdutório ("An Art Neglected in Scholarship"), em que Bruno Nettl problematiza a pouca importância dada ao estudo do improviso na formação dos músicos na atualidade, seguem os três textos iniciais (agrupados sob o título "The Concept and Its Ramifications") dedicados à discussão de conceitos básicos que podem ser aplicados ao improviso: quais espaços a improvisação compartilha com a composição, como se pode definir e diferenciar a prática da improvisação de outras práticas musicais, em que medida o instrumentista que improvisa se diferencia daquele que não, qual é o percurso de aprendizado de um improvisador em um determinado idioma, o que é a essência dessa prática sob um ponto de vista psicológico, cognitivo, sociológico, etnomusicológico etc. Vale destacar o instigante estudo cognitivista de Jeff Pressing, "Psychological Constraints on Improvisational Expertise". Nos sete textos seguintes ("Improvisation as Music and in Culture"), os autores examinam e analisam, sob um ponto de vista mais etnomusicológico, diferentes ambientes culturais (África, Estados Unidos, Arábia, América Latina, Itália, China, Índia) onde ocorre algum tipo de prática de improvisação. Nesses textos, há sempre considerações de ordem sociológica, já que o ambiente como um todo é examinado e analisado. Assim, por exemplo, em vários desses textos os autores relacionam a prática da improvisação com outras práticas artísticas (principalmente a dança). Os últimos cinco textos, "Studies of Individual Artists", como o próprio título indica, são dedicados a estudos de casos. O universo abordado é bem diversificado: o jazz, com estudos sobre a linguagem de Miles Davis e Louis Armstrong, a música romântica ocidental, com um estudo sobre os prelúdios de Clara Schumann, além da música hindu e a música árabe. Os autores analisam tanto os aspectos estritamente musicais (padrões escalares, harmônicos, melódicos ou rítmicos) quanto os aspectos sociais, históricos, semióticos e psicológicos relacionados aos idiomas e a aspectos da performance.

2.
SCHROEDER, Franziska. *Soundweaving: Writings on Improvisation: Performing Improvisation – Weaving Fabrics of Social Systems*. London: Cambridge Scholars Publishing, 2014.

Esse livro é composto por oito capítulos escritos por músicos improvisadores atuantes e pesquisadores interessados, além de uma introdução escrita por um dos mais instigantes improvisadores da nossa geração: Evan Parker. As discussões iniciais para esse livro foram realizadas durante o simpósio Two Thousand + TEN, que ocorreu no dia 6 de novembro de 2010, no Sonic Arts Research Centre, em Belfast. A contribuição de Franziska Schroeder está principalmente na forma de edição dos diversos textos que ela se propôs a tecer (*weaver*) numa obra única, entrelaçada com a sua própria contribuição de cerca de quarenta páginas. Um dos aspectos fundamentais do livro é que todos os textos têm uma natureza crítica interdisciplinar e se propõem a abordar o fenômeno da improvisação a partir de diferentes pontos de vista, oferecendo contextos radicalmente diversificados para os estudos sobre a improvisação.

3.
BORGO, David. *Sync or Swarm, Improvising Music in a Complex Age*. New York/London: Continuum, 2005.

Nesse livro, o professor Borgo se dedica a buscar relações entre os estudos sobre a improvisação – mais especificamente sobre a improvisação livre – e as várias teorias científicas contemporâneas. A teoria do caos, dos fractais, as ciências cognitivas, os estudos culturais, a teoria das redes sociais, as ideias de *embodyment*, de sistemas auto-organizativos, de autopoiese, de complexidade, de emergência, de aprendizado situado e distribuído etc., todas essas abordagens científicas mais recentes são utilizadas pelo professor Borgo para, por um lado, examinar, analisar e esclarecer aspectos específicos dos processos envolvidos nas práticas de improvisação, e, por outro, ilustrar ou mesmo comprovar a aplicabilidade de alguns conceitos e aspectos dessas teorias. Na contracapa do livro podemos ler o seguinte: "*Sync or Swarm* olha através das lentes da ciência contemporânea para analisar os processos e a as práticas da improvisação musical e explora a habilidade da improvisação em oferecer um engajamento visceral com essas noções científicas emergentes." Os títulos dos capítulos dão bem conta dos temas trabalhados: "O Som e a Ciência da Surpresa", "Reverenciando a Incerteza", "A Mente Incorporada", "Rios de Consciência", "O Limite do Caos", "Sincronia e Enxame (Sync and Swarm)", "Aproveitando a Complexidade".

4.
FISCHLIN, Daniel; HEBLE, Ajay. *The Other Side of Nowhere, Jazz Improvisation and Communities in Dialogue*. Middletown: Wesleyan University Press, 2004.

O principal foco de estudo desse livro, organizado por esses dois professores da Universidade de Guelph no Canadá, é o aspecto social e cultural. A improvisação é vista como uma prática que pode desempenhar um papel fundamental de resistência cultural, na afirmação de identidades coletivas, na busca da justiça social e na diminuição das desigualdades. Para os autores, numa certa medida a improvisação se coloca como um modelo e uma afirmação da utopia social em que, numa estrutura não hierarquizada de forte viés coletivo, se abrem espaços para a manifestação do indivíduo. Para eles, o estudo e a prática da improvisação também podem contribuir para o entendimento das diversas estruturas sociais e consequentemente para a "negociação das diferenças" entre elas. Na contracapa do livro, é possível ler que "a música é tratada não meramente como um fenômeno artístico, mas como uma força social com poder para efetuar mudanças substanciais entre as raças, gêneros, sexualidades e etnias marginalizadas". Minha crítica com relação a esse livro se dirige justamente ao seu caráter excessivamente militante e engajado. Dentro dessa perspectiva, à música (e à prática da improvisação e aos músicos) é atribuída uma responsabilidade e um poder excessivos. É como se a prática musical em si pudesse promover mudanças sociais significativas quando na realidade ela é também um efeito dessas mudanças sociais. No entanto, o livro apresenta alguns textos – de caráter eminentemente sociológico – muito interessantes, como é o caso dos artigos de George Lewis e de Dana Reason.

5.
SAVOURET, Alain. *Introduction à un solfeje de l'audible, l'improvisation libre comme outil pratique*. Lyon: Symétrie, 2010.

Esse livro relata a instigante prática pedagógica desenvolvida pelo professor Alain Savouret, que foi o responsável pela introdução da disciplina Improvisation Générative no Conservatório Nacional de Paris, em 1993. Além disso, estão explicitados os fundamentos conceituais, históricos e musicais dessa prática pedagógica. A ideia fundamental é que a improvisação livre – além de corresponder a uma nova forma de atuação do instrumentista que passa, nesse contexto, a ser um *performer* criador – pode ser utilizada como uma ferramenta pedagógica capaz de auxiliar no processo de reeducação da escuta e de expansão das possibilidades técnicas do instrumentista, tendo em vista o repertório contemporâneo. Para o autor, esse repertório (que pode incluir tanto peças compostas como práticas de improvisação) demanda do instrumentista uma atitude criativa e, ao mesmo tempo, uma técnica instrumental renovada (as chamadas técnicas estendidas) a partir do confronto com as novas demandas sonoras dos compositores contemporâneos (que partem do som – e não das notas – e incorporam o ruído nas suas obras). As principais referências musicais da proposta de Savouret são as formulações de Pierre Schaeffer. Isso apesar do olhar crítico com relação a alguns de seus conceitos: a ideia de "objeto sonoro", por exemplo, para Savouret, é incompleta e destituída de dinamismo. O livro expõe de forma clara e detalhada os passos da proposta metodológica que inclui uma exposição de conceitos e exercícios úteis para a formulação deste "solfejo do audível" (escuta micro, meso e macrofônica, critério de substância, de densidade, de grão, forma-envelope-temporal, critérios de articulação etc.). É um livro muito importante, que possibilita uma reflexão aprofundada sobre as relações entre a livre improvisação, a técnica instrumental e as novas formas de escuta ligada à estética da sonoridade.

6.
SOLIS, Gabriel; NETTL, Bruno. *Musical Improvisation: Art, Education and Society*. Urbana: University of Illinois Press, 2009.

Essa é uma espécie de continuação do livro *In the Course of Performance, Studies in the World of Musical Improvisation*, uma vez que se trata também de uma compilação de textos organizados por Bruno Nettl, como resultado de uma conferência que ocorreu na Universidade de Illinois, em Urbana. O livro trabalha a partir de três eixos temáticos principais agrupados sob os seguintes títulos: sociedade, educação e criação. O primeiro grupo de textos (sociedade) parte do princípio de que, em qualquer evento, os improvisadores estão dizendo alguma coisa, e aborda principalmente o que a improvisação diz sobre os improvisadores, analisados aqui como indivíduos, etnias, grupos sociais ou minorias. Trata-se de investigar o que o conceito de improvisação significa nas diversas culturas e em que medida é possível fazer uma leitura das relações sociais a partir de uma análise das formas de interação que ocorrem em práticas de improvisação. O segundo grupo de textos (educação) aborda tanto o ensino da improvisação quanto a improvisação utilizada como ferramenta de ensino de determinada linguagem musical. De acordo com Nettl, é preciso investigar "como os processos de improvisação são usados em algumas culturas musicais para prover uma janela essencial para o sistema musical inteiro" (p. xii). O terceiro eixo temático (criação) tenta rastrear a improvisação enquanto processo criativo. Para isso, afirma que seria necessário "aprender mais a respeito de como as mentes dos improvisadores trabalham" (p. xiii). É possível encontrar abordagens cognitivistas e tentativas de relacionar as práticas da improvisação e a composição em determinados contextos culturais. Para Nettl, "os métodos composicionais identificados pelos historiadores da música podem ser percebidos nas práticas dos improvisadores (e vice-versa)" (p. xiii).

7.
BERKOWITZ, Aaron. *The Improvising Mind: Cognition and Creativity in the Musical Moment*. Oxford: Oxford University Press, 2010.

Nesse livro, o autor parte do pressuposto de que a habilidade para a improvisação é um dos mais altos níveis de realização musical. O foco principal de seu estudo é a improvisação idiomática e, nesse contexto, indica os pré-requisitos para que um músico consiga inventar composições estilisticamente convincentes em tempo real. Para o professor Berkowitz, essa proeza é um dos atos mais impressionantes da criatividade humana, e as suas base cognitivas não são totalmente compreendidas. Por isso ele se debruça sobre os processos de aprendizado da improvisação a partir de uma perspectiva cognitivista. Seu arsenal de ferramentas é interdisciplinar e inclui, além da neurociência cognitiva, o estudo de antigos tratados pedagógicos de improvisação, entrevistas com improvisadores e análises musicais de performances de improvisação. Uma das suas estratégias de pesquisa é comparar o aprendizado da improvisação com o de uma linguagem. Nesse contexto, a performance é comparada com a fala espontânea, tanto do ponto de vista teórico quanto do ponto de vista biológico. Como o foco do trabalho recai sobre os aspectos mentais do processo de improvisação, é natural que o autor se debruce preferencialmente nos processos criativos individuais. Uma das referências importantes do trabalho é a pesquisa desenvolvida pelo músico e psicólogo cognitivista Jeff Pressing, de quem o autor utiliza, entre outras, as noções de referente e base de conhecimento (*knowledge base*) para discutir a questão dos pré-requisitos, da memória (mental e corporal), da originalidade etc. Um dos problemas do livro é justamente o fato de que ele praticamente não entra no assunto da improvisação coletiva.

8.
BROCKMANN, Nicole M. *From Sight to Sound: Improvisational Games for Classical Musicians*. Bloomington: Indiana University Press, 2009.

Esse livro – muito prático e pouco reflexivo – escrito pela professora de viola e música de câmara da DePauw University, Nicole Brockmann, tem um claro propósito didático e se destina aos músicos de formação tradicional ("clássicos", nas palavras da autora) que normalmente não têm nenhuma intimidade com as práticas de improvisação e limitam sua atuação à reprodução de partituras do repertório clássico-romântico. Segundo a autora, a ideia inicial foi a de que a improvisação seria uma excelente ferramenta para desenvolver as habilidades musicais desses alunos (e, eventualmente, também de professores). Segundo ela, ao mesmo tempo que aprender a improvisar é útil por si só, o que é mais importante para esses alunos é o que a improvisação ensina sobre a música: "as coisas que você aprende desenvolvendo a habilidade de improvisar mudam radicalmente a maneira pela qual você pensa e interage com a música". Concretamente trata-se de um livro de exercícios que tem a intenção de prover técnicas práticas e criativas para a improvisação dentro dos limites estilísticos do período da prática comum (sistema tonal dos períodos barroco, clássico e romântico). A ideia é que os alunos utilizem seus próprios instrumentos para "executar e improvisar sobre conceitos teóricos". Para a autora, esse tipo de prática conduz os alunos a fazerem "conexões consistentes entre ideias abstratas e a prática musical" (trechos da contracapa), unindo performance com teoria musical, solfejo, história e contextos estilísticos. Esse tipo de abordagem bem pragmática é típica de certa produção norte-americana que visa propiciar condições para o desenvolvimento de habilidades específicas num percurso seguro a ser percorrido passo a passo.

9.
ALONSO, Chefa, *Improvisación Libre: la Composición en Movimiento*. Baiona: Dos Acordes, 2008.

Esse livro, escrito pela compositora, saxofonista, baterista e improvisadora espanhola Chefa Alonso, procura, como seu objetivo principal, afirmar a potência (criativa, política e libertária) da livre improvisação diante de uma suposta hegemonia da composição escrita. Para isso, trata de discutir e problematizar os vínculos entre a improvisação e a vida cotidiana no que diz respeito à constituição de ambientes coletivos e à interação entre músicos e culturas, pois "no fluxo de qualquer processo interativo se deve produzir um reajuste ecológico entre os sujeitos" (p. 9-10). No bojo dessas discussões, a autora relaciona a prática da improvisação livre ao pensamento epistemológico da teoria do caos e da autopoiesis, e ao pensamento político da autogestão, da autonomia e da democracia radical. O livro é dividido em três partes, sendo que na primeira ("Marco Teórico e Social da Improvisação Livre e da Composição Escrita") ocorrem as principais discussões conceituais do trabalho. Os temas trabalhados nessa parte incluem um panorama histórico comparativo da composição e da improvisação, um levantamento das habilidades necessárias à prática da improvisação livre, uma discussão sobre relações entre a improvisação e a educação musical, uma discussão a respeito das relações entre a composição e a improvisação no contexto da música contemporânea (no tocante às dimensões éticas, estéticas, epistemológicas e fenomenológicas) e uma proposta de se pensar o conceito de nomadismo enquanto metáfora da improvisação. Na segunda parte são apresentadas entrevistas realizadas com vários improvisadores e compositores com o objetivo de comparar argumentações relacionadas aos diversos temas levantados anteriormente. A ideia da improvisação como prática de uma sociedade alternativa surge no contexto desses diálogos. Na terceira parte são relatadas algumas experiências práticas, tanto de grupos de improvisação (com detaque para o grupo Sin Red, do qual Chefa é integrante) quanto em didáticas e em oficinas conduzidas por ela (quase sempre utilizando a metodologia estruturada de improvisação livre coletiva intitulada Conduction, criada pelo músico norte-americano Butch Morris).

10.
SAWYER, R. Keith. *Group Creativity: Music, Theater, Collaboration*. New York/London: Routledge, 2010.

Esse livro procura abordar, de forma sistemática e a partir de vários pontos de vista (antropológico, semiótico, cognitivo, musicológico, filosófico, estético, pedagógico), os diversos tipos de atividade (em geral, performáticas) que envolvem a criatividade coletiva. O autor parte do pressuposto de que os processos que envolvem vários indivíduos de forma colaborativa em atividades criativas são diferentes dos processos criativos individuais, e que os resultados desse tipo de colaboração interativa é diferente da soma das criatividades individuais. Um dos conceitos mais importantes utilizados pelo professor Sawyer em seus estudos é o de "emergência". Segundo ele, "muitos pesquisadores utilizam esse termo para se referir aos sistemas complexos em que o todo é maior do que a soma das partes" (p. 11). E nesse contexto, "um grupo criativo seria um sistema dinâmico complexo com um alto grau de sensibilidade às condições iniciais e que rapidamente expande suas possibilidades combinatórias de momento a momento" (p. 12). Essa descrição serveria perfeitamente para caracterizar um grupo de livre improvisação em que, a partir de condições iniciais ideais, os músicos envolvidos têm plenas condições de desenvolver uma prática criativa na qual o resultado é muito mais do que a mera soma das atuações de cada um. O autor se propõe a examinar e comparar vários tipos de atividade de criatividade coletiva: a improvisação musical, as práticas de música de câmara, as performances teatrais etc., e chega a propor critérios supostamente mais objetivos para, por exemplo, categorizar os "graus de improvisação em atividades grupais" no que diz respeito à previsibilidade, à estruturação, interação etc. Outro tema trabalhado no livro, e que interessa às pesquisas sobre improvisação, é a questão da intersubjetividade.

11.
PETERS, Gary, *The Philosophy of Improvisation*. Chicago: The University of Chicago Press, 2009.

Esse livro propõe uma reflexão filosófica aprofundada sobre as motivações e os significados que estariam por trás da "criação espontânea em tempo real". O livro não aborda somente a música, mas também as outras artes temporais – o teatro e a dança – que eventualmente se valem da improvisação. O autor Gary Peters, professor de teoria crítica e da cultura na York St John University, aborda, de forma consistente, bem humorada e por vezes irônica, diversos assuntos relacionados à dinâmica dos processos de improvisação, utilizando para isso várias referências filosóficas que incluem Heidegger, Nietzsche, Adorno, Kant, Benjamin e Deleuze. Segundo o texto da contracapa, "Peters oferece um antídoto para a frequentemente exagerada celebração de liberdade e comunidade que caracteriza a maior parte dos textos escritos a respeito desse assunto". Entre os temas problematizados por Peters, cito as ideias de memória, escuta, originalidade, liberdade, ironia, competição, interação, diálogo, obra, processo, recepção, produção, previsibilidade e imprevisibilidade, ensino, método, metodologia, pedagogia, performance. Todos esses temas são trabalhados a partir de um dialógo com as referências filosóficas escolhidas e também com textos ou depoimentos colhidos de importantes improvisadores e *performers* (como é o caso de Derek Bailey, La Donna Smith, Gavin Bryars etc.). Uma preocupação do autor, que permeia praticamente todas as discussões realizadas no livro, é demonstrar a interdependência profunda que há entre o "velho" e o "novo" na improvisação, fato esse que, em suas palavras, "é frequentemente obscurecido pelos desejos dos improvisadores" (p. 8). Trata-se ainda, segundo o autor, de refletir sobre a "dialética entre a preservação e a destruição com relação ao passado entendido como tradição" (p. 9). Essa discussão me parece fundamental para o esclarecimento do significado da improvisação livre no contexto da música contemporânea.

12.
SARATH, Edward, *Music Theory Through Improvisation*. New York/London: Routledge, 2010.

Esse livro, muito semelhante em seus objetivos ao livro da professora Brockmann descrito acima, também tem propósitos claramente didáticos. No entanto, nesse caso há mais espaço para a reflexão, uma vez que os exercícios são sempre preparados por uma discussão sobre os conceitos que estão sendo trabalhados. Nesse livro temos uma ênfase na teoria (melodia, harmonia, contraponto, análise etc.) e, apesar de o autor dedicar grande parte do livro ao aprendizado – através da improvisação – da teoria referente ao período da prática comum da música tonal (assim como a professora Brookmann), sua abordagem é mais aprofundada e abrangente. Nesse sentido, um aspecto interessante do livro é que ele se abre para temas mais gerais (estéticos, formais, estilísticos etc.), criando espaço para discussões mais amplas sobre música. Um exemplo dessa postura é o primeiro capítulo, intitulado "Improvisation Across Bondaries: A Trans-stylistic Approach", no qual o autor trabalha conceitos trans-idiomáticos, a partir de uma abordagem fenomenológica, que estão presentes em qualquer idioma musical (tensão e relaxamento, variedade e unidade, movimento e estabilidade, forma, transparência, inícios, finais etc.). Vale ressaltar que o autor propõe ainda a realização de exercícios de improvisação modal, de exercícios improvisados de contraponto, de baixo cifrado, de construção de melodias etc. De qualquer maneira, o formato geral do livro, produzido como um um compêndio de exercícios, acompanhado de um CD com exemplos e exercícios de tipo *minus-one*.

13.
HALL, Tom, *Free Improvisation: A Practical Guide*. Boston: Bee Boy Press, 2009.

Trata-se de um livro paradoxal: propõe-se a ensinar improvisação livre através de um guia prático. Como seria de se esperar, o livro segue os modelos dos métodos norte-americanos: pouco texto, pouca reflexão e muitos exercícios práticos. Os exercícios são agrupados por assuntos, por exemplo: texturas, exercícios avançados de *grooves*, parâmetros musicais, experimentando formas, solos e duos etc. Por um lado, mesmo com esse formato excessivamente pragmático, o livro não deixa de ter seu interesse, devido ao fato de propor, de uma forma simples e acessível, uma prática musical baseada em novas formas de escuta e organização musical mais vinculadas a uma escuta abrangente (mais atualizada, digamos) do fenômeno sonoro. Por outro lado, é evidente que se trata de uma abordagem superficial, pouco reflexiva e que aponta de forma preocupante para uma sistematização e estandartização que podem conduzir à banalização. Isso fica evidente no tom publicitário e excessivamente simplificado dos poucos comentários musicais que acompanham os exercícios e dos textos de divulgação do livro. Apesar de todas essa críticas, considero que o livro pode ser útil se utilizado como uma espécie de repositório de exercícios. O autor, Tom Hall, é professor na Brandeis University, saxofonista com sólida formação tanto em música "erudita" quanto em jazz, e tem desenvolvido ampla atividade artística como saxofonista e didática na área de ensino da improvisação.

TCCS, DISSERTAÇÕES E TESES

Além dos livros acima mencionados, vale a pena citar, nesta revisão bibliográfica, algumas dissertações e teses de orientandos meus no Programa de Pós-Graduação em Música da USP que trazem contribuições para as pesquisas sobre a improvisação e suas conexões. Todos os trabalhos mencionados estão disponíveis na Biblioteca da ECA ou na Biblioteca Digital da USP.

1. A dissertação de Paula Valente Veneziano, intitulada *Horizontalidade e Verticalidade: Dois Modelos de Improvisação*

no Choro Brasileiro aborda a utilização da improvisação nesse estilo popular brasileiro e foi defendida em 2009.

2. A dissertação de mestrado de Mário Del Nunzio intitulada *Fisicalidade (Relação Instrumentista/Instrumento) e Especificidade Sonora, Relacionadas à Aplicação na Música Complexa e na Livre Improvisação*, defendida em 2011, aborda o tema da fisicalidade.

3. A tese de Manuel Falleiros, intitulada *Palavras Sem Discurso: Estratégias Criativas na Livre Improvisação*, defendida em 2012, tem como ponto de partida as práticas artísticas desenvolvidas pela Orquestra Errante. A partir dessa vivência, o autor desenvolveu uma reflexão sobre estratégias capazes de favorecer as práticas criativas no ambiente da livre improvisação coletiva.

4. A tese de doutorado de Ana Fridman intitulada *Diálogos Com a Música das Culturas Não Ocidentais: Um Percurso Para a Elaboração de Propostas de Improvisação* foi defendida no início de 2013.

5. Na tese de doutorado de Paula Valente Veneziano, intitulada *Transformações do Choro no Século XXI: Estrutura, Performance e Improvisação*, defendida em 2014, a autora dá continuidade à sua pesquisa sobre o choro brasileiro e sobre o papel da improvisação no desenvolvimento desse gênero.

6. A tese de doutorado de André Campos Machado, intitulada *A Livre Improvisação Como Ferramenta Para a Iniciação ao Violão*, defendida em 2014, propõe estratégias específicas para o ensino do violão baseadas na improvisação livre.

7. A dissertação de mestrado de José Eduardo Tomé Paes, intitulada *Processos Mentais Subjacentes à Improvisação Idiomática*, defendida em 2014, aborda a improvisação sob o ponto de vista das ciências cognitivas.

8. A dissertação de mestrado de André Martins intitulada *A Guitarra Elétrica na Música Experimental: Composição, improvisação e Novas Tecnologias*, defendida em 2015, propõe uma reflexão a respeito da utilização de novas tecnologias em processos criativos envolvendo composição e improvisação.

9. O TCC de Stênio Biazon intitulado *Aproximações Entre Improvisação Livre e Anarquismo no Contexto da Educação Musical*, apresentado em 2015, discute as relações entre a improvisação e teorias anarquistas.

SITES E REVISTAS *ON-LINE*

Para completar esse quadro de informações sobre as atividades práticas e de pesquisa acerca da improvisação, cabe ainda relacionar alguns *sites* e revistas *on-line* especialmente dedicadas ao tema:

1. *Critical Studies in Improvisation*. revista patrocinada pelo Social Science and Humanities Council of Canada e pela Universidade de Guelf. Disponível em: <http://www.criticalimprov.com/>. Acesso em: 22.ago.2016.
2. *European Free Improvisation Pages*. Trata-se de um *site* ligado à Universidade de Shefield que aloja artigos, entrevistas, imagens e áudios de livre improvisação. Disponível em: <http://www.efi.group.shef.ac.uk>. Acesso em: 22.ago.2016.
3. *The Improvisor, the International Journal of Free Improvisation*. Site fundado, organizado e coordenado pela professora, violista e improvisadora norte-americana La Donna Smith, apresenta artigos, entrevistas, calandários de concertos, *shows* e festivais. Disponível em: <http://www.the-improvisor.com>. Acesso em: 22.ago.2016.
4. *Free Improvisation and Experimental Music Resource*. Trata-se de um *site* dedicado a encontrar e disponibilizar *sites* e redes virtuais dedicados à prática da livre improvisação. Disponível em: <http://freeimprovisationexperimentalmusic.blogspot.com.br/>. Acesso em: 22.ago.2016.

Referências Bibliográficas

ALONSO, Chefa. *Improvisación Libre: la Composición en Movimiento*. Baiona: Dos Acordes, 2008.

ANDRADE, Mario de. O Artista e o Artesão. *O Baile das Quatro Artes*. São Paulo: Martins, 1975.

BAILEY, Derek. *Improvisation, Its Nature and Practice in Music*. Ashbourne: Da Capo Press, 1993.

BAY, Hakim. *TAZ: Zona Autônoma Temporária*. São Paulo: Conrad/Coletivo Baderna, 2001.

BECKER, Susie. *A Voz Contemporânea*. Dissertação de mestrado. Programa de Pós-Graduação em Música da Escola de Comunicações e Artes, São Paulo, USP, 2008.

BERIO, Luciano. *Remembering the Future*. London: Harvard University Press, 2006.

BERKOWITZ, Aaron. *The Improvising Mind: Cognition and Creativity in the Musical Moment*. Oxford: Oxford University Press, 2010.

BERLINER, Paul F. *The Infinite Art of Improvisation*. Chicago/London: The University of Chicago Press, 1994.

BONAFÉ, Valéria. *Estratégias Composicionais de Luciano Berio a Partir da Análise da Sonata per Pianoforte*. Dissertação de mestrado. Programa de Pós-Graduação em Música da Escola de Comunicações e Artes, São Paulo, USP, 2011.

BORGO, David. *Sync or Swarm, Improvising Music in a Complex Age*. New York/London: Continuum, 2005.

BOULEZ, Pierre. *Jalons: Pour une decenie*. Paris: C. Bourgois, 1989.

BROCKMANN, Nicole M. *From Sight to Sound: Improvisational Games for Classical Musicians*. Bloomington: Indiana University Press, 2009.

BUCHANAN, Ian; SWIBODA, Marcel. *Deleuze and Music*. Edinburgh: Edinburgh Press, 2004.
CAGE, John. *A Year from Monday*. Connecticut: Wesleyan University Press, 1963.
CALVINO, Italo. *Seis Propostas Para o Próximo Milênio*. São Paulo: Companhia das Letras, 1990.
CATANZARO, Tatiana. Influências da Linguagem da Música Eletroacústica Sobre a Linguagem da Música Contemporânea. V Fórum do Centro de Linguagem Musical, São Paulo, 2002. Anais... São Paulo: CLM, 2002.
COOK, Nicholas. *A Guide to Musical Analyses*. New York/London: W.W. Norton & Company, 1992.
COSTA, Rogério L.M. *A Improvisação Musical e Suas Conexões*. Livre Docência, Escola de Comunicações e Artes, São Paulo, USP, 2013.
____. Os Processos Criativos da Orquestra Errante. *Revista Hodie*, v. 13, n. 1, 2013.
____. Free Improvisation and the Philosophy of Gilles Deleuze. *Perspectives of New Music*, v. 49, 2011.
____. Livre Improvisação e Pensamento Musical em Ação: Novas Perspectivas (ou na Livre Improvisação Não Se Deve Nada). In: FERRAZ, Silvio (Org.). *Notas, Atos, Gestos*. Rio de Janeiro: 7 Letras, 2007.
____. *O Músico Enquanto Meio e os Territórios da Livre Improvisação*. Tese de doutorado, Departamento de Comunicação e Semiótica, São Paulo, PUC, 2003.
____. *Suite Improviso: A Construção da Improvisação, Composição e Interpretação em Práticas Interativas*. Dissertação de mestrado, Programa de Pós-Graduação em Artes da Escola de Comunicações e Artes, São Paulo, USP, 2000.
COSTA, Rogério L.M.; CHAUB, Stéphan. Expanding the Concepts of Knowledge Base and Referent in the Context of Collective Free Improvisation. XXIII Congresso da Associação Nacional de Pesquisa e Pós-Graduação em Música, Natal, 2013. Anais..., Natal, 2013.
COSTA, Rogério L.M.; VILLAVICENCIO, Cesar; IAZZETTA, Fernando. Fundamentos Técnicos e Conceituais da Livre Improvisação. *Sonic Ideas*, ano 5.
DELEUZE, Gilles. *Péricles e Verdi: A Filosofia de François Châtelet*. Rio de Janeiro: Pazulin, 1999.
____. *Diálogos Com Claire Parnet*. São Paulo: Escuta, 1998.
____. *O Que É a Filosofia*. São Paulo: Editora 34, 1992.
____. *A Lógica do Sentido*. São Paulo: Perspectiva, 1974.
DELEUZE, Gilles; GUATTARI, Félix. *Mil Platôs 5*. São Paulo: Editora 34, 1997.
____. *Mil Platôs 4*. São Paulo: Editora 34, 1997.
____. *Mil Platôs 3*. São Paulo: Editora 34, 1996.
____. *Mil Platôs 2*. São Paulo: Editora 34, 1995.
____. *Mil Platôs 1*. São Paulo: Editora 34, 1995.
DI SCIPIO, Agostino. "*Sound is the Interface*": From Interactive to Ecosystemic Signal Processing. Disponível em: <https://www.ak.tu-berlin.de/fileadmin/a0135/ Unterrichtsmaterial/Di_Scipio/Sound_is_the_interface.PDF>. Acesso em: 10 jun. 2016.
EL HAOULI, Janete. *Demetrio Stratos, em Busca da Voz-Música*. Londrina: J.E. Haouli, 2002.
FERAND, Ernest T. Improvisation in 9 Centuries of Western Music. In: FELLERER, K.G. (ed.). *Anthology of Music: A Collection of Complete Musical Examples*

Illustrating the History of Music. v. 12. Cologne/New York: Arno Volk/ Leeds Music Corp, 1961.

FERNEYHOUGH, Brian. Shattering the Vessels of Received Wisdom. *Perspectives of New Music*, v. 28, n. 2, 1990.

____. *Contrechamps n. 3. Form, figure, style: Une évaluation intermédiaire*. Paris: L'Age d'Homme, 1984.

FERRAZ, Silvio. Sémiothique et musique: une aproximation supplémentaire. *Applied Semiotics/Sémiotique appliquée*, v. 3, n. 6/7, 1999. Disponível em: <www.chass.utoronto.ca/french/as-sa>. Acesso em: 15 dez. 2015.

____. *Música e Repetição: A Diferença na Composição Contemporânea*. São Paulo: Educ/Fapesp, 1998.

FISCHLIN, Daniel; HEBLE, Ajay. *The Other Side of Nowhere, Jazz Improvisation and Communities in Dialogue*. Middletown: Wesleyan University Press, 2004.

FRISK, Henri. *Improvisation, Computers and Interaction, Rethinking Human-Cumputer Interaction Through Music*. PhD Thesis in Doctoral Studies and Research, Fine and Performing Arts NO6, Lund, Lund Unversity, 2008.

GARCIA, Denise Hortência Lopes. *Modelos Perceptivos na Música Eletroacústica*. Tese de doutorado, Departamento de Comunicação e Semiótica, São Paulo, PUC, 1998.

GARDNER, Howard. *Estruturas da Mente: A Teoria das Inteligências Múltiplas*. Porto Alegre: Artes Médicas, 1994.

GLOBOKAR, Vinko. Ils improvisent… improvisez… improvisons. *Musique en Jeu*, n. 6, 1972.

____. Réagir. *Musique en Jeu*, v. 1, n. 3, 1970.

GORDON, Deborah. *Formigas em Ação*. São Paulo: Zahar, 2002.

GRISEY, Gérard. Structuration des timbres dans la musique instrumental. In: BARRIÈRE, Jean-Baptiste (org.). *Le Timbre: Métaphore pour la composition*. Paris: Christian Bourgois IRCAM, 1991.

GUIGUE, Didier. *Estética da Sonoridade*. São Paulo: Perspectiva, 2011.

____. Serynade e o Mundo Sonoro de Helmut Lachenmann. *Revista Opus*, v. 13, n. 2, 2007.

HALL, Tom, *Free Improvisation: A Practical Guide*. Boston: Bee Boy Press, 2009.

____. *freeimprovisation.com*. Disponível em: <www.freeimprovisation.com>. Acesso em: 15 dez. 2015.

HANSLICK, Eduard. *De lo Bello en la Musica*. Buenos Aires: Ricordi, 1947.

HOLMES, Brian. Análise Espectromorfológica da Obra Eletroacústica: Desembocaduras. *Revista Eletrônica de Musicologia*, v. XII, mar. 2009. Disponível em: <www.rem.ufpr.br/_REM/REMV12/02/analise_morfologica_embocaduras.htm>. Acesso em: 15 dez. 2015.

HUIZINGA, Johan. *Homo Ludens*. São Paulo: Perspectiva, 1993.

IAZZETTA, Fernando. *Música e Mediação Tecnológica*. 1. ed. São Paulo: Perspectiva, 2009.

____. *Sons de Silício: Corpos e Máquinas Fazendo Música*. Tese de doutorado, Departamento de Comunicação e Semiótica, São Paulo, PUC, 1996.

____. Formalization of Computer Music Interaction Through a Semiotic Approach. *Journal of New Music Research*, v. 25, n.3, 1996.

____. *Música, Processo e Dinâmica*. São Paulo: Annablume, 1993.

JAIRAZBHOY, Nazir A. Improvisation. In: SADIE, Stanley (ed.). *The New Grove Dictionary of Music and Musicians*. London: Macmillan, 1980.

LACHENMANN, Helmut. Typologie sonore de la musique contemporaine. *Écrits et entretiens*. Genève: Contrechamps, 2004.

LIGETI, Györg. Auswirkungen der elektronischen auf mein kompoistorisches schaffen. *Experimentale Musik*. Berlin: Gebr. Mann, 1970.

MAGNUSSEN, Thor. Of Epistemic Tools: Musical Instruments as Cognitive Extension. *Organized Sound*, v. 12, n. 2, 2009.

MATURANA, Humberto. *De Máquinas e Seres Vivos: Autopoiese – A Organização do Vivo*. Porto Alegre: Artes Médicas, 1997.

MATURANA, Humberto; VARELA, Francisco. *A Árvore do Conhecimento: As Bases Biológicas do Entendimento Humano*. Campinas: Psy II, 1995.

MENEZES, Flo (org.). *Música Eletroacústica*. São Paulo: Edusp, 1996.

MOLINO, Jean; ECO, Umberto; NATTIEZ, Jean J.; RUWET, Nicolas. *Semiologia da Música*. Lisboa: Vega, 1975.

MORIN, Edgar. *O Método IV: As Ideias*. Mem Martins: Europa-América, 1991.

MUNTHE, Christian. Vad är fri improvisation? *Nutida Musik*, n. 2, 1992.

MURAIL, Tristan. A Revolução dos Sons Complexos. *Análise Musical, N.5, Revista Atravez*. Trad. José Augusto Mannis, São Paulo, 1992.

NATTIEZ, Jean J. *O Combate Entre Cronos e Orfeu: Ensaios de Semiologia Musical Aplicada*. São Paulo: Via Lettera, 2005.

NETTL, Bruno. *Música Folklórica y Tradicional de los Continentes Occidentales*. Madrid: Alianza, 1985.

_____. Thoughts on Improvisation: A Comparative Aproach. *The Musical Quaterly*, v. LX, n. 1, jan. 1974.

NIETZSCHE, Friedrich. *Assim Falou Zaratustra. Nietzsche*. São Paulo: Nova Cultural, 1999. (Coleção Os Pensadores.)

NYMAN, Michael. *Experimental Music: Cage and Beyond*. London: Cambridge University Press, 1999.

PELBART, Peter Pál. Entre Marcha e Parada, a Multidão Quer Dar o Recado. *O Estado de S. Paulo*, São Paulo, 29 maio 2005. (Caderno Aliás.)

PETERS, Gary. *The Philosophy of Improvisation*. Chicago: The University of Chicago Press, 2009.

PORRES, Alexandre T. *Modelos Psicoacústicos de Dissonância Para Eletrônica ao Vivo*. Tese de doutorado, Programa de Pós-Graduação em Música da Escola de Comunicações e Artes, São Paulo, USP, 2012.

PRESSING, Jeff. Psychological Constraints on Improvisational Expertise and Communication. In: NETTL, Bruno; RUSSEL, Melinda (eds.). *In the Course of Performance: Studies in the World of Musical Improvisation*. Chicago: University of Chicago Press, 1998.

_____. Cognitive Processes in Improvisation. In: CROZIER, W. Ray; CHAPMAN, Anthony J. (eds.). *Cognitive Processes in the Perception of Art*. Amsterdam: Elsevier, 1984.

SALLES, Cecília de Almeida. *Gesto Inacabado: Processo de Criação Artística*. São Paulo: Annablume/Fapesp, 1998.

SARATH, Edward, *Music Theory Through Improvisation*. New York/London: Routledge, 2010.

SAVOURET, Alain. *Introduction à un solfeje de l'audible, l'improvisation libre comme outil pratique*. Lyon: Symétrie, 2010.

SAWYER, R. Keith. *Group Creativity: Music, Theater, Collaboration*. New York: Routledge, 2010.
SCHAEFFER, Pierre. *Traité des objects musicaux*. Paris: Seuil, 1994.
SCHROEDER, Franziska. *Soundweaving: Writings on Improvisation: Performing Improvisation – Weaving Fabrics of Social Systems*. London: Cambridge Scholars Publishing, 2014.
SIMONDON, Gilbert. A Gênese do Indivíduo. *Cadernos de Subjetividade*. Trad. Ivana Medeiros. São Paulo: Hucitec, 2003.
SMITH, LaDonna. What to Do at the Fork in the Road?: Improvisation as Cultural Navigational Techique. *The Improvisor*. Disponível em <http://www.the-improvisor.com/articles>. Acesso em: 15 dez. 2015.
SOLIS, Gabriel; NETTL, Bruno. *Musical Improvisation: Art, Education and Society*. Urbana: University of Illinois Press, 2009.
SOLOMOS, Makis. *De la musique au son: l'émergence du son dans la musique des XXe – XXIe siècles*. Paris: Presses Universitaires de Rennes, 2013.
____. Entre musique et écologie sonore: quelques exemple. *Rencontres Architecture Musique Ecologie – Revue Sonorités: Congrès Mondial d'Écologie Sonore #2*, n. 7, 2012.
____. Deux visions de la "vie intérieur du son": Scelsi et Xenakis. *Filigrane, Revue de Musique, Esthétique, Science et Société*. V. 15, Paris, 2012. Disponível em: <http://revues.mshparisnord.org>. Acesso em: 25.ago.2016.
SORREL, Neil. Improvisation. In: PAYNTER, John; HOWELL, Tim; ORTON, Richard; SEYMOUR, Peter (eds.). *Companion to Contemporary Musical Thought*. London/New York: Routledge, 1992.
STOCKHAUSEN, Karlheinz. How Time Passes. *Die Reihe, v. 3: Musical Craftmanship*. Pensilvania: Theodore Presser/Bryn Mauer, 1959.
STRAVINSKY, Igor. *Poética Musical em 6 Lições*. Rio de Janeiro: Jorge Zahar, 1996.
TILBURY, John. *Cornelius Cardew (1936-1981): A Life Unfinished*. Essex: Copula, 2008.
VARELA, Francisco. Abordagens à Ciência e Tecnologia da Cognição. SBPC: *Ciência e Cultura*, v. 40, n. 5, 1988.
VARELA, Francisco; THOMPSON, Evan; ROSCH, Eleonor. *The Embodied Mind: Cognitive Science and Human Experience*. Cambridge: MIT Press, 1991.
VIVIER, Odile. *Varèse*. Paris: Seuil, 1973.
WALDROP, Mitchell. *Complexity, the Emerging Science at the Edge of Order and Chaos*. London: Penguin, 1992.
ZORN, John (ed.). *Arcana, Musicians on Music*. New York: Hips Road and Granary Books, 2000.
ZUBEN, Paulo. *Ouvir o Som*. São Paulo: Ateliê, 2005.
ZUMTHOR, Paul. *Performance, Recepção, Leitura*. São Paulo: Cosac Naif, 2007.
____. *A Letra e a Voz*. São Paulo: Companhia das Letras, 1993.

MÚSICA NA PERSPECTIVA

Balanço da Bossa e Outras Bossas, Augusto de Campos (D003)
A Música Hoje, Pierre Boulez (D055)
Conversas com Igor Stravinski, Igor Stravinski e Robert Craft (D176)
A Música Hoje 2, Pierre Boulez (D217)
Jazz ao Vivo, Carlos Calado (D227)
O Jazz como Espetáculo, Carlos Calado (D236)
Artigos Musicais, Livio Tragtenberg (D239)
Caymmi: Uma Utopia de Lugar, Antonio Risério (D253)
Indústria Cultural: A Agonia de um Conceito, Paulo Puterman (D264)
Darius Milhaud: Em Pauta, Claude Rostand (D268)
A Paixão Segundo a Ópera, Jorge Coli (D289)
Óperas e Outros Cantares, Sergio Casoy (D305)
Filosofia da Nova Música, Theodor W. Adorno (E026)
O Canto dos Afetos: Um Dizer Humanista, Ibaney Chasin (E206)
Sinfonia Titã: Semântica e Retórica, Henrique Lian (E223)
Música Serva d' Alma: Claudio Monteverdi, Ibaney Chasin (E266)
A Orquestra do Reich, Misha Aster (E310)
A Mais Alemã das Artes, Pamela M. Potter (E327)
Música Errante, Rogério Costa (E345)
Para Compreender as Músicas de Hoje, H. Barraud (SM01)
Beethoven: Proprietário de um Cérebro, Willy Corrêa de Oliveira (SM02)
Schoenberg, René Leibowitz (SM03)
Apontamentos de Aprendiz, Pierre Boulez (SM04)
Música de Invenção, Augusto de Campos (SM05)
Música de Cena, Livio Tragtenberg (SM06)

A Música Clássica da Índia, Alberto Marsicano (SM07)
Shostakóvitch: Vida, Música, Tempo, Lauro Machado Coelho (SM08)
O Pensamento Musical de Nietzsche, Fernando de Moraes Barros (SM09)
Walter Smetak: O Alquimista dos Sons, Marco Scarassatti (SM10)
Música e Mediação Tecnológica, Fernando Iazzetta (SM11)
A Música Grega, Théodore Reinach (SM12)
Estética da Sonoridade, Didier Guigue (SM13)
O Ofício do Compositor Hoje, Livio Tragtenberg (org.) (SM14)
Música: Cinema do Som, Gilberto Mendes (SM15)
Música de Invenção 2, Augusto de Campos (SM16)
A Ópera Barroca Italiana, Lauro Machado Coelho (HO)
A Ópera Romântica Italiana, Lauro Machado Coelho (HO)
A Ópera Italiana após 1870, Lauro Machado Coelho (HO)
A Ópera Alemã, Lauro Machado Coelho (HO)
A Ópera na França, Lauro Machado Coelho (HO)
A Ópera na Rússia, Lauro Machado Coelho (HO)
A Ópera Tcheca, Lauro Machado Coelho (HO)
A Ópera Clássica Italiana, Lauro Machado Coelho (HO)
A Ópera nos Estados Unidos, Lauro Machado Coelho (HO)
A Ópera Inglesa, Lauro Machado Coelho (HO)
As Óperas de Richard Strauss, Lauro Machado Coelho (HO)
O Livro do Jazz: De Nova Orleans ao Século XXI, Joachim E. Berendt e
  Günther Huesmann (LSC)
Rítmica, José Eduardo Gramani (LSC)

Este livro foi impresso na cidade de São Paulo,
nas oficinas da Orgrafic Gráfica e Editora, em outubro de 2016,
para a Editora Perspectiva.